일본어 음성 교육
-연구와 실천-

日本語音声教育
ー研究と実践ー

민광준 (閔光準)
나카가와 치에코 (中川千恵子)
기노시타 나오코 (木下直子)
야나기사와 에미 (柳澤絵美)
변희경 (邊姬京)
아라이 다카유키 (荒井隆行)
선우미 (鮮于媚)

머리말

일본어를 배우기 시작한 지 올해로 46년째가 된다. 대학에 입학하여 처음으로 일본어를 배우게 되었는데, 1학년 때 호기심에 일본어 원어 연극(다케우치 유타로竹內勇太郎 씨의 '탁류濁流') 배우로 참여하게 되었다. 어려운 일본어 대본을 해석하고 발음 연습을 하는 등의 연극 준비 과정은 일본어에 대해 막연하게 갖고 있는 이미지를 구체화하는 계기가 되었다. 2학년 때는 구메 마사오久米正雄 씨의 '지장교 유래地蔵教由来', 3학년 때는 아키타 우자쿠 씨의 '국경의 밤国境の夜'에 출연하였고 4학년 때는 구로하 에이지黒羽英二 씨의 '제목이 없는 연극題名のない芝居'의 연출을 맡게 되었다. 후배들을 지도하기 위해 스스로 먼저 일본어의 자연스러운 발음, 악센트, 억양, 포즈, 강약, 발화 속도 등은 물론 연극 대사의 감정을 음성으로 자연스럽게 표현하기 위한 연습을 했을 뿐만 아니라 후배들이 이해하기 쉽도록 설명하기 위한 공부를 필사적으로 하였다. 연극 공연을 마친 뒤에는 '한·일 양 언어 파열음과 파찰음의 조음 음성학적 대조 연구'라는 제목으로 졸업 논문을 제출하였고, 그 이듬해인 1984년 4월에 일본 유학길에 올랐다.

이렇게 시작된 일본어 음성과의 인연은 일본 유학을 마치고 귀국한 뒤에도 계속되었다. 대학에서 한·일 양 언어 음성의 대조 연구, 한국인 학습자의 일본어 음성 습득 연구, 일본어 음성교육을 위한 데이터베이스 등의 기반 구축, ICT를 활용한 일본어 음성학습 및 지원 도구의 개발과 그 실천 방법 등에 관한 연구 및 음성교육 능력을 갖춘 중등학교 일본어 교사 양성 등의 실무로 이어지게 되었다. 그 과정에서 학회와 연구회 등 학술 교류를 통해 여러 훌륭하신 선생님들과 인연을 맺게 되었고, 그 각별한 인연을 계기로 이번에 일본어 음성교육을 주제로 한 저서를 공동으로 출판하게 되었다. 공동 집필에 기꺼이 동의해 주시고 옥고를 보내주신 여러 선생님께 진심으로 감사한 마음을 전한다.

제1장에서는 2차 교육과정기(1963~1974)에서 현재 시행 중인 2015 개정 교육과정기(2015~2022)에 이르기까지 50여 년에 걸쳐서 발행된 고등학교 일본어 교과서에 제시된 오십음도의 형태와 내용의 변화를 기술하였다. 또한 일본어 학습 입문기에 있어서 음성교육과 문자 교육을 유기적으로 체계화한 교수요목과 커리큘럼 디자인의 필요성을 제안하였다.

제2장에서는 '듣는 사람이 이해하기 쉽고 듣기 쉬운 발음'에는 적절한 포즈와 ∧형의 인토네이션, 악센트의 세 가지 요소가 중요하다는 사실을 토대로 이를 시각적인 마크로 표시한 프레이징 지도 · 학습 방법을 제안하였다. 간편하게 학습과 지도를 할 수 있는 슬래시 · 리딩 학습 · 지도법 또한 제안하였다.

　　제3장에서는 일본어 음성의 자율학습을 지원하는 웹 교재 'つたえるはつおん'의 개발 경위와 교육 이념을 설명하였다. 구체적으로 이 교육 이념을 실현하기 위해 전개한 학습지원의 내용을 '자율적으로 발음을 학습하기'와 '자신에게 맞는 학습 방법 찾기'의 두 가지 관점에서 소개하였다. 한편 대학의 유학생을 대상으로 한 발음 수업의 활용 예에 대해서도 보고하였다.

　　제4장에서는 학습자가 스스로 일본어 발음을 학습할 수 있도록 학습자의 관점에서 개발한 자습용 웹사이트 '일본어 발음 라보(JP라보)'의 구성 내용과 학습자용 콘텐츠 및 교사를 지원하기 위한 자료 등에 관하여 소개하였다.

　　제5장에서는 음성교육에 응용이 가능한 음성 생성에 관한 물리적 모형(성도 모형)에 관해 소개하였다. 인간의 커뮤니케이션의 다감각성을 이용한 음성교육의 응용, 그리고 일본어 촉음을 대상으로 한 음성지각 실험에서 보이는 시각의 공헌에 대해서 제시하였다. 또한 NHK E텔레비전의 어린이용 영어 방송 [영어로 놀자 with Orton]의 새로운 시도를 소개하면서 음성교육의 발전 방향을 제시하였다.

　　마지막으로 제6장에서는 재직 중인 대학에서 국제 공통 이수 과목으로 개설한 일본어 음성학 입문 과목의 실천 내용을 소개하였다. 구체적으로 인간이 공통으로 가지고 있는 감성 중의 하나인 다양한 음(소리)에서 음성(말소리)으로의 이해와 접근을 주제로 음성상징(Sound Symbolism), 가상(Virtual) 방언, 랩 언어학, 다감각을 이용한 모음의 이해, 악센트 표현의 다양성, 감정표현과 인토네이션 등 다양한 음성표현의 사례를 소개하였다.

　　끝으로 이 책이 무사히 출판되기까지 일본 사이타마대학埼玉大学에 부교수로 재직 중인 선우미 씨의 제안과 적극적인 노력이 있었다. 여기에 감사한 마음을 전한다.

2023년 10월
민광준

はしがき

　日本語の勉強を始めて今年で46年目になる。大学に入学して初めて日本語を習うことになったのであるが、1年生の時、好奇心で日本語劇（竹内勇太郎氏の「濁流」）の役として参加した。難解な日本語の台本を解釈し、発音練習をするなどの演劇の準備過程は日本語に対して漠然と持っていたイメージを具体化する契機となった。2年生になり久米正雄氏の「地蔵教由来」、3年生では秋田雨雀氏の「国境の夜」に出演し、4年生になると黒羽英二氏の「題名のない芝居」の演出を担当することになった。後輩らを指導するために、まずは、自分なりに日本語の自然な発音、アクセント、イントネーション、ポーズ、強弱、発話速度等はもちろん演劇のセリフの感情を音声で自然に表現するための練習をするに留まらず、後輩が理解しやすいように説明するための勉強を必死でした。演劇の舞台を終えた後は「日・韓両言語の破裂音と破擦音の調音音声的対称研究」という題名で卒業論文を提出し、その翌年である1984年4月に日本への留学の道を選択した。

　このようにして始まった日本語の音声との縁は、日本での留学を終え帰国後も続いた。大学での日韓両言語音声の対称研究、韓国人学習者の日本語音声習得研究、日本語の音声教育のためのデータベース等の基盤構築、ICTを活用した日本語音声学習およびツール開発とその実践方法等に関する研究、音声教育能力を備えた中等学校日本語教師陽性等の実務へと繋がって来た。その過程において学会や研究会等、学術的な交流を通じて多くの立派な先生方とご縁を結ぶことができ、その格別なご縁によりこの度の日本語音声教育を主題とした著書を共同で出版する運びとなった。共同執筆に快く同意していただき、玉稿をお送りくださった多くの先生方に心より感謝の気持ちをお伝えしたい。

　第1章では、2次教育課程期（1963～1974）から現在施行中の2015改定教育課程期（2015～2022）に至るまでの50余年に渡って発行された高等学校日本語教科書に提示されたご受音図の形態と内容の変化を記述した。また、日本語学習入門期における音声教育と文字教育を有機的に体系化した教授要目とカリキュラムデザインの必要性を提案した。

　第2章では、「聞く人が理解しやすく聞きやすい発音」には適切なポーズと

への字型イントネーション、アクセントの3つの要素が重要であるという事実に基づき、ことを視覚的なママークで表示したフレージング指導、学習方法を提案した。簡便な学習と指導ができるスラッシュリーディング学習の指導法も提案している。

第3章では、日本語音声の自立学習を支援するウェブ教材「つたえるはつおん」の開発経緯と教育理念を説明した。具体的にこの教育理念を実践するため展開された学習支援の内容を「自律的に発音を学習すること」と「自信に合った学習方法探し」の2つの観点から紹介した。また、大学の留学生を対象にした発音授業の活用例についても報告している。

第4章では、学習者が自ら日本語の発音を学習することができるよう、学習者の観点から開発した自習用ウェブサイト「日本語発音ラボ（JPラボ）」の構成内容と学習者コンテンツ、および、教師の支援のための資料等に関して紹介をしている。

第5章では、音声教育に応用が可能な音声生成に関する物理的模型（声道模型）について紹介した。人間のコミュニケーションの多感感性を利用した音声教育の応用、そして、日本語の促音を対象にした音声近く実験で見られた視覚の貢献について提示した。また、NHK Eテレビジョンの子ども用英語放送「えいごであそぼう with Orton」の新しい試みを紹介しながら、音声教育の発展方向を提示した。

最終の第6章では在職中の大学において国際共通履修科目として開設した日本語音声学入門科目の実践内容を紹介した。具体的に人間が共通して持っている感情のひとつである多様な音から音声（声）への理解とアプローチを主題に音声象徴(Sound Symbolism)，仮想(Virtual) 法源、ラップ、言語学、多感覚を利用した母音の理解、アクセント表現の多様性、感情表現とイントネーション等の多様な音声表現の事例を紹介した。

最後に、本書が無事に出版されるまで日本の埼玉大学で准教授として在職中の鮮于媚氏の提案と積極的な努力があった。ここに感謝の意を表します。

2023年10月
閔光準

【한국어 편】

목차

【日本語編】

目次

일본어 음성 교육

-연구와 실천-

일본어 음성교육과 오십음도

민광준

요지

 이 글은 한국의 고등학교 일본어 교과서에 제시된 오십음도의 형태와 그 내용 및 교육과정에 따른 변화 양상을 체계적으로 기술하는 것이다. 한국에서는 2차 교육과정기(1963~1974)의 끝 무렵(1973)에 교육과정의 부분 개정이 이루어짐에 따라 외국어 과목에 일본어가 추가되면서 공적 교육기관인 고등학교에서 외국어로서의 일본어 교육이 본격적으로 시작되었다. 이 글에서는 2차 교육과정기에서 가장 최근의 교육과정인 2015 개정 교육과정기(2015~2022)에 이르기까지 약 50년여에 걸쳐서 발행된 고등학교 일본어 교과서를 대상으로, 교과서에 제시된 오십음도의 형태와 그 내용 및 교육과정에 따른 변화 양상을 살펴보기로 한다. 그 결과를 토대로 한국인 학습자를 대상으로 한 외국어교육으로서의 일본어 교육, 특히 일본어 학습 입문기의 음성교육과 문자 교육의 유기적인 관계가 효과적으로 체계화된 커리큘럼의 필요성과 그 방향성에 대해서 논의하고자 한다.

 키워드: 음성교육, 문자교육, 오십음도, 고등학교 일본어 교과서

1. 머리말

 우리나라의 일본어 교육은 역사적으로는 조선 왕조 시대(1392~1895)에 일본어 통역 전문가(역관)를 양성하기 위해서 실시된 것을 시초로 한다. 그 이후 조선(대한제국) 시대(1895~1911)와 조선 총독부 시대(1911~1945), 대한민국 임시 정부 시대(1945~1955)를 거쳐 대한민국 시대(1955~현재)에 이르기까지 계속되고 있다[1]. 조선 왕조 시대와 조선(대한제국) 시대에는 외국어로서의 일본어 교육이 이루어졌고 조선 총독부 시대에는 국어로서의 일본어 교육이 그리고 광복 이후에는 다시 외국어로서의 일본어 교육이 시작되어 현재에 이

---

[1] 국내에서 이루어지고 있는 일본어 교육의 역사적 시대 구분과 그 구체적인 내용은 조문희(2011a, 2011b)를 참고하기 바란다.

르고 있다.

이 글에서는 2차 교육과정기에서 가장 최근의 교육과정인 2015 개정 교육 과정기에 이르는 약 50년여에 걸쳐서 발행된 고등학교 일본어 교과서의 오십 음도의 형태와 그 내용 및 교육과정에 따른 변화 양상에 대해서 체계적으로 기술하고자 한다.

국내 중·고등학교의 일본어 교육은 고등학교에서 먼저 시작되었는데, 제2 차 교육과정기에 2차 개정령(문교부령 제310호, 1973.2.14.)에 따라서 고등학 교의 외국어 과목(영어, 독일어, 프랑스어, 중국어, 스페인어)에 일본어가 추 가되었다. 그에 따라서 1973년 3월에 최초의 고등학교 일본어 교과서인 "日 本語讀本(上)"이 발행되고, 그 이듬해인 1974년 1월에 "日本語讀本(下)"이 발 행되었다.[2]

한편, 중학교의 일본어 교육은 7차 교육과정기(1997~2007)에 제2외국어 과 목으로 독일어, 프랑스어, 스페인어, 중국어, 러시아어, 아랍어와 함께 일본어 가 신설되면서 시작되었다. 그에 따라서 2001년에는 최초의 중학교 일본어 교과서인 "중학교 생활 일본어 こんにちは"(2001.3, 교육부)가 발행되었다.

이 글에서는 고등학교 일본어 교육을 중심으로 2차 교육과정기(1963~1974) 에서 2015 개정 교육과정기(2015~2022)에 이르는 약 50년여에 걸친 기간에 발행된 일본어 교과서를 대상으로, 특히 일본어 학습 초기의 문자와 발음 교 육에 있어서 매우 중요한 역할을 한다고 할 수 있는 '오십음도'[3]의 형태와 그 내용 및 교육과정에 따른 변화 양상에 관해서 기술하고자 한다.[4] 또한, 그 결과를 토대로 한국인 학습자를 대상으로 한 외국어교육으로서의 일본어 교육, 특히 일본어 학습 입문기의 음성교육과 문자 교육의 유기적인 관계가 효과적으로 체계화된 커리큘럼의 필요성과 그 방향성에 대해서 논의하고자

---

[2] "日本語讀本(上)"은 교과서 본문은 오른쪽 넘김(세로쓰기)으로, 부록은 왼쪽 넘김(가로 쓰기)으로 인쇄되었으며, 전체 190쪽(본문 133쪽, 부록(한자, 어휘 등) 57쪽)으로 구성되 어 있다. "日本語讀本(下)"는 상권과는 다르게 교과서 본문이 왼쪽 넘김으로 편집되었 고 가로쓰기로 인쇄되었다

[3] 역사적으로는 자음이 공통된 음절(가나)을 세로로, 모음이 공통된 음절을 가로로 배열 하여 5단 10행으로 구성된 50개의 가나 문자표를 '오십음도(五十音図)'라 하는데, 일본 어 교육에서 사용되는 '오십음도'는 발음이 중복되는 음절과 현대어에서 사용되지 않 는 음절을 제외한 나머지 가나를 오십음도의 형태를 빌어 제시한 가나 문자표라 할 수 있다. 단, 여기에 '오십음도'라는 명칭이 사용되기도 하고, '히라가나(ひらがな)' 또는 '가타카나(カタカナ)'라는 명칭이 사용되기도 하며, 가나 문자표에 제시되는 가나의 종 류 또한 시대와 교과서 집필자 등에 따라서 다양하다. 이 글에서는 이들을 통칭하여 '오십음도'라 부르기로 한다.

[4] 각 교육과정의 실시 시기와 그 시기에 발행된 일본어 교과서 현황은 2.1에 제시한 〈표 1〉을 참조하기 바란다.

한다.

2. 중등학교 일본어 교과서 발행 현황

2차 교육과정기에서 2015 개정 교육과정기에 이르기까지 국내에서 발행된 중·고등학교 일본어 교과서는 <표 1>과 같다. 교과서는 2차~3차 교육과정기에는 1종(국정) 교과서로, 4차~2007 개정 교육과정기에는 검정 교과서로 발행되었으며, 2009 개정 교육과정기 이후는 인정 교과서로 발행되고 있다.5)

표 1. 중·고등학교 일본어 교과서 발행 현황6)

교육과정 시기	교과서 명칭	종수	단원	쪽수	종별	발행연도
2차 (1963~1974)	고등학교 日本語讀本(上) 고등학교 日本語讀本(下)	1 1	39 31	190 261	국정	1973 1974
3차 (1974~1981)	고등학교 日本語(上) 고등학교 日本語(下)	1 1	37 27	171 183	국정	1979 1979
4차 (1981~1988)	고등학교 日本語 上 고등학교 日本語 下	5 5	20~32 19~30	138~154 148~197	검정	1984 1885
5차 (1988~1992)	고등학교 日本語 上 고등학교 日本語 下	8 8	21~25 18~25	140~157 137~157	검정	1990 1991
6차 (1992~1997)	고등학교 日本語 I 고등학교 日本語 II	12 12	12~22 12~20	214~278 214~295	검정	1996 1997
7차 (1997~2007)	중학교 생활 일본어 こんにちは	1	10	116	국정	2001
	고등학교 日本語 I 고등학교 日本語 II	10 6	10~12 10~12	192~224 183~215	검정	2002 2004
2007 개정 (2007~2009)	중학교 생활 일본어	8	8~12	159~175	검정	2010
	고등학교 日本語 I 고등학교 日本語 II	6 2	10 8~10	207~236 192~207	검정	2012 2012
2009 개정 (2009~2015)	중학교 생활 일본어	5	8~12	175~215	인정	2013
	고등학교 日本語 I 고등학교 日本語 II	7 3	10~12 8~10	200~255 159~215	인정	2014 2014
2015 개정 (2015~2022)	중학교 생활 일본어	6	8	139~151	인정	2018
	고등학교 日本語 I 고등학교 日本語 II	8 5	8~10 8~9	179~204 174~191	인정	2018 2018

*교육과정 시기의 연도는 각 교육과정의 시행 기간을 나타냄.
*4차~7차 교육과정기의 교과서는 출판사에 따라서 '上'과 '下' 또는 'I'과 'II'의 발행 연도가 다른 사례도 있음.
*2022 개정 교육과정기의 교과서는 현재 집필 단계에 있으며, 인정 심의를 거쳐 2025 학년도부터 사용될 예정임.

---

5) 국정 교과서는 교육부(교육인적자원부)에서 만든 교과서, 검정 교과서는 교육부의 관리를 받지만, 민간 출판사에서 만들어 한국교육과정평가원의 검정 심사에 합격한 교과서, 인정 교과서는 교육부에서 각 시도교육청에 위임하여 만든 교과서를 의미한다.
6) 교육과정기별 교과서의 단원 수, 쪽 수 등은 필자가 소장하고 있는 교과서의 초판을 토

한편, 교과서와 함께 발음 학습을 위한 음성 자료도 제작되었는데, 교육과정 시기에 따라서 그 형태가 다양하다. 2차 교육과정기의 교과서에는 교과서 집필자에 의해서 LP 자료가 딸린 주해서[7]가 발행되었고, 3차 교육과정기~6차 교육과정기에는 카세트테이프의 형태로, 7차 교육과정기 이후에는 CD, CD-ROM, 인터넷 홈페이지 등을 이용한 멀티미디어 형태로 음성 자료 등이 제공되고 있다.

3. 고등학교 일본어 교과서의 오십음도의 변화

2차 교육과정기에 발행된 고등학교 최초의 일본어 교과서에서 가장 최근의 교과서인 2015 개정 교육과정기의 교과서에 이르기까지 약 50년여에 걸쳐서 발행된 일반계 고등학교 일본어 교과서에 제시된 오십음도의 형태와 그 내용 및 오십음도의 설명 등에 사용된 용어 등의 실태를 살펴보기로 한다. 또한, 교과서에 제시된 오십음도의 기능과 역할 등에 대해서도 고찰하고자 한다.[8]

검토 대상은 오십음도의 형태(가나의 배열 방향, 행(行)과 단(段)의 위치 등), 오십음도에 제시된 가나의 종류, 오십음도의 설명 등에 사용된 용어, 가나의 로마자 표기 여부와 그 종류, 음성기호 표기 여부, 획순 표기 여부 등이다.[9]

교과서에 제시된 오십음도의 용도와 기능은 시대의 변화에 따라서 또는 교과서 집필자에 따라서 다를 수 있으나, 문자 교육, 발음 교육, 일본어 가나의 로마자 표기 및 컴퓨터 등에서의 로마자를 이용한 일본어 입력 방법 제시 등처럼 매우 다양한 것으로 나타났다. 한편, 2차 교육과정~6차 교육과정에 이르는 시기의 교과서는 모두 단색으로 인쇄되었고, 7차 교육과정 교과서는 2도 인쇄, 2007 개정 교육과정 교과서부터 복합 색상으로 인쇄되기 시작하였

대로 작성되었음. 2차~7차 교육과정기의 교과서 발행 현황과 자세한 서지 정보 등은 조문희(2011b)를 참고하기 바란다.

7) 한중선(2013)에 따르면 자습서의 기능을 가진 음성 자료가 포함된 주해서(이윤경(1974) "레코오드 딸린 日本語讀本(上) 註解書")가 발행되었다고 한다.

8) 교과서에 따라서는 '오십음도, 五十音図, 50음도' 등과 같은 제목이 제시된 것과 제목은 제시하지 않고 'ひらがな, カタカナ' 등의 문자의 종류를 제시한 것이 있으며, 교과서에 따라서는 의도적으로 '오십음도' 등과 같은 제목을 사용하지 않은 사례도 있을 것으로 여겨지는데, 이글에서는 이들을 모두 통칭하여 '오십음도'라 부르기로 한다.

9) 필자는 한국의 일본어 교육에서는 일본어 학습 초기의 문자와 발음 학습 단계에서도 '오십음도, 청음, 탁음, 반탁음, 요음, 단, 행' 등의 용어를 사용하지 않고 실시할 수 있는 구체적인 방법을 모색할 필요가 있다고 생각하나, 이 글에서는 기술의 편의상 이들 용어를 사용하기로 한다.

다.

이하에서는 각 교육과정기의 교과서별로 먼저 오십음도의 제시 여부, 오십
음도의 형태와 오십음도에 포함된 가나의 종류, 가나의 종류를 나타내는 명
칭의 사용 여부 등에 대해서 구체적으로 살펴보기로 한다.10) 일본어 학습 초
기 단계에서 제시되는 오십음도의 역할과 기능에 관한 교과서 집필자의 의도
를 정확하게 파악하기 위해서는 오십음도뿐만 아니라 오십음도가 제시된 이
후의 과정, 즉 본 단원 시작 전의 예비 단원 성격의 문자와 발음 연습 단계
에 제시된 일본어의 문자와 발음에 대한 설명과 연습 방법 등에 관한 내용을
충분히 음미할 필요가 있다. 단, 이 글에서는 그 구체적인 분석은 후고로 미
루고, 교과서에 제시된 오십음도의 형태와 내용이 교육과정 또는 집필자에
따라서 어떻게 변화해 왔는지에 초점을 맞추어 기술하기로 한다.

이하에서는 각 교육과정기 교과서의 고유 명칭을 [2HA] 등과 같이 나타내
기로 한다. [ ]안의 맨 앞의 숫자는 교육과정기의 차수(제2차 교육과정)를, 가
운데의 H는 고등학교를, A는 교과서 집필자(대표자, 한글 자모 순서)를 나타
낸다.11)

3.1 2차 교육과정기의 교과서

광복 이후 국내 최초의 고등학교 일본어 교과서인 2차 교육과정기의 고등
학교 일본어 교과서 "日本語讀本(上)", "日本語讀本(下)"은 국정 교과서로 1종
류만 발행되었다.

<그림 1>에 제시한 오십음도는 상권의 앞 면지의 두 쪽에 걸쳐서 제시되었
으며, 본 단원 외에 발음 연습이나 문자 쓰기 연습 등을 위한 예비 단원은
따로 마련되어 있지 않다. 오십음도에는 따로 제목을 제시하지 않고, 청음,
탁음, 반탁음이 포함된 히라가나 오십음도를 상단에 가타카나 오십음도를 하
단에 배치하고 있으며, 요음은 다음 쪽에 제시하고 있다. 가나의 배열 방향은
행이 세로 방향(우에서 좌), 단이 세로 방향으로 되어있는데, '청음, 탁음, 반
탁음, 요음' 등과 같은 용어는 전혀 표시되어 있지 않다.

한편, 오십음도에는 가나의 아래쪽 ( )안에 로마자 표기가 되어있고, 가나
에 따라서 훈령식(위)과 헵번식(아래)이 병기되어 있는데, 일본어의 기본적인

---

10) 이글에서는 2차 교육과정기~2015 개정 교육과정기에 걸쳐서 발행된 교과서 중에서 각
시기의 오십음도의 특징 파악에 필요한 교과서의 상권 또는 I권의 오십음도만 제시
하되, 히라가나와 가타카나 오십음도가 따로 분리된 경우는 히라가나 오십음도만 제시
하기로 한다.
11) 각 교과서의 구체적인 서지 정보는 부록으로 제시한 목록을 참고하기 바란다.

음운 체계와 발음의 힌트를 제공하는 역할로 도입되었을 것으로 추측된다.

ば (pa)	ば (ba)	だ (da)	ざ (za)	が (ga)	ん (n)	わ (wa)	ら (ra)	や (ya)	ま (ma)	は (ha)	な (na)	た (ta)	さ (sa)	か (ka)	あ (a)	ひ
び (pi)	び (bi)	ぢ (zi)(ji)	じ (zi)(ji)	ぎ (gi)		(い) (i)	り (ri)	(い) (i)	み (mi)	ひ (hi)	に (ni)	ち (ti)(chi)	し (si)(shi)	き (ki)	い (i)	ら
ぶ (pu)	ぶ (bu)	づ (zu)	ず (zu)	ぐ (gu)		(う) (u)	る (ru)	ゆ (yu)	む (mu)	ふ (hu)(fu)	ぬ (nu)	つ (tu)(tsu)	す (su)	く (ku)	う (u)	が
ぺ (pe)	べ (be)	で (de)	ぜ (ze)	げ (ge)		(え) (e)	れ (re)	(え) (e)	め (me)	へ (he)	ね (ne)	て (te)	せ (se)	け (ke)	え (e)	な
ぼ (po)	ぼ (bo)	ど (do)	ぞ (zo)	ご (go)		を (o)	ろ (ro)	よ (yo)	も (mo)	ほ (ho)	の (no)	と (to)	そ (so)	こ (ko)	お (o)	

パ (pa)	バ (ba)	ダ (da)	ザ (za)	ガ (ga)	ン (n)	ワ (wa)	ラ (ra)	ヤ (ya)	マ (ma)	ハ (ha)	ナ (na)	タ (ta)	サ (sa)	カ (ka)	ア (a)	カ
ピ (pi)	ビ (bi)	ヂ (zi)(ji)	ジ (zi)(ji)	ギ (gi)		(イ) (i)	リ (ri)	(イ) (i)	ミ (mi)	ヒ (hi)	ニ (ni)	チ (ti)(chi)	シ (si)(shi)	キ (ki)	イ (i)	タ
ブ (pu)	ブ (bu)	ヅ (zu)	ズ (zu)	グ (gu)		(ウ) (u)	ル (ru)	ユ (yu)	ム (mu)	フ (hu)(fu)	ヌ (nu)	ツ (tu)(tsu)	ス (su)	ク (ku)	ウ (u)	カ
ペ (pe)	ベ (be)	デ (de)	ゼ (ze)	ゲ (ge)		(エ) (e)	レ (re)	(エ) (e)	メ (me)	ヘ (he)	ネ (ne)	テ (te)	セ (se)	ケ (ke)	エ (e)	ナ
ポ (po)	ボ (bo)	ド (do)	ゾ (zo)	ゴ (go)		ヲ (o)	ロ (ro)	ヨ (yo)	モ (mo)	ホ (ho)	ノ (no)	ト (to)	ソ (so)	コ (ko)	オ (o)	

びゃ (pya)	びゃ (bya)(ja)	ぢゃ (zya)(ja)	じゃ (zya)	ぎゃ (gya)	りゃ (rya)	みゃ (mya)	ひゃ (hya)	にゃ (nya)	ちゃ (tya)(cha)	しゃ (sya)(sha)	きゃ (kya)
びゅ (pyu)	びゅ (byu)(ju)	ぢゅ (zyu)(ju)	じゅ (zyu)	ぎゅ (gyu)	りゅ (ryu)	みゅ (myu)	ひゅ (hyu)	にゅ (nyu)	ちゅ (tyu)(chu)	しゅ (syu)(shu)	きゅ (kyu)
びょ (pyo)	びょ (byo)(jo)	ぢょ (zyo)(jo)	じょ (zyo)	ぎょ (gyo)	りょ (ryo)	みょ (myo)	ひょ (hyo)	にょ (nyo)	ちょ (tyo)(cho)	しょ (syo)(sho)	きょ (kyo)

ピャ (pya)	ビャ (bya)(ja)	ヂャ (zya)(ja)	ジャ (zya)	ギャ (gya)	リャ (rya)	ミャ (mya)	ヒャ (hya)	ニャ (nya)	チャ (tya)(cha)	シャ (sya)(sha)	キャ (kya)
ピュ (pyu)	ビュ (byu)(ju)	ヂュ (zyu)(ju)	ジュ (zyu)	ギュ (gyu)	リュ (ryu)	ミュ (myu)	ヒュ (hyu)	ニュ (nyu)	チュ (tyu)(chu)	シュ (syu)(shu)	キュ (kyu)
ピョ (pyo)	ビョ (byo)(jo)	ヂョ (zyo)(jo)	ジョ (zyo)	ギョ (gyo)	リョ (ryo)	ミョ (myo)	ヒョ (hyo)	ニョ (nyo)	チョ (tyo)(cho)	ショ (syo)(sho)	キョ (kyo)

그림 1. 2차 교육과정기의 교과서 [2HA]의 오십음도(앞 면지)

3.2 3차 교육과정기의 교과서

3차 교육과정기의 교과서는 2차 교육과정기의 교과서와 마찬가지로 국정 교과서로 1종류(고등학교 日本語(上), 고등학교 日本語(下))만 발행되었으며 한국 일어일문학회가 집필자로 되어있다. 교과서 앞 면지에 <그림 2>에 나타낸 오십음도(히라가나와 가타카나의 청음, 탁음, 반탁음, 요음)가 제시되었고, 교과서의 뒤 면지에는 히라가나(청음)의 획순을 번호와 화살표로 표시한 오십음도가 제시되어 있다.

五 十 音 図

ひらがな	あ	か	さ	た	な	は	ま	や	ら	わ	ん	が	ざ	だ	ば	ぱ
	い	き	し	ち	に	ひ	み	(い)	り	(い)		ぎ	じ	ぢ	び	ぴ
	う	く	す	つ	ぬ	ふ	む	ゆ	る	(う)		ぐ	ず	づ	ぶ	ぷ
	え	け	せ	て	ね	へ	め	(え)	れ	(え)		げ	ぜ	で	べ	ぺ
	お	こ	そ	と	の	ほ	も	よ	ろ	を		ご	ぞ	ど	ぼ	ぽ
	きゃ	しゃ	ちゃ	にゃ	ひゃ	みゃ			りゃ			ぎゃ	じゃ		びゃ	ぴゃ
	きゅ	しゅ	ちゅ	にゅ	ひゅ	みゅ			りゅ			ぎゅ	じゅ		びゅ	ぴゅ
	きょ	しょ	ちょ	にょ	ひょ	みょ			りょ			ぎょ	じょ		びょ	ぴょ
カタカナ	ア	カ	サ	タ	ナ	ハ	マ	ヤ	ラ	ワ	ン	ガ	ザ	ダ	バ	パ
	イ	キ	シ	チ	ニ	ヒ	ミ	(イ)	リ	(イ)		ギ	ジ	ヂ	ビ	ピ
	ウ	ク	ス	ツ	ヌ	フ	ム	ユ	ル	ウ		グ	ズ	ヅ	ブ	プ
	エ	ケ	セ	テ	ネ	ヘ	メ	(エ)	レ	(エ)		ゲ	ゼ	デ	ベ	ペ
	オ	コ	ソ	ト	ノ	ホ	モ	ヨ	ロ	ヲ		ゴ	ゾ	ド	ボ	ポ
	キャ	シャ	チャ	ニャ	ヒャ	ミャ			リャ			ギャ	ジャ		ビャ	ピャ
	キュ	シュ	チュ	ニュ	ヒュ	ミュ			リュ			ギュ	ジュ		ビュ	ピュ
	キョ	ショ	チョ	ニョ	ヒョ	ミョ			リョ			ギョ	ジョ		ビョ	ピョ

그림 2. 3차 교육과정기의 교과서 [3HA]의 오십음도(앞 면지)

[3HA]의 오십음도는 2차 교육과정기의 교과서와는 달리 '五十音図'라는 일본어 제목이 붙여져 있는데, '청음, 탁음, 반탁음, 요음' 등의 용어는 제시되지 않았고, 로마자 표기도 되어있지 않다. 상단에 히라가나(청음, 탁음, 반탁음, 요음), 하단에 가타카나(청음, 탁음, 반탁음, 요음)가 제시되어 있으며, 2차 교육과정기의 교과서와는 달리 행의 세로 방향이 좌에서 우로 바뀌었고, 단은 가로 방향으로 배열되어 있다. 오십음도의 좌측에 청음, 우측에 탁음과 반탁음이 제시되어 있으며, 그 밑에는 작은 크기로 청음과 탁음, 반탁음의 요음이 제시되어 있다.

3.3 4차 교육과정기의 교과서

4차 교육과정기에 접어들면서 교과서의 발행 제도가 국정에서 검인정으로 바뀌고 교과서 발행에 민간의 출판사들이 참여하게 되면서 교과서 집필자와 교과서의 종류가 다양해지기 시작하였다. 이 시기에는 모두 5종류의 검정 교과서 "고등학교 日本語(上)", "고등학교 日本語(下)"가 발행되었다.

먼저, <그림 3>에 제시한 [4HB]의 오십음도에 대해서 살펴보기로 한다. 오십음도는 교과서 앞 면지의 두 쪽에 걸쳐서 제시되어 있는데, '五十音図'라는 제목 아래 'ひらがな'와 'カタカナ'가 각각 상단과 하단에 분리되어 배치되었고, 청음, 탁음, 반탁음, 요음이 포함되어 있다. 단, 가나의 종류별 명칭은 사용되지 않았으며, 모든 가나의 오른쪽에는 헵번식 로마자가 표기되어 있다. 한편, 가나의 배열은 행이 가로 방향(좌에서 우)으로, 단이 세로 방향으로 되어있다.

다음으로 <그림 4>의 [4HA]는 교과서 앞 면지의 두 쪽에 걸쳐서 오십음도를 제시하고 있는데, 상단에는 히라가나(청음, 탁음, 반탁음)를 하단에는 가타카나를 배치하고 요음은 따로 분리하여 교과서 뒤 면지에 제시하고 있다.

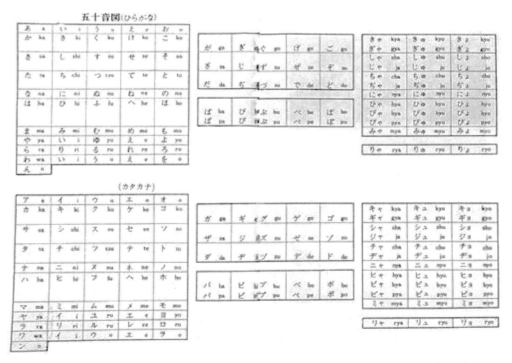

그림 3. 4차 교육과정기의 교과서 [4HB]의 오십음도(앞 면지)

18

清音			濁音・半濁音

	清音		濁音・半濁音
ひらがな	あ[a] い[i] う[u] え[e] お[o]	ま[ma] み[mi]	が[ga] ぎ[gi] ぐ[gu] げ[ge] ご[go]
	か[ka] き[ki] く[ku] け[ke] こ[ko]	や[ya] い[i]	ざ[za] じ[zi] ず[zu] ぜ[ze] ぞ[zo]
	さ[sa] し[si] す[su] せ[se] そ[so]	ら[ra] り[ri]	だ[da] ぢ[zi] づ[zu] で[de] ど[do]
	た[ta] ち[ti] つ[tu] て[te] と[to]	わ[wa] い[i]	ば[ba] び[bi] ぶ[bu] べ[be] ぼ[bo]
	な[na] に[ni] ぬ[nu] ね[ne] の[no]	ん[n]	ぱ[pa] ぴ[pi] ぷ[pu] ぺ[pe] ぽ[po]
	は[ha] ひ[hi] ふ[hu] へ[he] ほ[ho]		
カタカナ	ア[a] イ[i] ウ[u] エ[e] オ[o]	マ[ma] ミ[mi]	ガ[ga] ギ[gi] グ[gu] ゲ[ge] ゴ[go]
	カ[ka] キ[ki] ク[ku] ケ[ke] コ[ko]	ヤ[ya] イ[i]	ザ[za] ジ[zi] ズ[zu] ゼ[ze] ゾ[zo]
	サ[sa] シ[si] ス[su] セ[se] ソ[so]	ラ[ra] リ[ri]	ダ[da] ヂ[zi] ヅ[zu] デ[de] ド[do]
	タ[ta] チ[ti] ツ[tu] テ[te] ト[to]	ワ[wa] イ[i]	バ[ba] ビ[bi] ブ[bu] ベ[be] ボ[bo]
	ナ[na] ニ[ni] ヌ[nu] ネ[ne] ノ[no]	ン[n]	パ[pa] ピ[pi] プ[pu] ペ[pe] ポ[po]
	ハ[ha] ヒ[hi] フ[hu] ヘ[he] ホ[ho]		

그림 4. 4차 교육과정기의 교과서 [4HA]의 오십음도(앞 면지)[12]

　가나의 우측에는 ( )안에 로마자 표기를 하고 있는데, 가나에 따라서 위에 훈령식, 아래에 헵번식이 병기되어 있다. 교과서 뒤 면지에 따로 제시한 요음에도 훈령식과 헵번식 로마자가 병기되어 있다. 가나의 배열은 [4HB]와 마찬가지로 행이 가로 방향(좌에서 우)으로, 단이 세로 방향으로 되어있다.

　한편, <그림 5>의 [4HE]는 '五十音図'라는 제목을 중심으로 왼쪽에 히라가나 청음을, 오른쪽에 가타카나 청음을 대칭적으로 배치하고, 중앙에 히라가나와 가타카나의 탁음과 반탁음을 각각 위아래에 배치하고 있다. 요음은 제시되지 않았으며 '청음, 탁음, 반탁음' 등의 용어는 사용되지 않았다. 가나의 배열은 행이 가로 방향(좌에서 우)으로, 단이 세로 방향으로 되어있는데, 교과서 뒤 면지에 제시된 '히라가나(ひらがな)의 획순'에는 가나의 배열이 그 반대(행이 세로 방향, 단이 가로 방향)로 되어있다. 앞의 두 교과서(4HA, 4HB)와 달리 로마자 표기는 되어있지 않다.

---

12) 청음 오른쪽 칸의 い단과 う단 사이의 간격이 넓은 것은 오십음도가 두 쪽에 걸쳐서 제시된 것을 스캔하였기 때문이다.

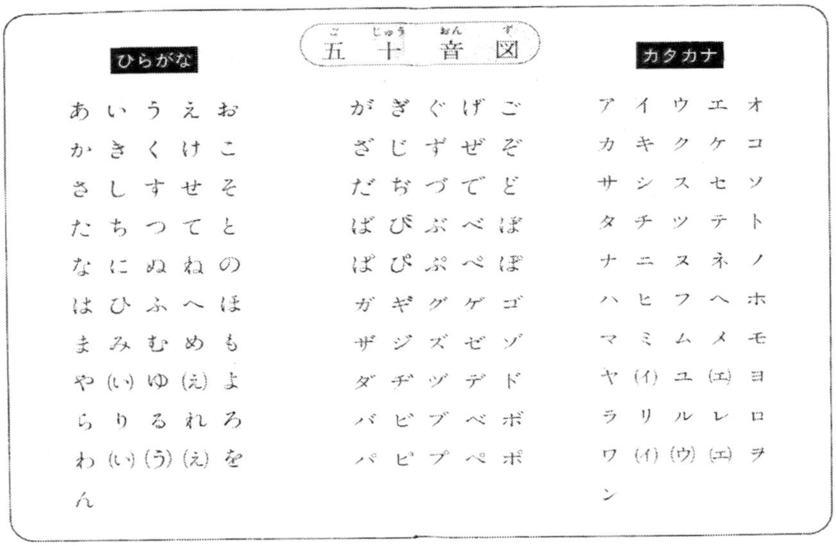

ひらがな　五十音図（ご　じゅう　おん　ず）　カタカナ

ひらがな		五十音図		カタカナ	
あ　い　う　え　お		が　ぎ　ぐ　げ　ご		ア　イ　ウ　エ　オ	
か　き　く　け　こ		ざ　じ　ず　ぜ　ぞ		カ　キ　ク　ケ　コ	
さ　し　す　せ　そ		だ　ぢ　づ　で　ど		サ　シ　ス　セ　ソ	
た　ち　つ　て　と		ば　び　ぶ　べ　ぼ		タ　チ　ツ　テ　ト	
な　に　ぬ　ね　の		ぱ　ぴ　ぷ　ぺ　ぽ		ナ　ニ　ヌ　ネ　ノ	
は　ひ　ふ　へ　ほ		ガ　ギ　グ　ゲ　ゴ		ハ　ヒ　フ　ヘ　ホ	
ま　み　む　め　も		ザ　ジ　ズ　ゼ　ゾ		マ　ミ　ム　メ　モ	
や　(い)　ゆ　(え)　よ		ダ　ヂ　ヅ　デ　ド		ヤ　(イ)　ユ　(エ)　ヨ	
ら　り　る　れ　ろ		バ　ビ　ブ　ベ　ボ		ラ　リ　ル　レ　ロ	
わ　(い)　(う)　(え)　を		パ　ピ　プ　ペ　ポ		ワ　(イ)　(ウ)　(エ)　ヲ	
ん				ン	

그림 5. 4차 교육과정기의 교과서 [4HE]의 오십음도(앞 면지)

　<그림 6>의 [4HD]는 오십음도를 교과서 목차 직후의 예비 단원 'ひらが
な・カタカナ'(p.1~p.2)에 제시하고 있다. 히라가나와 가타카나를 분리하고
각각 청음, 탁음, 반탁음, 요음, 촉음을 제시하고 있다. 요음은 해당 가나(행)
의 우측에, 탁음과 반탁음은 전체를 따로 분리하여 하단에 배치하고 있다.
'청음, 탁음, 반탁음, 요음' 등의 용어는 보이지 않는다. 오십음도에는 로마자
자 표기가 되어있지 않은데, 예비 단원('発音')에서는 [ ]안에 헵번식 로마자
표기와 음성기호가 혼용된 형태의 발음표기가 되어 있다13). 한편, 교과서의
앞 면지에는 히라가나와 가타카나 청음의 획순(번호와 화살표)이 제시되어 있
다. 또한, 가나의 배열 방식은 앞의 3종류의 교과서와 마찬가지로 행이 가로
방향으로, 단이 세로 방향으로 되어있다. 단, 앞에서 살펴본 교과서와는 달리
오십음도에 촉음(促音)이 포함되어 있다.
　다음으로, <그림 7>의 [4HC]의 오십음도는 'ひらがな'와 'カタカナ'라는 제
목으로 교과서 앞 면지에 제시되어 있는데, 앞 면지의 왼쪽에 가타카나를, 오
른쪽에 히라가나를 배치하고 있다. 제4차 교육과정기의 교과서 중에서는 오
십음도의 형태가 가장 단순하고, 오십음도에 포함된 가나의 종류도 가장 적
으며, 로마자 표기도 되어있지 않다. 가나의 배열 방식은 앞의 교과서와 마찬
가지로 행이 가로 방향으로, 단이 세로 방향으로 되어있다.

---

13) 'し[ʃi], ひ[hi], ふ[fu], や[ja], ぐ[gu]' 등의 표기가 그 예이다.

❖❖❖ カタカナ ❖❖❖

```
ア イ ウ エ オ        キャ キュ キョ
カ キ ク ケ コ        シャ シュ ショ
サ シ ス セ ソ        チャ チュ チョ
タ チ ツ テ ト        ニャ ニュ ニョ
ナ ニ ヌ ネ ノ        ヒャ ヒュ ヒョ
ハ ヒ フ ヘ ホ        ミャ ミュ ミョ
マ ミ ム メ モ
ヤ (イ) ユ (エ) ヨ     リャ リュ リョ
ラ リ ル レ ロ
ワ (イ) (ウ) (エ) ヲ
ン      ッ

ガ ギ グ ゲ ゴ        ギャ ギュ ギョ
ザ ジ ズ ゼ ゾ        ジャ ジュ ジョ
ダ ヂ ヅ デ ド        ヂャ ヂュ ヂョ
バ ビ ブ ベ ボ        ビャ ビュ ビョ
パ ピ プ ペ ポ        ピャ ピュ ピョ
```

❖❖❖ ひらがな ❖❖❖

```
あ い う え お        きゃ きゅ きょ
か き く け こ        しゃ しゅ しょ
さ し す せ そ        にゃ にゅ にょ
た ち つ て と        ひゃ ひゅ ひょ
な に ぬ ね の        みゃ みゅ みょ
は ひ ふ へ ほ
ま み む め も
や (い) ゆ (え) よ     りゃ りゅ りょ
ら り る れ ろ
わ (い) (う) (え) を
ん      っ

が ぎ ぐ げ ご        ぎゃ ぎゅ ぎょ
ざ じ ず ぜ ぞ        じゃ じゅ じょ
だ ぢ づ で ど        ぢゃ ぢゅ ぢょ
ば び ぶ べ ぼ        びゃ びゅ びょ
ぱ ぴ ぷ ぺ ぽ        ぴゃ ぴゅ ぴょ
```

그림 6. 4차 교육과정기의 교과서 [4HD]의 오십음도(예비 단원)

かたかな

```
ア イ ウ エ オ
カ(ガ) キ(ギ) ク(グ) ケ(ゲ) コ(ゴ)
サ(ザ) シ(ジ) ス(ズ) セ(ゼ) ソ(ゾ)
タ(ダ) チ(ヂ) ツ(ヅ) テ(デ) ト(ド)
ナ   ニ   ヌ   ネ   ノ
ハ(パ)(パ) ヒ(ビ)(ピ) フ(ブ)(プ) ヘ(ベ)(ペ) ホ(ボ)(ポ)
マ   ミ   ム   メ   モ
ヤ (イ) ユ (エ) ヨ
ラ   リ   ル   レ   ロ
ワ (イ) (ウ) (エ) ヲ
ン
```

ひらがな

```
あ い う え お
か(が) き(ぎ) く(ぐ) け(げ) こ(ご)
さ(ざ) し(じ) す(ず) せ(ぜ) そ(ぞ)
た(だ) ち(ぢ) つ(づ) て(で) と(ど)
な   に   ぬ   ね   の
は(ば)(ぱ) ひ(び)(ぴ) ふ(ぶ)(ぷ) へ(べ)(ぺ) ほ(ぼ)(ぽ)
ま   み   む   め   も
や (い) ゆ (え) よ
ら   り   る   れ   ろ
わ (い) (う) (え) を
ん
```

그림 7. 4차 교육과정기의 교과서 [4HC]의 오십음도(앞 면지)

이상으로 4차 교육과정기에 발행된 5종류의 교과서의 오십음도의 형태와 내용 및 용어 등에 대해서 살펴보았다. 4차 교육과정기의 교과서에 제시된 오십음도의 가장 큰 특징은 2차, 3차 교육과정기의 교과서와 달리 모든 교과서가 가나 배열이 행은 가로 방향(좌에서 우)으로 단은 세로 방향으로 되어있다는 점이며, 오십음도의 형태와 오십음도에 제시된 가나의 종류 및 로마자 표기 여부, 촉음 포함 여부 등은 교과서에 따라서 다르게 나타났다.

3.4 5차 교육과정기의 교과서

5차 교육과정기의 교과서는 4차 교육과정기의 교과서와 같은 제목(고등학교 日本語 上, 고등학교 日本語 下)으로 모두 8종류가 발행되었다. 그중에서 7종류의 교과서에 오십음도가 제시되었는데, 이 시기의 교과서는 오십음도의 형태가 1종류의 교과서([5HA])를 제외하고 가나의 배열 방법, 로마자 표기 여부 등의 면에서 유사한 형태를 하고 있다.

5차 교육과정기 교과서 중에서 가장 특징적인 오십음도가 제시된 교과서는 [5HA](그림 8)이다. [5HA]는 교과서 앞 면지에 오십음도가 제시되어 있는데, 행의 배열이 세로 방향(좌에서 우로)으로 단의 배열이 가로 방향으로 되어 있고, 오십음도에 포함된 가나의 종류도 가장 다양하다.

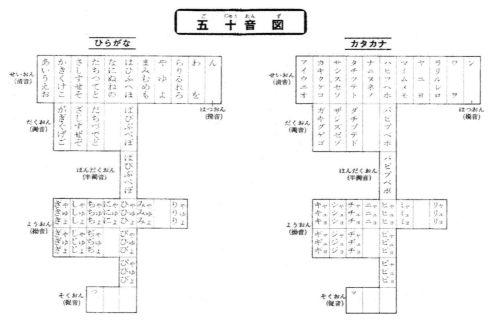

그림 8. 5차 교육과정기의 교과서 [5HA]의 오십음도(앞 면지)

22

교과서 앞 면지의 두 쪽에 걸쳐서 '五十音図'라는 제목을 중심으로 왼쪽에 히라가나가 오른쪽에 가타카나가 배치되어 있으며, 각각의 가나에는 그 명칭이 일본어(한자와 한자음)로 표기되고 위에서부터 청음과 발음(撥音), 탁음, 반탁음, 요음, 촉음의 순으로 배열되어 있다. 앞 면지의 오십음도에는 가나의 로마자 표기가 되어있지 않은데, 교과서 뒤 면지에 두 쪽에 걸쳐서 제시된 '五十音図の筆順'에는 청음(히라가나와 가타카나)의 획순이 번호와 화살표로 표시되어 있고, 히라가나의 오른쪽 아래에는 [ ]안에 음성기호로 발음이 표기되어 있다.

다음으로 <그림 9>에 제시한 교과서 [5HC]의 집필자는 4차 교육과정기의 교과서([4HC])의 집필자와 같으며, [4HC]에서 제시한 것과 같은 형태의 오십음도가 교과서 앞 면지에 제시되어 있다. 청음 바로 밑에 탁음(반탁음)을 작게 표기하여, 청음과 탁음(반탁음)의 대립 관계를 인식할 수 있게 되어있고, 로마자 표기는 되어있지 않다. 오십음도에 제시되지 않은 요음은 예비 단원 'にほんごの はつおん'에서 도입하고 있다. 한편, 오십음도의 가나는 행의 배열이 가로 방향(좌에서 우로)으로 단의 배열이 세로 방향으로 되어있다.

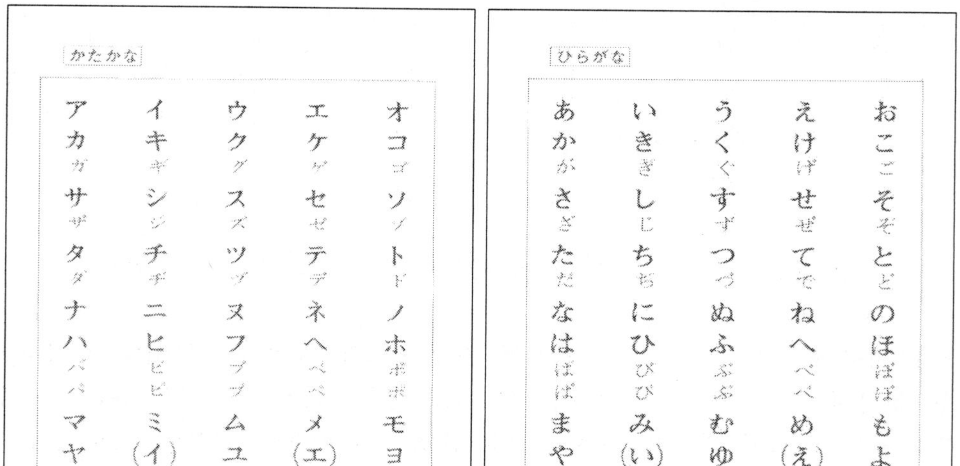

그림 9. 5차 교육과정기의 교과서 [5HC]의 오십음도(앞 면지)

<그림 10>의 [5HG]는 교과서 앞 면지에 히라가나와 가타카나 청음의 오십음도가 제시되어 있으며, 번호와 화살표를 이용한 획순도 함께 표시되어 있다. 행이 가로 방향(좌에서 우로)으로 단이 세로 방향으로 배열되어 있는데, 'わ, を, ん'이 같은 행에 배치되어 있다는 점이 특이하다. 가나에 로마자 표기는 되어있지 않으며, 예비 단원('발음 연습')에서 제시된 발음 연습용 단어에도 로마자 표기나 음성기호 표기는 보이지 않는다.

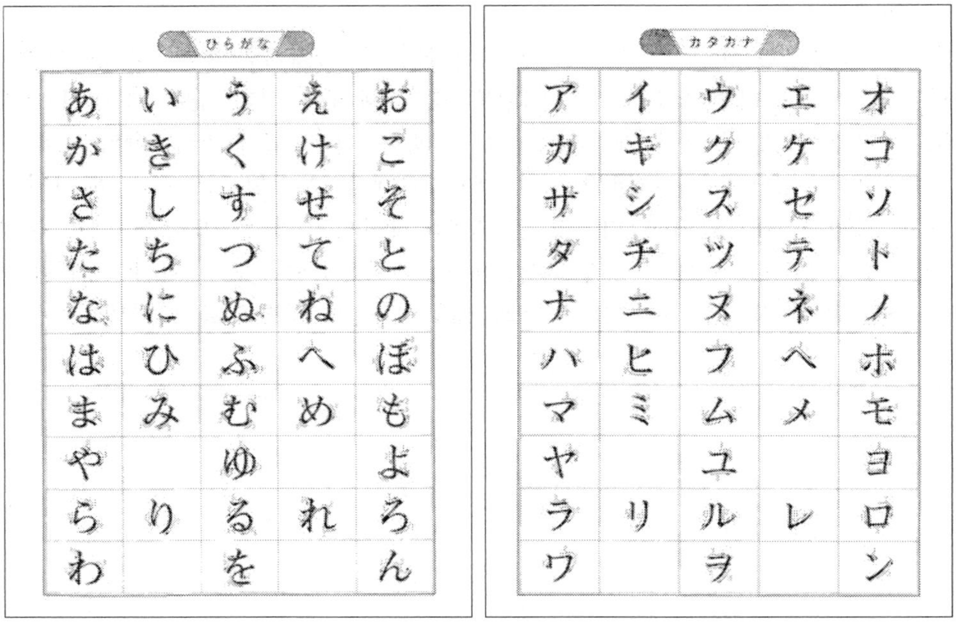
ひらがな

あ	い	う	え	お
か	き	く	け	こ
さ	し	す	せ	そ
た	ち	つ	て	と
な	に	ぬ	ね	の
は	ひ	ふ	へ	ほ
ま	み	む	め	も
や		ゆ		よ
ら	り	る	れ	ろ
わ		を		ん

カタカナ

ア	イ	ウ	エ	オ
カ	キ	ク	ケ	コ
サ	シ	ス	セ	ソ
タ	チ	ツ	テ	ト
ナ	ニ	ヌ	ネ	ノ
ハ	ヒ	フ	ヘ	ホ
マ	ミ	ム	メ	モ
ヤ		ユ		ヨ
ラ	リ	ル	レ	ロ
ワ		ヲ		ン

그림 10. 5차 교육과정기의 교과서 [5HG]의 오십음도(앞 면지)

5차 교육과정기의 교과서에 제시된 오십음도의 특징은 [5HA]를 제외하고 모든 교과서의 가나의 배열 방향(행은 가로 방향, 단은 세로 방향)이 같으며, 오십음도에 도입된 가나의 종류도 [5HA]를 제외하고는 청음에 국한되었다. 또한, [5HA]는 다른 교과서와는 달리 오십음도에 청음, 탁음, 반탁음, 요음, 촉음, 발음 등과 같은 가나의 종류를 나타내는 명칭을 일본어로 제시하고 있다. 또한, 오십음도의 가나에 획순을 표기한 교과서가 처음 등장하는데, 5차 교육과정기 교과서 중에서 5종류의 교과서에 가나의 획순이 표시되어 있다. 또한, 가나에 로마자 표기를 한 교과서는 없다. 단, [5HE]의 경우는 예비 단원('발음 연습'에 제시한 오십음도 형식의 히라가나 표(청음, 탁음, 반탁음, 요음)에 헵번식 로마자 표기가 되어 있다.

3.5 6차 교육과정기의 교과서

　6차 교육과정기의 교과서는 그 제목이 "고등학교 日本語 Ⅰ"과 "고등학교 日本語 Ⅱ"로 바뀌고, 모두 12종류가 발행되었다. 전체 12종류의 교과서 중에서 11종류의 교과서에 오십음도가 제시되었는데 그중에서 6종류의 교과서에 수록된 오십음도를 중심으로 살펴보기로 한다.

　먼저, <그림 11>의 [6HC]는 두 종류의 오십음도가 각각 교과서 앞 면지와 '日本語の発音'이라는 제목의 예비 단원에 제시되어 있다. 앞 면지에 제시된 오십음도(그림 11)에는 히라가나와 가타카나가 분리되고, 각각의 영역에 청음, 탁음, 반탁음, 요음의 명칭과 함께 가나가 배열되어 있다. 가나는 행이 가로 방향으로 단이 세로 방향으로 배치되어 있고, 가나 아래의 (　)안에는 헵번식 로마자 표기(일부 가나에는 훈령식 표기도 병기)가 되어있다.

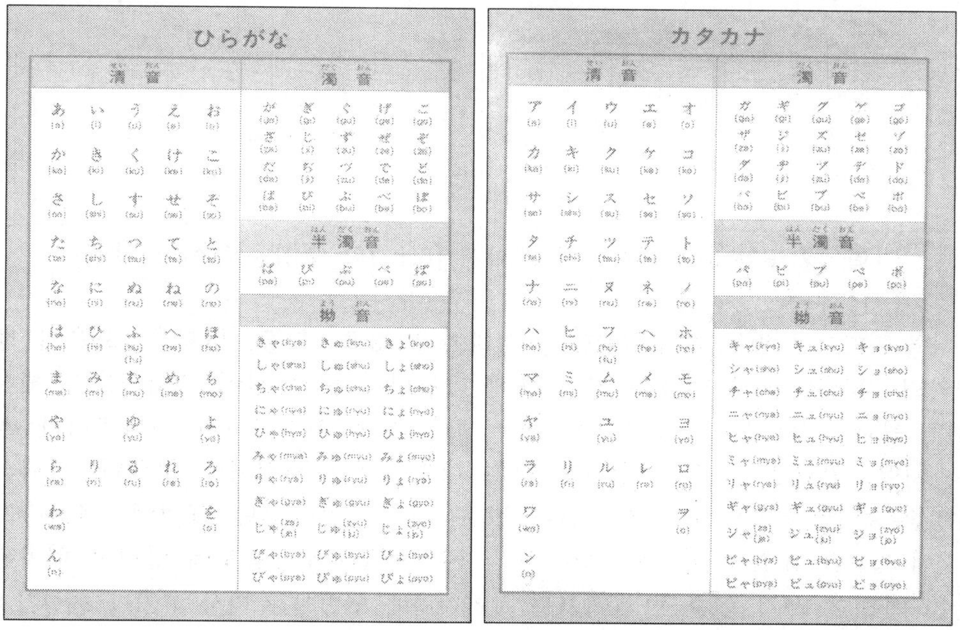

그림 11. 6차 교육과정기의 교과서 [6HC]의 오십음도(앞 면지)

　한편, 예비 단원에 제시된 오십음도(그림 12)의 경우는 일본어의 문자 체계와 오십음도에 대한 설명14)과 함께 가나의 각 행의 첫 글자에 로마자 표기가 제시되고, 그 옆에 각 행의 자음 음소가 /　/안에 표기되어 있다. 그중에서

---

14) '아래와 같은 순서로 문자를 배열한 것을 「五十音図」라 하며, 日本語 사전은 이 순서로 배열되어 있다. 잘 듣고, 문자의 발음과 순서를 익히도록 하자.'

'ん'의 경우는 /n'/으로 표기되고, 다른 가나와는 분리되어 있다. 또한, 오십음도 안의 가나에는 번호와 화살표를 이용한 획순이 표시되어 있다.

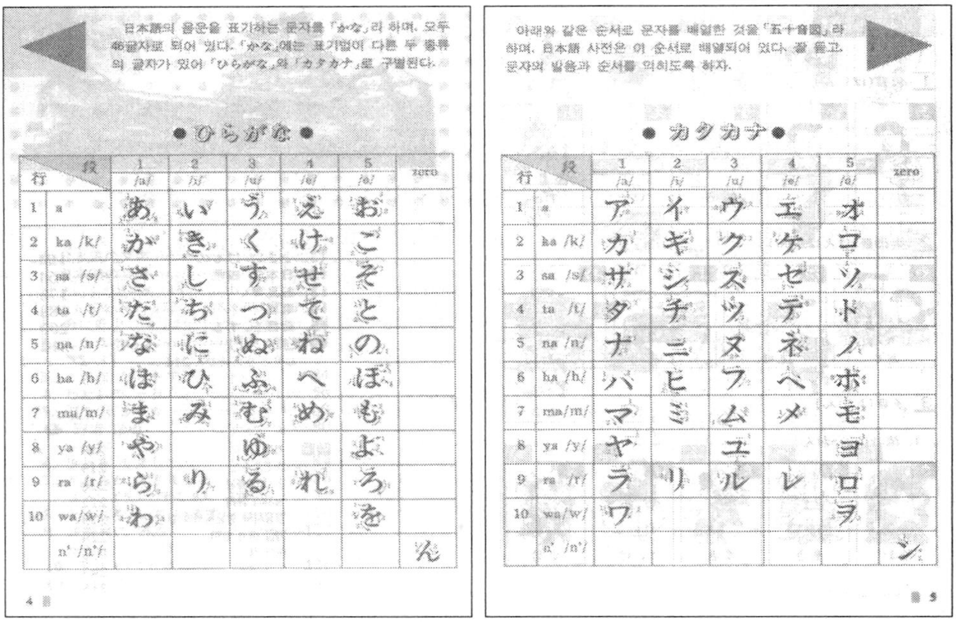
日本語의 음운을 표기하는 문자를 「かな」라 하며, 모두 46글자로 되어 있다. 「かな」에는 표기법이 다른 두 종류의 글자가 있어 「ひらがな」와 「カタカナ」로 구별된다.

● ひらがな ●

行 \ 段	1 /a/	2 /i/	3 /u/	4 /e/	5 /o/	zero
1 a	あ	い	う	え	お	
2 ka /k/	か	き	く	け	こ	
3 sa /s/	さ	し	す	せ	そ	
4 ta /t/	た	ち	つ	て	と	
5 na /n/	な	に	ぬ	ね	の	
6 ha /h/	は	ひ	ふ	へ	ほ	
7 ma /m/	ま	み	む	め	も	
8 ya /y/	や		ゆ		よ	
9 ra /r/	ら	り	る	れ	ろ	
10 wa /w/	わ				を	
n' /n'/						ん

4

아래와 같은 순서로 문자를 배열한 것을 「五十音図」라 하며, 日本語 사전은 이 순서로 배열되어 있다. 잘 듣고 문자의 발음과 순서를 익히도록 하자.

● カタカナ ●

行 \ 段	1 /a/	2 /i/	3 /u/	4 /e/	5 /o/	zero
1 a	ア	イ	ウ	エ	オ	
2 ka /k/	カ	キ	ク	ケ	コ	
3 sa /s/	サ	シ	ス	セ	ソ	
4 ta /t/	タ	チ	ツ	テ	ト	
5 na /n/	ナ	ニ	ヌ	ネ	ノ	
6 ha /h/	ハ	ヒ	フ	ヘ	ホ	
7 ma /m/	マ	ミ	ム	メ	モ	
8 ya /y/	ヤ		ユ		ヨ	
9 ra /r/	ラ	リ	ル	レ	ロ	
10 wa /w/	ワ				ヲ	
n' /n'/						ン

5

그림 12. 6차 교육과정기의 교과서 [6HC]의 오십음도(예비 단원)

다음으로, <그림 13>의 [6HE]는 히라가나 청음, 탁음, 반탁음, 요음의 행 단위의 발음과 쓰기 연습 과정 직후에 마련된 예비 단원에 오십음도가 제시되어 있다. 'ひらがな・カタカナ'라는 제목 아래 히라가나와 가타카나가 청음, 탁음, 반탁음, 요음의 순서로 좌우 대칭적으로 제시되어 있으며, 가나의 명칭은 따로 제시되어 있지 않다. 발음('ん, ン')이 あ단 계열에, 촉음('っ, ッ')이 'お'단 계열에 배치된 점이 특이하다. 한편, 오십음도에 앞서서 배치된 발음 연습과 쓰기 연습 단계에서는 히라가나에 헵번식 로마자 표기와 음성기호 표기가 혼용된 듯한 통일되지 않은 발음표기가 [ ]에 제시되어 있는데, 'し[ʃi], ち[tʃi], ふ[Fu], や[ya], ん[N], っ[Q]' 등을 그 예로 들 수 있다.

❖ ひらがな・カタカナ ❖

あ	い	う	え	お	ア	イ	ウ	エ	オ
か	き	く	け	こ	カ	キ	ク	ケ	コ
さ	し	す	せ	そ	サ	シ	ス	セ	ソ
た	ち	つ	て	と	タ	チ	ツ	テ	ト
な	に	ぬ	ね	の	ナ	ニ	ヌ	ネ	ノ
は	ひ	ふ	へ	ほ	ハ	ヒ	フ	ヘ	ホ
ま	み	む	め	も	マ	ミ	ム	メ	モ
や	い	ゆ	え	よ	ヤ	イ	ユ	エ	ヨ
ら	り	る	れ	ろ	ラ	リ	ル	レ	ロ
わ	い	う	え	を	ワ	イ	ウ	エ	ヲ
ん				っ	ン				ッ

が	ぎ	ぐ	げ	ご	ガ	ギ	グ	ゲ	ゴ
ざ	じ	ず	ぜ	ぞ	ザ	ジ	ズ	ゼ	ゾ
だ	ぢ	づ	で	ど	ダ	チ	ヅ	デ	ド
ば	び	ぶ	べ	ぼ	バ	ビ	フ	ヘ	ボ
ぱ	ぴ	ぷ	ぺ	ぽ	パ	ビ	フ	ヘ	ホ

きゃ	きゅ	きょ	キャ	キュ	キョ
しゃ	しゅ	しょ	シャ	シュ	ショ
ちゃ	ちゅ	ちょ	チャ	チュ	チョ
にゃ	にゅ	にょ	ニャ	ニュ	ニョ
ひゃ	ひゅ	ひょ	ヒャ	ヒュ	ヒョ
みゃ	みゅ	みょ	ミャ	ミュ	ミョ
りゃ	りゅ	りょ	リャ	リュ	リョ
ぎゃ	ぎゅ	ぎょ	キャ	キュ	ギョ
じゃ	じゅ	じょ	ジャ	シュ	ジョ
ぢゃ	ぢゅ	ぢょ	チャ	チュ	チョ
びゃ	びゅ	びょ	ビャ	ビュ	ビョ
ぴゃ	ぴゅ	ぴょ	ピャ	ピュ	ピョ

그림 13. 6차 교육과정기의 교과서 [6HE]의 오십음도(예비 단원)

<그림 14>의 [6HK]는 오십음도가 교과서의 앞 면지가 아닌 예비 단원('「か な」의 발음')에 제시되었다. 히라가나와 가타카나가 각각 분리되고, 가나의 종류별로 청음, 탁음과 반탁음, 요음이 나누어 배치되었고, 각 영역의 가나에 는 모음과 자음의 음소가 제시되었다. 단, 하나의 음소에 후속 모음에 따른 변이음이 존재하는 경우는 'ち[tʃi]' 'つ[tsɯ]' 등과 같이 [ ]안에 음성기호가 표기되어 있는데, 'は행음'의 'ひ'와 'ふ', 'な행음'의 'に' 등에는 이러한 조치 가 보이지 않는다. 6차 교육과정기의 다른 교과서와는 다르게 가나의 배열 방향이 행이 세로 방향(좌에서 우), 단이 가로 방향으로 되어있다는 점도 특 징적이다.

<그림 15>의 [6HB]는 교과서 앞 면지의 두 쪽에 히라가나와 가타카나의 청음이 분리되어 각각 좌우 쪽에 배치되고 각 가나에는 번호와 화살표를 이 용한 획순이 표시되어 있다. 또한, 'ん'이 따로 분리되지 않고 'わ, を'와 함 께 나란히 배치되어 있는데, 'を'가 'う단'의 열에, 'ん'이 お단의 열에 포함된 것은 특징적이다. 이어지는 앞 면지의 셋째 쪽에는 탁음, 반탁음, 요음이 일 본어 명칭과 함께 제시되어 있다.

「かな」の発音

ひらがな

	a	k	s	t	n	h	m	j	r	w	
a	あ	か	さ	た	な	は	ま	や	ら	わ	ん
i	い	き	し	ち[tɕi]	に	ひ	み		り		
u	う	く	す	つ[tsu]	ぬ	ふ	む	ゆ	る		
e	え	け	せ	て	ね	へ	め		れ		
o	お	こ	そ	と	の	ほ	も	よ	ろ	を	

	g	z	d		b	p
a	が	ざ	だ		ば	ぱ
i	ぎ	じ	ぢ[dʑ]		び	ぴ
u	ぐ	ず	づ[dzu]		ぶ	ぷ
e	げ	ぜ	で		べ	ぺ
o	ご	ぞ	ど		ぼ	ぽ

	k	s	c	n	h	m		r
ya	きゃ	しゃ	ちゃ	にゃ	ひゃ	みゃ		りゃ
yu	きゅ	しゅ	ちゅ	にゅ	ひゅ	みゅ		りゅ
yo	きょ	しょ	ちょ	にょ	ひょ	みょ		りょ

	g	z		b	p
ya	ぎゃ	じゃ		びゃ	ぴゃ
yu	ぎゅ	じゅ		びゅ	ぴゅ
yo	ぎょ	じょ		びょ	ぴょ

カタカナ

	a	k	s	t	n	h	m	j	r	w	
a	ア	カ	サ	タ	ナ	ハ	マ	ヤ	ラ	ワ	ン
i	イ	キ	シ	チ[tɕi]	ニ	ヒ	ミ		リ		
u	ウ	ク	ス	ツ[tsu]	ヌ	フ	ム	ユ	ル		
e	エ	ケ	セ	テ	ネ	ヘ	メ		レ		
o	オ	コ	ソ	ト	ノ	ホ	モ	ヨ	ロ	ヲ	

	g	z	d		b	p
a	ガ	ザ	ダ		バ	パ
i	ギ	ジ	ヂ[dʑ]		ビ	ピ
u	グ	ズ	ヅ[dzu]		ブ	プ
e	ゲ	ゼ	デ		ベ	ペ
o	ゴ	ゾ	ド		ボ	ポ

	k	s	c	n	h	m		r
ya	キャ	シャ	チャ	ニャ	ヒャ	ミャ		リャ
yu	キュ	シュ	チュ	ニュ	ヒュ	ミュ		リュ
yo	キョ	ショ	チョ	ニョ	ヒョ	ミョ		リョ

	g	z		b	p
ya	ギャ	ジャ		ビャ	ピャ
yu	ギュ	ジュ		ビュ	ピュ
yo	ギョ	ジョ		ビョ	ピョ

그림 14. 6차 교육과정기의 교과서 [6HK]의 오십음도(예비 단원)

ひらがな

あ	い	う	え	お
か	き	く	け	こ
さ	し	す	せ	そ
た	ち	つ	て	と
な	に	ぬ	ね	の
は	ひ	ふ	へ	ほ
ま	み	む	め	も
や		ゆ		よ
ら	り	る	れ	ろ
わ		を		ん

カタカナ

ア	イ	ウ	エ	オ
カ	キ	ク	ケ	コ
サ	シ	ス	セ	ソ
タ	チ	ツ	テ	ト
ナ	ニ	ヌ	ネ	ノ
ハ	ヒ	フ	ヘ	ホ
マ	ミ	ム	メ	モ
ヤ		ユ		ヨ
ラ	リ	ル	レ	ロ
ワ		ヲ		ン

그림 15. 6차 교육과정기의 교과서 [6HB]의 오십음도(앞 면지)

<그림 16>의 [6HG]는 교과서 앞 면지에 히라가나와 가타카나 청음의 오십음도가 제시되어 있는데, 행이 가로 방향(좌에서 우), 단이 세로 방향으로 배열되고, 각 행의 자음과 각 단의 모음이 로마자로 표기되어 있다. 또한, 가나에는 번호와 화살표를 이용한 획순이 표시되어 있는데, 일본어의 기본적인 음운 체계와 문자 체계를 동시에 제시하기 위한 것으로 여겨진다. 한편, 예비단원('발음')에서는 가나가 행 단위로 배열되고, 각각의 행에는 모음(あ행), 자음(か행~ま행), 반모음(や행, わ, を), 이중모음(요음) 등의 명칭이 붙여져 있는데, 특수박의 경우는 '「ん」의 발음, 「っ」의 발음, 장음' 등으로 분류되어 있다.

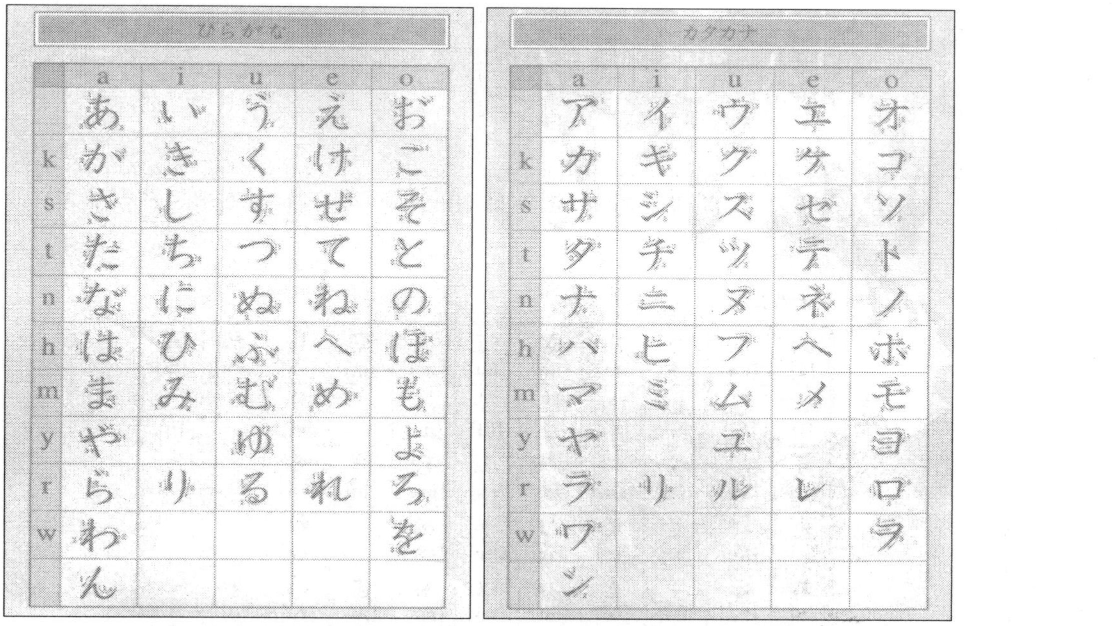

ひらがな

	a	i	u	e	o
	あ	い	う	え	お
k	か	き	く	け	こ
s	さ	し	す	せ	そ
t	た	ち	つ	て	と
n	な	に	ぬ	ね	の
h	は	ひ	ふ	へ	ほ
m	ま	み	む	め	も
y	や		ゆ		よ
r	ら	り	る	れ	ろ
w	わ				を
	ん				

カタカナ

	a	i	u	e	o
	ア	イ	ウ	エ	オ
k	カ	キ	ク	ケ	コ
s	サ	シ	ス	セ	ソ
t	タ	チ	ツ	テ	ト
n	ナ	ニ	ヌ	ネ	ノ
h	ハ	ヒ	フ	ヘ	ホ
m	マ	ミ	ム	メ	モ
y	ヤ		ユ		ヨ
r	ラ	リ	ル	レ	ロ
w	ワ				ヲ
	ン				

그림 16. 6차 교육과정기의 교과서 [6HG]의 오십음도(앞 면지)

한편, <그림 17>의 [6HJ]는 교과서의 앞 면지에 번호와 화살표를 이용한 획순이 표시된 히라가나와 가타카나 청음의 오십음도가 제시되어 있는데, 예비 단원으로 설정된 '발음 연습'에 제시된 오십음도(그림 18)와 서로 가나의 배열 방향이 다르다. 즉, 앞 면지의 오십음도(그림 17)는 행이 가로 방향(좌에서 우)으로, 단이 세로 방향으로 배치되어 있는데, 예비 단원에 제시된 오십음도(그림 18)는 행이 세로 방향(좌에서 우)으로 단이 가로 방향으로 되어있다.

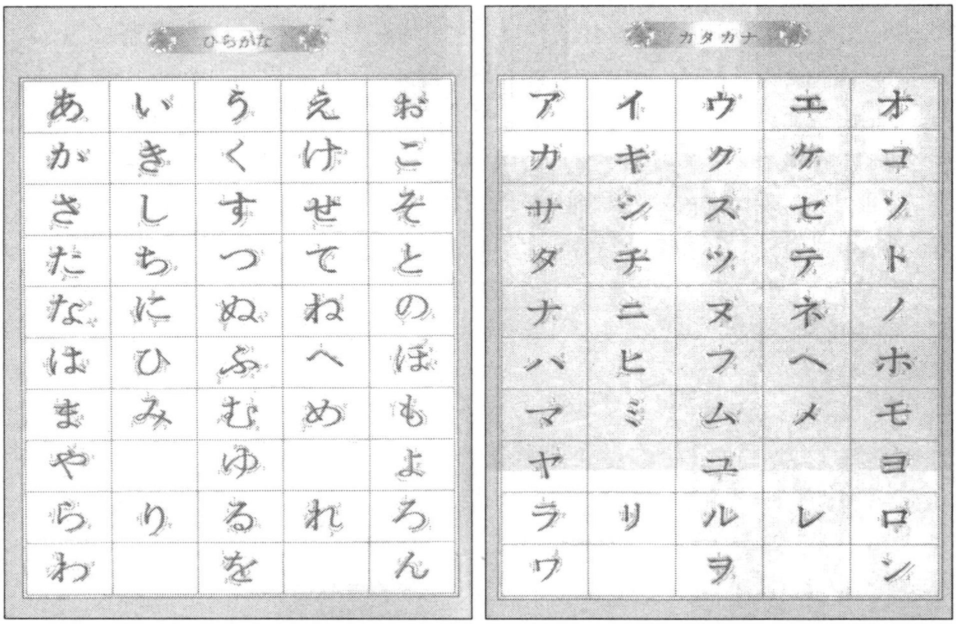

そ림 17. 6차 교육과정기의 교과서 [6HJ]에 제시된 오십음도(앞 면지)

五十音図 (ごじゅうおんず)

あ[a]	か[ka]	さ[sa]	た[ta]	な[na]	は[ha]	ま[ma]	や[ja]	ら[ra]	わ[wa]	ん[m]
い[i]	き[ki]	し[ʃi]	ち[tʃi]	に[ni]	ひ[hi]	み[mi]		り[ri]		[n]
う[u]	く[ku]	す[su]	つ[tsu]	ぬ[nu]	ふ[Fu]	む[mu]	ゆ[ju]	る[ru]		[ŋ]
え[e]	け[ke]	せ[se]	て[te]	ね[ne]	へ[he]	め[me]		れ[re]		[N]
お[o]	こ[ko]	そ[so]	と[to]	の[no]	ほ[ho]	も[mo]	よ[jo]	ろ[ro]	を[o]	

그림 18. 6차 교육과정기의 교과서 [6HJ]에 제시된 오십음도(예비 단원)

<그림 18>의 예비 단원에 제시된 오십음도에는 가나 아래에 음성기호 표기에 사용되는 기호([ ])를 이용해서 로마자 표기와 음성기호가 혼용된 형태의 표기가 되어 있다. 예를 들면, 'し'[ʃi]와 'ち'[tʃi]는 발음표기로 보이고, 특히 'ん'의 경우는 4종류의 변이음([m], [n], [ŋ], [N])도 제시하고 있으나, 'つ'[tsu], 'ひ'[hi], 'ふ'[Fu]를 포함한 나머지 가나의 표기는 헵번식 로마자 표기로 보인다.

30

다음으로, 6차 교육과정기의 교과서 중에서 [6HL]은 교과서 앞 면지에는 제목이나 명칭을 전혀 사용하지 않은 상태로 히라가나와 가타카나 청음이 오십음도 형태로 나열되고 번호를 이용한 필순이 제시되어 있다. 한편, 예비 단원에서는 <그림 19>와 같이 오십음도의 가나에 음성기호를 이용한 발음표기가 되어있는데, 후속 모음에 따른 자음의 변이음도 일관성 있게 표기되어 있다.

五十音図

ひらがな

あ a	い i	う ɯ	え e	お o
か ka	き ki	く kɯ	け ke	こ ko
さ sa	し ʃi	す sɯ	せ se	そ so
た ta	ち tʃi	つ tsɯ	て te	と to
な na	に ɲi	ぬ nɯ	ね ne	の no
は ha	ひ çi	ふ ɸɯ	へ he	ほ ho
ま ma	み mi	む mɯ	め me	も mo
や ja		ゆ jɯ		よ jo
ら ra	り ri	る rɯ	れ re	ろ ro
わ wa				を o
ん N				

カタカナ

ア a	イ i	ウ ɯ	エ e	オ o
カ ka	キ ki	ク kɯ	ケ ke	コ ko
サ sa	シ ʃi	ス sɯ	セ se	ソ so
タ ta	チ tʃi	ツ tsɯ	テ te	ト to
ナ na	ニ ɲi	ヌ nɯ	ネ ne	ノ no
ハ ha	ヒ çi	フ ɸɯ	ヘ he	ホ ho
マ ma	ミ mi	ム mɯ	メ me	モ mo
ヤ ja		ユ jɯ		ヨ jo
ラ ra	リ ri	ル rɯ	レ re	ロ ro
ワ wa				ヲ o
ン N				

그림 19. 6차 교육과정기의 교과서 [6HL]의 오십음도(예비 단원)

마지막으로, <그림 20>의 [6HH]에 제시된 오십음도에 대해서 살펴보기로 한다. 이 교과서는 '五十音図의 필순'과 '文字と 発音'이라는 제목의 예비 단원에 각각 가나의 배열 형태가 다른 오십음도가 제시되어 있다. 오십음도(청음)에는 '五十音図의 필순'이라는 제목이 붙여져 있는데, 가나의 행이 가로 방향으로 단이 세로 방향으로 배치되고, 각 가나에는 번호와 화살표로 획순이 표시되어 있다. 또한, 각 행과 단의 대표음이 로마자로 표기되어 있다.

그림 20. 6차 교육과정기의 교과서 [6HH]의 오십음도(예비 단원 1)

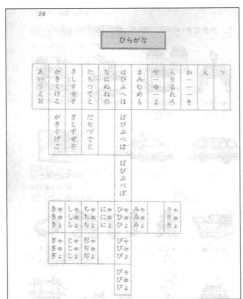
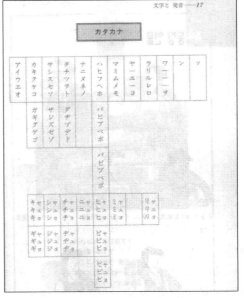

그림 21. 6차 교육과정기의 교과서 [6HH]의 오십음도(예비 단원 2)

한편, <그림 21>의 오십음도에는 청음, 탁음, 반탁음, 요음이 포함되어 있

는데, 행이 세로 방향(좌에서 우)으로 단이 가로 방향으로 배치되고, あ단의 오른쪽 끝에는 촉음이 제시되어 있다. 이로부터 일본어의 기본적인 문자 체계와 음운 체계를 먼저 제시하고, 이후에 일본어의 문자 체계와 음운 체계를 전체적으로 나타낸 것으로 추측된다.

지금까지 살펴본 6차 교육과정기 교과서 12종류의 특징을 정리하면 다음과 같다. 첫째, 오십음도가 제시된 교과서는 모두 11종류로, 가나의 배열 방향의 관점에서 볼 때 1종류([6HH])를 제외한 나머지 10종류의 교과서는 모두 행이 가로 방향(좌에서 우)으로 단이 세로 방향으로 배열되어 있는데, [6HH]는 같은 교과서 내에서 '오십음도의 획순' 항목(6쪽~7쪽)과 '文字와 発音' 항목(16쪽~17쪽)에 제시된 오십음도의 가나의 배열 방향이 서로 다르게 되어있다. 둘째, 6종류의 교과서는 오십음도의 가나에 번호와 화살표를 이용한 획순이 표시되어 있었다.

3.6 7차 교육과정 교과서

7차 교육과정기의 교과서는 6차 교육과정기와 같은 제목으로 '고등학교 日本語 I'이 12종류, '고등학교 日本語 II'가 6종류 발행되었다. 이하에서는 5종류의 교과서의 오십음도를 제시하고 그 특징을 살펴보기로 한다.

먼저, <그림 22>에 제시한 [7HA]는 교과서 앞 면지의 두 쪽에 걸쳐서 각각 'ひらがな'와 'カタカナ'라는 제목 아래 청음, 탁음, 반탁음, 요음이 제시되어 있다. 가나의 종류별로 그 명칭이 일본어로 표시되어 있고 모든 가나에는 헵번식 로마자 표기가 되어있다15).

한편, 예비 단원('발음과 문자')에서는 가나가 모음(あ행음)과 자음(청음, 탁음, 반탁음, 요음)으로 분류되고, 음성기호로 발음이 표기되어 있다. 단, 청음에 관한 설명('오십음도의 자음들로 성대의 진동이 없는 무성음이다')과 'し'에 관한 설명('「し」는 [ʃ]로 발음한다. [ʃ]는 영어의 [ʃip]의 입 모양과 같다.'), 탁음에 관한 설명('우리말의 '가', '자', '다', '바'보다는 성대의 진동이 훨씬 강하다.')처럼 음성학적으로 올바르지 않거나 정확하지 않은 기술이 눈에 띈다.

---

15) 가타카나 오십음도의 하단에 '가나의 아래 또는 옆에 있는 알파벳은 일본어 로마자 표기이다'라는 주석이 달려있다.

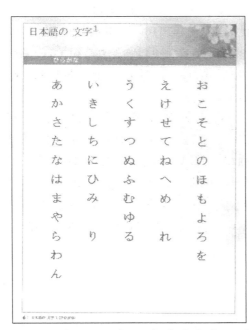

그림 22. 7차 교육과정기의 교과서 [7HA]의 오십음도(앞 면지)

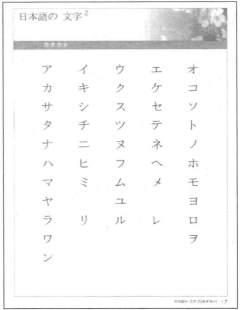

그림 23. 7차 교육과정기의 교과서 [7HB]의 오십음도(예비 단원)

다음으로, [7HB](그림 23)는 예비 단원('日本語の 文字')에 오십음도(청음)가 제시되어 있다. 이어지는 또 다른 예비 단원('日本語の 発音')에서는 일본어 가나가 모음(あ행음), 반모음(や행음), 자음(청음·탁음·반탁음), 요음, 발음(ん), 촉음(っ), 장음으로 분류되고 각 가나에는 번호와 화살표를 이용한 획순 표시와 음성기호를 이용한 발음표기가 되어 있다.

<그림 24>의 [7HF]는 교과서 앞 면지의 두 쪽에 각각 히라가나와 가타카나의 오십음도(청음)가 제시되어 있는데, 가나에는 번호와 화살표를 이용한 획순이 표시되어 있고, 가나의 아래쪽에 훈령식 로마자 표기가 되어있다. 한편, 예비 단원('문자와 발음')에서는 특수박을 제외한 일본어 가나가 모음(あ행음), 자음(청음, 탁음, 반탁음, 요음)으로 분류되고 각 가나에는 음성기호를 이용해서 발음이 표기되어 있는데, 특히 ざ행음과 じゃ행음의 경우는 출현 환경에 따른 조음법의 차이를 고려하여 파찰음과 마찰음이 함께 표기되어 있다.

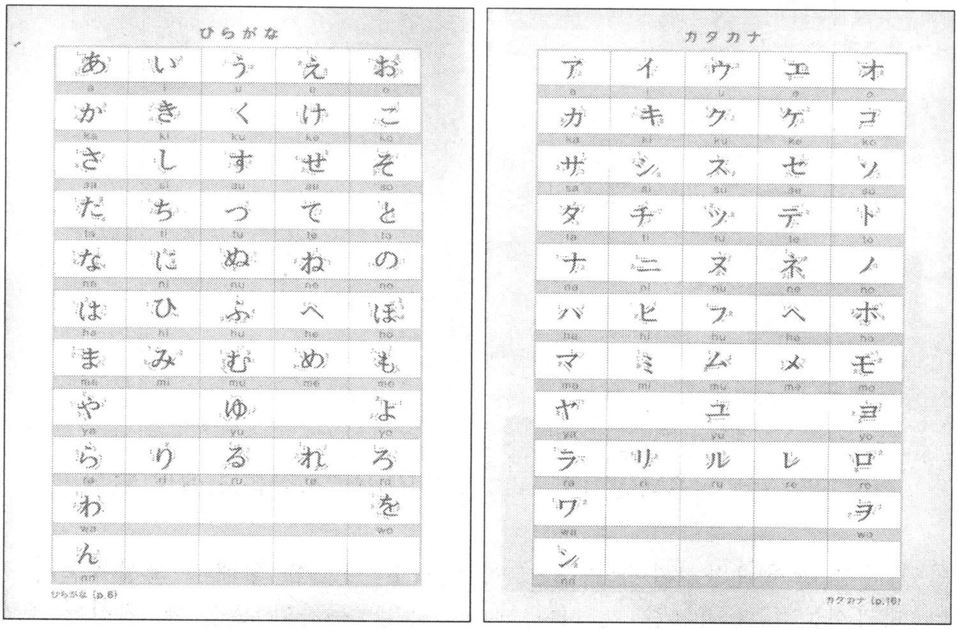

그림 24. 7차 교육과정기의 교과서 [7HF]의 오십음도(예비 단원)

<그림 25>의 [7HD]는 예비 단원('일본어를 공부하기 전에')에 일본어의 표기에 관한 간단한 설명과 함께 히라가나와 가타카나 청음의 오십음도가 제시되어 있다. 앞에서 살펴본 교과서와는 달리 행이 세로 방향(좌에서 우)으로,

단이 가로 방향으로 배열되어 있으며, 가나의 아래에 음성기호를 이용한 발음표기가 되어있는데, 'ん'의 발음은 어말에서 실현되는 변이음 [N](구개수 비음)으로 표기되어 있다. 이어지는 예비 단원('일본어의 발음')에서는 일본어 히라가나와 가타카나가 청음, 탁음, 반탁음, 발음, 촉음, 요음, 장음으로 분류되어 있고, 발음기호와 획순은 표시되지 않았다.

3. 오십음도

「ひらがな」

行\段	あ	か	さ	た	な	は	ま	や	ら	わ	
あ	あ [a]	か [ka]	さ [sa]	た [ta]	な [na]	は [ha]	ま [ma]	や [ja]	ら [ra]	わ [wa]	ん [N]
い	い [i]	き [ki]	し [ʃi]	ち [tʃi]	に [ɲi]	ひ [çi]	み [mi]		り [ri]		
う	う [ɯ]	く [kɯ]	す [sɯ]	つ [tsɯ]	ぬ [nɯ]	ふ [ɸɯ]	む [mɯ]	ゆ [jɯ]	る [rɯ]		
え	え [e]	け [ke]	せ [se]	て [te]	ね [ne]	へ [he]	め [me]		れ [re]		
お	お [o]	こ [ko]	そ [so]	と [to]	の [no]	ほ [ho]	も [mo]	よ [jo]	ろ [ro]	を [o]	

「カタカナ」

行\段	ア	カ	サ	タ	ナ	ハ	マ	ヤ	ラ	ワ	
ア	ア [a]	カ [ka]	サ [sa]	タ [ta]	ナ [na]	ハ [ha]	マ [ma]	ヤ [ja]	ラ [ra]	ワ [wa]	ン [N]
イ	イ [i]	キ [ki]	シ [ʃi]	チ [tʃi]	ニ [ɲi]	ヒ [çi]	ミ [mi]		リ [ri]		
ウ	ウ [ɯ]	ク [kɯ]	ス [sɯ]	ツ [tsɯ]	ヌ [nɯ]	フ [ɸɯ]	ム [mɯ]	ユ [jɯ]	ル [rɯ]		
エ	エ [e]	ケ [ke]	セ [se]	テ [te]	ネ [ne]	ヘ [he]	メ [me]		レ [re]		
オ	オ [o]	コ [ko]	ソ [so]	ト [to]	ノ [no]	ホ [ho]	モ [mo]	ヨ [jo]	ロ [ro]	ヲ [o]	

그림 25. 7차 교육과정기의 교과서 [7HD]의 오십음도(예비 단원)

한편, 7차 교육과정기의 교과서 중에서 가장 단순한 형태의 오십음도가 제시된 교과서는 [7HH](그림 26)이다. 예비 단원 '문자와 발음'에 제시된 오십음도는 앞에서 살펴본 [7HD]와 마찬가지로 행이 세로 방향(좌에서 우)으로 단이 가로 방향으로 배열되어 있으며, 로마자 표기, 획순 표기 등은 되어 있지 않다.

마지막으로, [7HI](그림 27)는 전형적인 '오십음도'는 제시되어 있지 않으나, 예비 단원('일본어 가나의 입력 방법')에 오십음도의 형식으로 히라가나

그림 26. 7차 교육과정기의 교과서 [7HH]의 오십음도(예비 단원)

일본어 가나의 입력 방법

あ	A 아	い	I 이	う	U 우	え	E 에	お	O 오
か	KA 카	き	KI 키	く	KU 쿠	け	KE 케	こ	KO 코
が	GA 가	ぎ	GI 기	ぐ	GU 구	げ	GE 게	ご	GO 고
さ	SA 사	し	SI 시	す	SU 스	せ	SE 세	そ	SO 소
ざ	ZA 자	じ	ZI 지	ず	ZU 주	ぜ	ZE 제	ぞ	ZO 조
た	TA 타	ち	TI 치	つ	TU 츠	て	TE 테	と	TO 토
だ	DA 다	ぢ	DI 디	づ	DU 드	で	DE 데	ど	DO 도
な	NA 나	に	NI 니	ぬ	NU 누	ね	NE 네	の	NO 노
は	HA 하	ひ	HI 히	ふ	HU 후	へ	HE 헤	ほ	HO 호
ば	BA 바	び	BI 비	ぶ	BU 부	べ	BE 베	ぼ	BO 보
ぱ	PA 파	ぴ	PI 피	ぷ	PU 푸	ぺ	PE 페	ぽ	PO 포
ま	MA 마	み	MI 미	む	MU 무	め	ME 메	も	MO 모
や	YA 야			ゆ	YU 유			よ	YO 요
ら	RA 라	り	RI 리	る	RU 루	れ	RE 레	ろ	RO 로
わ	WA 와							を	WO 어
				ん	N, NN ㄴ,ㅇ,ㅁ				

그림 27. 7차 교육과정기의 교과서[7HI]의 오십음도(예비 단원)

청음, 탁음, 반탁음, 요음이 제시되어 있다. 가나의 오른쪽 위에는 컴퓨터 키보드의 알파벳 대문자, 그 아래에는 한글 자모로 가나와 로마자 입력 또는 한글 입력의 대응 관계가 표시되어 있으며, 'ん'의 경우는 복수의 알파벳(N, NN)과 한글 자모(ㄴ, ㅁ, ㅇ)가 병기되어 있다. 당시의 컴퓨터 이용 상황과 컴퓨터를 이용한 일본어 입력의 필요성을 고려한 것으로 판단된다.

한편, 7차 교육과정기에는 중학교에서도 일본어 교육이 시작되었다. 교과서는 국정 교과서로 1종류만 발행되었으며, <그림 28>과 같이 앞 면지의 두 쪽에 걸쳐서 '히라가나 쓰기'라는 제목으로 히라가나 청음의 오십음도가 제시되어 있는데, 가나에는 번호와 화살표를 이용한 획순이 표시되어 있다.

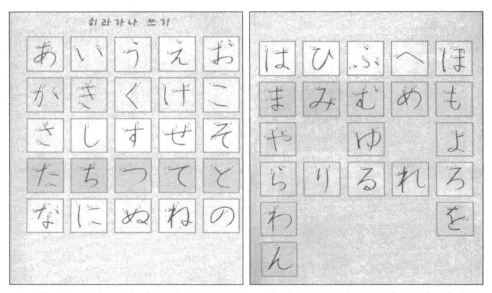

그림 28. 7차 교육과정기의 중학교 교과서 [7MA]의 오십음도(앞 면지)

또한, 뒤 면지에는 '가나 문자의 로마자 입력 방법'이라는 제목으로 히라가나 청음과 그에 대응하는 키보드의 알파벳이 제시되어 있다. 이 교과서의 가장 큰 특징은 <그림 29>와 같이 목차의 단원명(일본어)과 1과~3과의 '주요 표현'과 '역할 연습'에 등장하는 일본어 문장에 키보드의 알파벳을 대응시킨 표기가 함께 제시되어 있다는 점이다.

그림 29. [7MA]의 로마자 입력 표기 사례(1과)

　이상으로 7차 교육과정기 교과서의 오십음도에 대해서 살펴보았는데, 공통점 외에 교과서 집필자(출판사)에 따른 차이점도 다수 발견되었다. 12종류의 '고등학교 日本語 I'에 제시된 오십음도는 그림 또는 표 형식의 '오십음도' 안에 청음, 탁음, 반탁음, 요음이 모두 제시된 경우(5종)와 '오십음도'에는 요음이 제시되지 않고, 예비 단원의 발음 연습 등에서 제시된 경우로 나뉜다. 또한, 가나의 명칭(청음, 탁음, 반탁음, 요음 등)이 제시된 교과서, 가나의 획순이 표기된 교과서, 로마자 표기가 도입된 교과서, 발음기호가 표기된 교과서, 가나와 컴퓨터 키보드의 대응 관계가 제시된 교과서 등으로 분류된다.

3.7 2007 개정 교육과정기의 교과서

　2차 교육과정기부터 7차 교육과정기까지는 차수를 나타내는 숫자를 앞에 붙여서 각 교육과정기의 호칭으로 사용해 왔으나, 그 이후는 교육과정이 개정된 연도를 넣어서 '2007 개정 교육과정'과 같은 호칭을 사용하기 시작한다. 2007 개정 교육과정기에 발행된 고등학교 일본어 교과서는 급격하게 그 종류가 감소하는데, '고등학교 日本語 I'은 6종류, '고등학교 日本語 II'는 2종류가 발행되었다. 이하에서는 교과서별로 특징을 살펴보기로 한다.16)

　<그림 30>의 [2007HF]는 교과서 앞 면지의 두 쪽에 걸쳐서 히라가나와 가

---

16) 7차 교육과정기에 시작된 중학교 일본어 교육은 그 이후에도 계속해서 실시되고 있는데, 2007 개정 교육과정기부터 발행된 중학교 일본어 교과서는 같은 시기의 고등학교 교과서와 집필자가 같고 오십음도에도 큰 차이가 없으므로, 이하에서는 중학교 교과서의 오십음도에 관한 기술은 생략하기로 한다.

타카나 청음의 오십음도('50음도')가 제시되어 있고, 그 옆에 탁음, 반탁음, 요음이 제시되어 있는데, 가나의 명칭이 한글로 표기되어 있다. 가나에는 로마자 표기나 획순은 제시되어 있지 않은데, 예비 단원('글자와 발음')에서는 히라가나와 가타카나에는 [ ]안에 IPA를 이용한 발음표기가 되어있고, 특히 청음에는 번호와 화살표로 획순을 제시하고 쓰기 연습을 할 수 있는 공간이 마련되어 있다.

다음에 <그림 31>의 [2007HA]는 예비 단원 'ひらがな・カタカナ'의 11쪽에 히라가나 청음이 22쪽에 가타카나 청음이 제시되어 있는데, 히라가나와 가타카나를 완전히 분리해서 학습하도록 배치하고 있다.[17] 각각의 오십음도에는 가나의 우측 아래에 로마자 표기(헵번식과 훈령식)가 되어있는데, 오십음도의 하단에 '로마자 표기는 일본어를 컴퓨터로 입력할 때의 방법을 표시한 것이다'라는 문구가 적혀있는 것으로 보아 로마자 표기의 역할에 대한 집필자의 의도를 유추해 볼 수 있다. 또한, 히라가나 오십음도에는 다른 가나와 분리된 형태로 'ん'이 제시되어 있는데, 그 오른쪽 아래에 '''ん'은 청음은 아니지만 표기에 도움을 주기 위해 제시하였다'라는 부차적인 설명이 보인다.[18] 또한, 오십음도의 상단에는 '잘 듣고 따라 읽어 봅시다'라는 지시문과 함께 헤드폰 그림 안쪽에 음성의 트랙 번호가 제시되어 있다.

---

17) [2007HA]에는 '오십음도'라는 용어는 제시되지 않고, 한글로 가나의 종류('청음, 탁음과 반탁음, 요음, 촉음, 발음, 장음')를 분류하여 표기하고 있다.

18) 'ん'은 청음이 아니라는 설명은 2007 개정 교육과정기의 교과서에 처음으로 제시되었다.

그림 30. 2007 개정 교육과정기의 교과서 [2007HF]의 오십음도(앞 면지)

그림 31. 2007 개정 교육과정기의 교과서 [2007HA]의 오십음도(예비 단원)

다음으로 <그림 32>의 [2007HE]는 교과서의 첫 단원(1 ひらがなとカタカナ)에서 문자와 발음을 학습하도록 하고 있으며, 히라가나와 가타카나 청음이 로마자 표기(훈령식과 헵번식)와 함께 두 쪽에 걸쳐서 제시되어 있는데, 하단에 '로마자 표기는 컴퓨터로 입력할 때의 방법을 나타낸 것입니다'라는 부언이 첨부되어 있다. 또한, 가나는 쓰기 단계별로 4가지의 다른 색상으로 획순이 표시되어 있고, 하단에는 모양이 비슷해서 구별하기 어려운 글자를 듣고 쓰는 연습이 마련되어 있다.

마지막으로 [2007HD](그림 33)는 [2007HE]와 마찬가지로 교과서의 본 단원('1 かなとあいさつ')에 오십음도가 제시되어 있다. '문자와 발음'이라는 항목의 좌우에 히라가나와 가타카나 청음의 오십음도가 배치되고, 그 아래에 탁음과 반탁음이 배치되어 있다. 각 가나에는 로마자 표기(헵번식)가 되어있고, 같은 쪽 하단의 [tip]에는 '50음도에서 「ん」을 제외한 나머지 발음들을 '청음'이라고 합니다.'라는 단서가 제시되어 있다. 한편, 이 교과서의 뒤 면지에는 두 쪽에 걸쳐서 히라가나와 가타카나 청음의 오십음도가 제시되어 있는데, 각 가나에는 헵번식 로마자 표기와 번호와 화살표를 이용한 획순 표기가 되어있다.

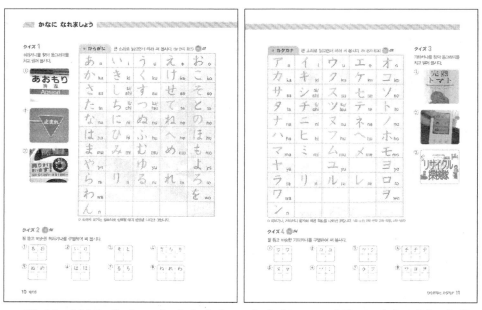

그림 32. 2007 개정 교육과정기의 교과서 [2007HE]의 오십음도(본 단원)

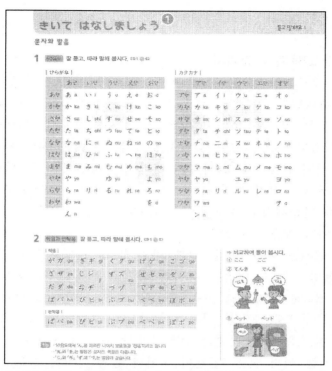

그림 33. 2007 개정 교육과정기의 교과서 [2007HD]의 오십음도(1과)

이 시기에 발행된 6종의 교과서('고등학교 日本語 I') 중에서 오십음도가 제시된 교과서는 5종으로, 수록된 가나의 종류와 범위에 따라서 크게 둘로 나누어진다. 즉, 청음, 탁음, 반탁음, 요음이 모두 제시된 교과서가 3종이고 청음만 제시된 교과서가 2종이다[19]. 또한, 오십음도는 대부분 예비 단원 또는 본 단원에 제시된 경우가 많다. 오십음도가 제시된 5종의 교과서 중에서 로마자 표기가 제시된 교과서는 모두 3종으로, 그중에서 헵번식과 훈령식이 병기된 교과서가 2종, 헵번식만 표기된 교과서가 1종이다. 한편, 이 시기의 교과서는 모두 오십음도의 가나의 배열 방향이 행은 가로 방향(좌에서 우)으로 단은 세로 방향으로 되어있다. 단, 교과서 도입부에 오십음도가 제시되지 않은 교과서 [2007HB]는 권말 부록(pp.184-185)에 컴퓨터 키보드의 모양을 본뜨고 오십음도의 형식을 이용한 가나의 로마자 입력 방법이 제시되어 있는데, 다른 교과서와는 달리 가나의 배열 방향이 행은 세로 방향으로 단은 가

---

19) 오십음도에는 청음만 제시된 교과서도 그 이후에 설정된 발음 연습 등의 항목에서 탁음, 반탁음, 요음 등을 제시하고 있다.

로 방향으로 되어 있다.[20]

3.8 2009 개정 교육과정 교과서

2009 개정 교육과정기에는 '고등학교 日本語Ⅰ'이 7종, '고등학교 日本語Ⅱ'가 3종 발행되었다. Ⅰ권의 7종 교과서 중에서 오십음도가 제시된 교과서는 6종류로, 모두 가나의 배열이 행은 가로 방향(좌에서 우)으로 단은 세로 방향으로 되어있다. 또한, 모든 교과서의 오십음도에는 히라가나와 가타카나의 청음만 제시되어 있고, 그 이외는 예비 단원의 성격으로 마련된 발음 연습 항목 등에서 다루어지고 있다. 즉, 이전의 교육과정기의 교과서에 비해 오십음도의 형태가 단순해지고 오십음도에 포함된 가나의 종류도 적어지는 등 교과서 간의 차이가 매우 작아졌다.

먼저, [2009HE]는 예비 단원 '일본 탐구'의 하위 항목으로 '오십음도'라는 제목으로 청음만 '행, 단'이라는 용어와 함께 제시하고 있다[21]. 그 구성이나 배치 등으로 볼 때 본격적인 학습 활동을 위한 것이라고 하기보다는 '가로 다섯 글자씩 10행으로 배열한 일본어 글자표를 오십음도라고 합니다'라는 설명이 첨부된 것으로 보아 단순히 일본어의 문자를 소개하기 위한 것으로 추측된다. 이어지는 예비 단원 '일본어 문자와 발음'에서는 청음, 탁음, 반탁음, 요음의 히라가나에 번호와 화살표를 이용한 획순이 표시되어 있고, 헵번식 로마자 표기(특수박은 IPA로 변이음을 표기)가 채택되어 있으며, 아래쪽에는 가나 쓰기 연습을 위한 공간이 마련되어 있다. 또한, 뒤 면지에는 헵번식 로마자 표기를 한 히라가나 오십음도와 히라가나로 발음을 표기한 가타카나 오십음도(그림 34)가 '오십음도표'라는 제목으로 제시되어 있는데, 히라가나의 로마자 표기를 [ ]안에 넣어서 표기하고 가타카나의 발음을 [ ]안에 히라가나로 표기한 것이 특징적이다.

---

20) 예비 단원('문자와 발음')에 히라가나와 가타카나를 종류별로 분류하여 행 단위로 제시하고, 가나에는 번호와 화살표를 이용한 획순을 표시함과 동시에 쓰기 연습을 할 수 있는 공간이 마련되어 있다.
21) 이 교과서의 집필자가 집필한 2007 개정 교육과정 교과서 [2007HC]의 오십음도(그림 28)도 이와 같다.

그림 34. 2009 개정 교육과정기의 교과서 [2009HE]의 오십음도(뒤 면지)

　다음으로, [2009HA](그림 35)는 본 단원(제1과 かなとはつおん)에 오십음도
(히라가나는 14쪽, 가타카나는 22쪽)가 제시되어 있는데, 2009개정 교육과정
기의 교과서 중에서 그 형태가 가장 단순하다. 로마자 표기와 획순 등이 모
두 생략된 오십음도가 '잘 듣고 큰 소리를 내어 읽어 봅시다'라는 지시문과
함께 먼저 제시되고, 이어서 다음 쪽에는 '잘 듣고 획순에 따라 써 봅시다'라
는 지시문과 함께 번호와 화살표로 획순이 표기된 오십음도가 제시되어 있
다. 즉 일본어 학습 입문 단계에서 일본어의 기본적인 음운 체계와 발음을
먼저 익히고, 그다음 단계에서 문자 쓰기를 익히도록 하고자 하는 집필자의
의도를 추측할 수 있다[22].

---

22) 이 교과서는 필자가 대표 집필자로 참여했는데 공동 집필자인 고등학교 일본어 교사
　　와의 논의와 토론을 통해서 오십음도에서 로마자 표기와 획순 표기 등을 배제하고 음
　　성 자료를 이용한 정확한 발음 학습이 선행될 수 있도록 노력하였다. 단, 고등학교 일
　　본어 교육 현장의 필요성 등을 고려하여 '청음, 단, 행'이라는 용어와 "'ん'은 청음이
　　아닙니다''라고 하는 단서 조항은 포함되도록 하였다.

그림 35. 2009 개정 교육과정기의 교과서 [2009HA]의 오십음도(1과)

　　이어서 <그림 36>에 제시한 [2009HB]의 오십음도에 대해서 살펴보기로 한다. [2009HB]의 특징은 상단과 좌측에 단과 행의 명칭이 제시되어 있다는 점과 가나의 오른쪽 아래에 헵번식 로마자 표기가 되어 있는데, 'ふ'에는 훈령식과 헵번식 표기가 모두 제시되어 있다. 가나의 로마자 표기는 일본어의 발음 힌트를 제공한다고 하기보다는 컴퓨터 등을 이용한 일본어 입력 방법을 제시하는데 더 큰 목적이 있다고 여겨지는데, 그것은 오십음도의 오른쪽 위에 제시된 부연 설명을 통해서도 확인할 수 있다[23]). 또한, 오십음도 아래에는 오십음도에 대한 설명('일본어의 가나(仮名)'를 발음 체계에 따라 5단 10행으로 배열한 것으로, 사전을 찾을 때도 위의 오십음도(五十音図) 순서를 따른다.')이 제시되어 있다.

---

23) 그림 상으로는 해독이 곤란할 것으로 판단되어, 여기에 옮겨 적어 둔다. '일본어를 컴퓨터로 입력할 때는 오십음도의 로마자 표기대로 입력해요. 단, 'し'를 입력할 때는 'si' 또는 'shi'로, 'ん'을 입력할 때는 'n' 또는 'nn'으로 해요'

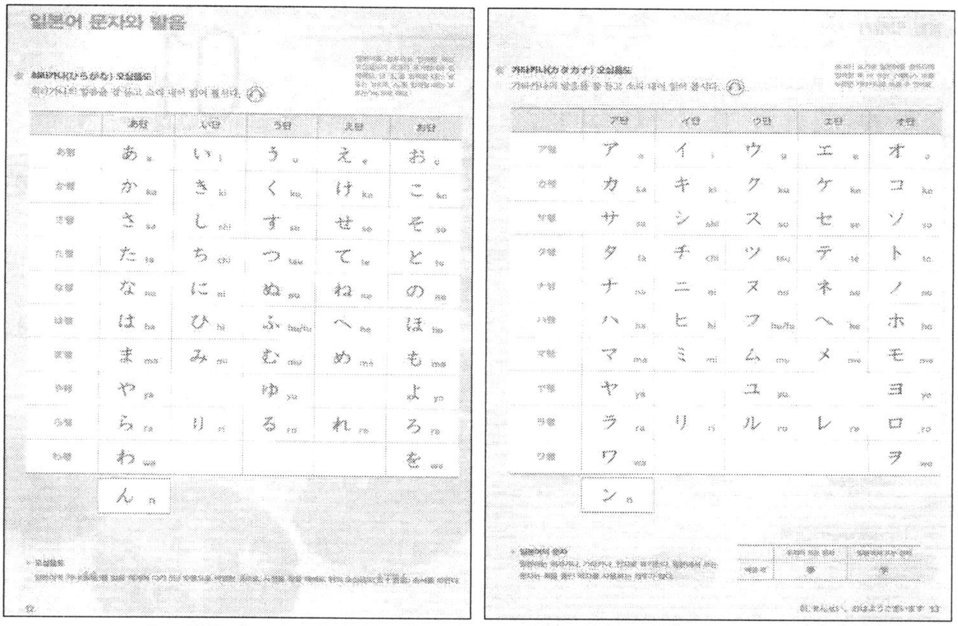

그림 36. 2009 개정 교육과정기의 교과서 [2009HB]의 오십음도(1과)

마지막으로, [2009HG](그림 37)의 오십음도에는 가나의 오른쪽 아래에 음성 기호의 표기에 사용되는 [ ]안에 헵번식과 훈령식이 혼합된 로마자 표기가 되어있다. 'し[si]', 'ふ[hu]'는 훈령식 표기가, 그 이외의 가나에는 헵번식 표기가 되어있고, 'ん[ɴ]'은 IPA를 이용한 발음표기가 되어 있다. 한편, 부록에는 일본어 로마자 입력 방법(p.205)과 일본어 가나와 한글 대조표(p.206)[24]가 수록되어 있다.

---

24) '일본어 가나와 한글 대조표'는 한국의 국립국어원에서 정한 외래어 표기법에서 일본어를 한글로 표기하는 원칙으로 제시된 규정이다. 1986년에 제정·고시(문교부 고시 제85-11호)되었으며, 약간의 개정(2014년 문화체육관광부 고시 제2014-43호)을 거쳐서 현재까지 사용되고 있다. 구체적인 내용은 국립국어원 홈페이지의 '어문 규범' 내의 '외래어 표기법'을 참고하기 바란다. https://www.korean.go.kr/ (2023.10.1. 최종 검색)

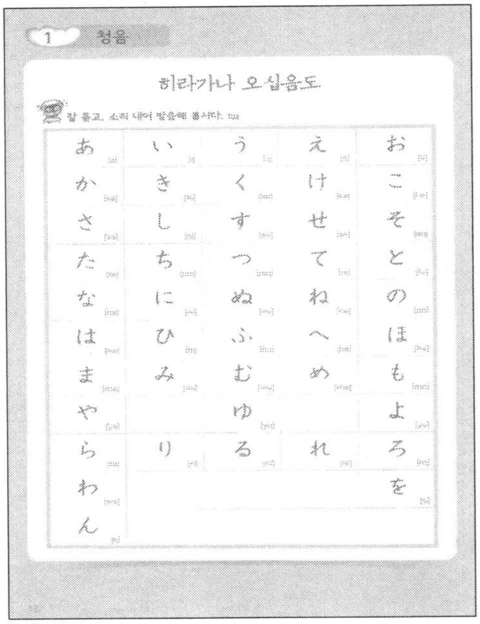

그림 37. 2009 개정 교육과정기의 교과서 [2009HG]의 오십음도(예비 단원)

2009 개정 교육과정기에 발행된 교과서의 오십음도는 모두 히라가나와 가타카나의 청음만 제시되었고 가나의 배열도 모두 행이 가로 방향(좌에서 우)으로 단이 세로 방향으로 되어있어 교과서 사이의 차이가 매우 작아졌다. 단, 로마자 표기의 채택 여부와 그 표기 방식에서는 교과서에 따른 차이가 나타났다.

3.9 2015 개정 교육과정 교과서

현행 교육과정인 2015 개정 교육과정에 따라서 발행된 고등학교 일본어 교과서는 '고등학교 日本語Ⅰ'이 8종류, '고등학교 日本語Ⅱ'가 2종류이다. '고등학교 日本語Ⅰ'의 8종류의 교과서에는 모두 오십음도가 제시되었는데, 가나의 배열 방식(행이 가로 방향으로 단이 세로 방향)은 모두 같으며, 또한 모든 교과서가 가나에 로마자 표기 또는 음성기호 표기가 적용되어 있다. 한편, 오십음도의 가나에 번호와 화살표로 획순이 표기한 교과서는 2종류이다. 이하에서는 4종류의 교과서에 제시된 오십음도를 중심으로 그 특징을 살펴보기로 한다.

먼저, <그림 38>의 [2015HA]에 제시된 오십음도의 경우는 '오십음도'라는 용어는 등장하지 않고 'ひらがな', 'カタカナ'라는 표제 아래 청음이 제시되어 있다. 상단과 좌측에는 각각 단의 명칭과 행의 명칭이 표기되고 가나에는 헵번식 로마자 표기가 되어 있다. 또한, 'ん'은 다른 가나와 분리되어 있는데, 'ん'은 청음이 아닙니다'라는 부연 설명이 되어있고, 오십음도 아래의 'TIP'에는 히라가나의 유래 등에 관한 설명이 나와 있다[25].

그림 38. 2015 개정 교육과정기의 교과서 [2015HA]의 오십음도(예비 단원)

한편, 가나의 획순은 제시되지 않았는데, 가타카나의 경우에는 'Tip'으로 모양이 비슷해서 혼동하기 쉬운 글자인 'シ'와 'ツ', 'ン'과 'ソ'에 번호와 화살표를 이용한 획순이 예시되어 있다. 또한, 오십음도의 상단 왼쪽에 '청음을 듣고 잘 따라 읽어 봅시다.'라는 지시문과 함께 음성 자료의 트랙 번호가 제시되어 있다.

다음으로, <그림 39>의 [2015HC]의 오십음도는 헵번식 로마자 표기가 채택되어 있는데 음성기호를 나타내는 [ ]안에 로마자 표기가 되어있는 것으로 보아 로마자 표기가 가나의 발음 정보를 제공하기 위한 목적으로 제시되었을 것으로 추측된다. 한편, 히라가나에는 획순이 표기되지 않았으나, 가타카나에는 번호와 화살표 및 쓰기 단계별 색상을 이용한 획순이 표기되어 있다. 또

---

25) '히라가나는 한자의 흘림체에서 만들어진 글자로, 일본어를 표기하는 가장 기본적인 글자입니다.'

한, 오십음도의 왼쪽 위에 화살표로 단과 행의 방향이 표시되어 있다.

그림 39. 2015 개정 교육과정기의 교과서 [2015HC]의 오십음도(1과)

<그림 40>의 [2015HE]에는 컴퓨터 키보드의 모양을 이용한 오십음도가 제시되어 있다. 가나에는 키보드의 알파벳이 아닌 헵번식 로마자 표기가 되어 있다. 또한, 각 단과 행의 명칭이 상단과 좌측에 표기되어 있으며, 'を'(로마자 표기는 'o') 바로 아래에 '일본어를 컴퓨터로 입력할 때는 [wo]로 입력한다'라는 설명이 첨부되어 있다.

한편, 히라가나 'ん'의 좌측에는 부호(★)가 표시되어 있는데, 'ん'은 청음에 포함되지 않는다는 점을 나타내고 있는 것으로 보인다. 가나에는 번호와 화살표를 이용한 획순이 표시되어 있고 다른 교과서와 마찬가지로 오십음도 상단에 음성 자료를 이용한 발음 학습 방법에 대한 지시문26)이 제시되어 있다는 점에서 가나의 로마자 표기의 구체적인 용도를 짐작할 수 있다.

---

26) '히라가나 오십음도입니다. 잘 듣고 따라 읽어 봅시다.'

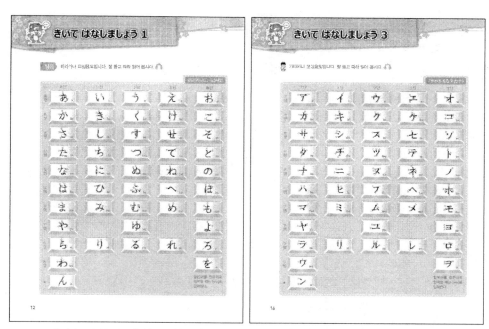

그림 40. 2015 개정 교육과정기의 교과서 [2015HE]의 오십음도(1과)

　〈그림 41〉의 [2015HG]의 경우는 예비 단원 성격이 강한 '0. よーい ドン!'의 소항목 '일본어의 문자와 발음'에 오십음도가 제시되어 있다. 오십음도의 상단과 좌측에 각 단과 행의 명칭이 표기되어 있고, 가나에는 헵번식 로마자 표기가 되어있다. 또한, 오십음도의 하단에는 '오십음도란? 가로 다섯 글자와 세로 10행으로 배열한 일본어 글자표를 말한다'라는 설명이 첨부되어 있다.

　이 교과서의 경우는 음성 자료를 이용한 발음 학습 방법에 관한 지시문은 제시되어 있지 않으나, 오십음도 왼쪽 위에 음성 자료의 트랙 번호가 표시되어 있다. 한편, 오십음도 오른쪽 위에는 일본어 문자의 종류에 관한 설명('일본어의 문자는 히라가나와 가타카나, 한자로 이루어진다.')이 제시되어 있다.

그림 41. 2015 개정 교육과정기의 교과서 [2015HG]의 오십음도(예비 단원)

2015 개정 교육과정기의 일본어 교과서에 제시된 오십음도는 가나의 배열 방식, 로마자 표기 등의 면에서 전체적으로 매우 유사한 형태를 하고 있으며, 모든 교과서가 음성 자료를 이용한 발음 학습 도구를 제공하고 있다. 단, 각 교과서의 오십음도에 제시된 가나의 로마자 표기의 구체적인 기능과 역할에는 교과서에 따른 차이가 있을 것으로 추측되는데, 로마자 표기를 일본어 가나의 발음 힌트 제공의 기능으로 이용한 교과서와 컴퓨터를 이용한 일본어 입력 방법의 기능을 강조한 교과서, 또는 발음 힌트와 컴퓨터 입력의 두 측면을 복합적으로 고려한 교과서 등이 관찰되었다.

4. 오십음도의 역할과 기능 및 문제점

지금까지 국내의 고등학교에서 외국어로서의 일본어 교육이 시작된 2차 교육과정기(1963~1974)에서 2015 개정 교육과정기(2015~2022)에 이르는 약 50년여에 걸쳐서 발행된 고등학교 일본어 교과서를 대상으로, 교과서에 제시된 오십음도의 형태와 수록 내용 및 교육과정에 따른 변화 양상에 대해서 살펴보았다.

일본어 학습 입문기의 교과서에 제시되는 오십음도의 가장 기본적인 역할은 학습자에게 일본어의 기본적인 음운 체계와 문자 체계를 제시하는 데 있다고 할 수 있을 것이다. 단, 제시되는 오십음도의 형태와 수록 내용 등에 따라서 그 본래 역할의 수행 가능성은 크게 달라질 수 있을 것이다.

이하에서는 외국어로서의 일본어 학습 입문기의 교과서에서 일본어의 발음과 문자를 도입하는 단계에서 오십음도의 제시 필요성 유무, 그 형태와 내용 및 문제점 등에 관한 필자의 견해를 밝힘으로써 금후의 개선 방향을 본격적으로 논의하기 위한 토론의 장을 마련해 보고자 한다.

4.1 오십음도의 내용

외국어로서의 일본어 학습 입문 단계에서 발음과 문자 교육을 위한 오십음도의 필요성과 그 내용에 대해 논의할 필요가 있으며, 그 주요 논점은 다음과 같다.

첫째로, 오십음도에 제시된 가나의 종류이다. 지금까지 살펴본 고등학교 일본어 교과서의 오십음도는 일본어의 전통적인 '오십음도'라는 명칭에 걸맞지 않게 청음, 탁음, 반탁음과 요음 등의 가나를 모두 포함하고 있는 경우와 청음만으로 구성된 오십음도에 포함된 가나의 수가 50개에 미치지 못하는 경우, 발음(撥音)과 촉음(促音)의 포함 여부 등에 따라서 다양한 형태의 오십음도가 존재한다.

둘째로, 가나의 종류에 관한 용어의 사용이다. 오십음도에 청음, 탁음, 반탁음, 요음, 발음, 촉음 등의 용어를 일본어 또는 한국어로 제시한 교과서가 있고, 오십음도에는 이들 용어가 제시되지 않았지만, 예비 단원 등의 발음 또는 쓰기 연습 단계에서는 제시되는 등, 거의 모든 교과서에서 이들 용어가 사용되고 있다. 가나의 종류에 관한 명칭은 각각의 가나의 자음의 음성학적 특성을 정확하게 나타내지 못하며, 가나의 발음보다는 가나의 종류(형태)를 식별하는 데 필요한 역할만 한다고 할 수 있다[27].

셋째로, 교과서에 따라서 오십음도의 가나에 획순을 표기한 것, 로마자 표기(헵번식, 훈령식)를 한 것, 컴퓨터 키보드의 알파벳을 표기한 것, 가나의 모음(단)과 자음(행)을 음소 기호로 표기한 것 등이 있다.

넷째로, 오십음도에 포함된 가나의 종류 및 숫자와 '오십음도'라고 하는 명칭의 부조화 현상의 내용과 그 구체적인 이유가 설명된 교과서는 보이지 않는데, 중고등학생을 포함하여 일반적인 학습 목적을 가진 일본어 학습자에게

---

27) 7차 교육과정기의 교과서 중에는 청음을 '오십음도의 자음들로 성대의 진동이 없는 무성음이다'와 같이 부정확하게 설명한 것([7HA])도 있다.

학습 입문기에 오십음도의 유래와 그 내용 및 변화 양상을 구체적으로 설명할 필요는 없을 것으로 판단된다.

4.2 오십음도의 가나의 배열 방식

오십음도에 제시되는 가나의 배열 방식과 관련하여, 공통된 모음으로 구성되는 가나의 명칭인 '단(段)' 및 공통된 자음으로 구성되는 가나의 명칭인 '행(行)'의 필요성과 그 합목적성에 대한 검토가 필요하다. 한편, 오십음도에 제시되는 행과 단의 배열 방향이 전통적인 오십음도와는 다르게 되어있지만, 용어는 그대로 사용되고 있다. 과거에는 용언의 활용을 학습하는 단계에서 용언의 어미의 변화 규칙을 설명할 때 '단'의 개념과 용어가 사용된 시기도 있었으나, 현재의 일본어 교육에서도 이들 용어를 사용할 필요가 있는지 등을 포함하여 그 적절성 여부에 대한 논의도 필요하다.

4.3 가나의 로마자 표기와 음성기호 표기 등의 유효성

오십음도의 가나에 표기되는 로마자(헵번식, 훈령식)와 음성기호 및 컴퓨터 키보드 알파벳의 유효성에 대한 충분한 논의가 필요하다. 우완재·민광준(2015)은 일본어 가나를 로마자와 음성기호로 표기한 문자 카드를 고등학생에게 제시하고 발음하게 하여 녹음한 음성을 일본어 모어 화자에게 들려주고 가타카나로 전사하게 한 결과를 보고하고 있다. 결과적으로 가나의 로마자와 음성기호 표기를 보고 발음한 학습자의 비율(로마자 90%, 음성기호 35%)은 평균 67%로 낮으며[28], 그중에서 정답률(로마자와 음성기호가 나타내는 가나와 고등학생의 발음을 일본어 모어 화자가 평가한 결과가 일치하는 비율)은 평균 31%(로마자 39%, 음성기호 23%)로 매우 낮게 나타났다. 이러한 결과로부터 교사의 적절한 지도가 이루어지지 않으면 교과서 도입부에 제시되는 오십음도의 가나에 대한 로마자 표기와 음성기호 표기 등은 학습자의 일본어 발음 습득을 효과적으로 지원한다고 보기는 어려우며, 오히려 부정적인 영향을 미칠 수 있다고 생각된다.

한편, 로마자는 현대 일본어의 표기에 있어서 일반적으로 약어, 단위 등의 약칭, 외래어뿐만 아니라 외국인을 대상으로 역명, 지명, 간판 등의 표기에도 사용되므로 일본어 학습자도 그 규칙을 학습하고 운용할 필요가 있다. 또한, 컴퓨터와 휴대 전화 등을 이용한 정보 검색과 텍스트 입력 등을 위해서는 각

---

28) 제시된 로마자와 음성기호 표기를 보고 발음을 하지 못한 비율이 평균 33%라는 의미이다.

종 전자 매체의 키보드의 알파벳과 일본어 가나의 대응 관계를 학습하고 이용할 필요가 있다. 단, 이와 같은 목적을 효과적으로 달성하기 위해서는 적절한 도입 시기와 보다 구체적이고 효율적인 방법 등에 관한 논의가 선행될 필요가 있다.

4.4 외래어음의 학습에 필요한 가타카나의 도입 필요성

지금까지 살펴본 교과서 중에서 오십음도 또는 교과서 예비 단원 등의 발음과 문자 도입 과정에서 기본적인 일본어 음운 체계에는 없는 외래어음 표기에 사용되는 'ティ, デュ, ファ' 등과 같은 가타카나[29]를 체계적으로 도입한 교과서는 보이지 않는다. 일본어 학습 초기에도 학습자들은 다양한 매체를 통해서 가타카나로 표기되는 외래어를 접하고 그 단어를 실제로 사용할 기회가 많을 것으로 판단되는데, 그 도입 시기와 방법 등에 관한 구체적인 논의가 필요하다.

5. 맺음말

이 글에서는 2차 교육과정기(1963~1974)에서 가장 최근의 교육과정인 2015 개정 교육과정기(2015~2022)에 이르는 약 50년여에 걸쳐서 발행된 고등학교 일본어 교과서의 오십음도를 대상으로, 그 제시 형태와 내용 및 교육과정기에 따른 변화 양상을 체계적으로 기술하였다. 또한, 그 결과를 토대로 외국어로서의 일본어 학습과 교육이라는 입장에서 교과서에 제시된 오십음도의 문제점을 지적하고 그 구체적인 개선 방안에 대한 논의의 필요성을 제기하였다.

한편, 지금까지 일본어를 모어로 하지 않는 학습자를 대상으로 한 일본어 음성교육을 목표로, 오십음도와 관련된 다양한 연구와 교육 현장에서의 실천 방법을 구체적으로 모색하기 위한 노력이 시도되었다. 예를 들면, 가시마 (1995)의 '블랭크 표(청음)', 이즈타니(2012)의 '로마자 오십음도'(ローマ字「五十音図」), 소에지마(2021)의 '신 체계 오십음도'(新体系の五十音図), 마쓰자키·가와노(1989)의 '확대 오십음도'(拡大五十音図)와 '초확대 오십음도'(超拡大五十音図) 등을 들 수 있다. 그러나, 이들은 모두 일본어 모어 화자 교사의

---

29) '외래어 표기에 사용하는 가나와 부호의 표'의 제1표의 오른쪽 위와 제2표에 제시된 가타카나를 의미한다.

관점에서 제안된 것으로, 한국어 모어 화자 교사의 관점에서 한국인 학습자를 대상으로 한 연구는 찾아볼 수 없으며, 그에 관한 체계적인 연구가 필요하다. 이를 위해서는 중고등학교의 일본어 교과서 집필에 절대적인 영향을 미친다고 할 수 있는 교육과정의 내용에 대한 면밀한 분석이 선행되어야 한다.

이 글에서 언급한 현행 교육과정인 2015 개정 교육과정의 원문은 물론, 2024년부터 적용되기 시작할 예정인 2022 개정 교육과정의 원문에는 '내용 체계'와 '성취 기준' 항목의 언어 4 기능 중 음성에 관한 기술과 해설에 '청·탁음, 장·단음, 요음, 촉음, 발음(撥音), 박(拍), 억양' 등과 같은 일본의 국어학적 용어와 표현들이 사용되고 있으며, 이러한 용어와 표현들이 교과서 집필에도 큰 영향을 미칠 것으로 여겨진다. 교육과정 원문 중에서 특히 음성 교육과 관련된 내용의 기술을 일본의 국어학적 관점이 아니라, 일반음성학적 관점에서 수정할 필요가 있다고 판단된다.

최근의 일본어 학습 및 교육 환경은 종이로 인쇄된 교과서와 교사의 육성만으로 이루어지던 시대와는 달리, 학습자는 물론 교사에게도 다양한 형태의 학습 및 교육 자료와 도구를 활용할 수 있는 환경이 마련되어 있다. 따라서 이를 효율적으로 활용할 수 있는 방법을 모색하고 그 결과를 교과서에도 반영할 필요가 있다. 한국어 모어 화자 교사의 관점에서 일본어 학습 입문기의 한국인 학습자를 대상으로 일본어의 발음과 문자를 효과적으로 학습하고 교육하기 위한 커리큘럼과 그 구체적인 실천 방법 등에 관한 체계적인 연구가 실현되기를 기대하고 싶다.

참고 및 인용 문헌

우완재·민광준(2015), 로마자와 음성기호를 이용한 일본어 가나 발음표기의 실효성, 일본어교육 제65집, pp.31-47
조문희(2011a), 일본어 교육사(上), 제이앤씨
조문희(2011b), 일본어 교육사(下), 제이앤씨
한중선(2013), 『고등학교 日本語讀本』에 관한 고찰, 일본어학연구 제38집, pp.263-279
가시마(鹿島央 1995), 初級音声教育再考, 日本語教育 86号, pp.103-115
마부치(馬渕和夫 1993), 五十音図の話, 大修館書店
마쓰자키·가와노(松崎寛·河野俊之 1998), よくわかる音声(日本語教師·分野別マスターシリーズ), アルク
소에지마(副島健作 2021), 日本語の五十音図再考ー新たに作られつつある音節を求

めてー, 国際文化研究科論集 29, pp.63-76

이즈타니(泉谷双藏 2012), もう一つの五十音図, 東京医科歯科大学教養部研究紀要 第42号, pp.47-62

일본어교육학회편(日本語教育学会編 2005), 新版日本語教育事典, 大修館書店

고등학교 일본어 교과서 목록

고등학교 일본어 교과서는 '상·하' 또는 'Ⅰ·Ⅱ'와 같이 두 권의 체재로 되어 있는데, 여기에는 이 글에서 언급한 교과서의 '상' 또는 'Ⅰ'의 목록(7차 교육과정기의 중학교 일본어 교과서 포함)을 제시한다.

2차 교육과정기의 교과서
[2HA] 일본어연구회편(1973), 고등학교 日本語 讀本(上), 고등 교과서 주식회사

3차 교육과정기의 교과서
[3HA] 한국일어일문학회편(1979), 고등학교 日本語(上), 국정 교과서 주식회사

4차 교육과정기의 교과서
[4HA] 김우열 외(1984), 고등학교 日本語 上, ㈜시사영어사
[4HB] 김학곤 외(1984), 고등학교 日本語 上, 한림
[4HC] 김효자(1984), 고등학교 日本語 上, 지학사
[4HD] 박희태 외(1984), 고등학교 日本語 上, 금성교과서(주)
[4HE] 이봉희 외(1984), 고등학교 日本語 上, 교학사

5차 교육과정기의 교과서
[5HA] 김봉택 외(1990), 고등학교 日本語 上, ㈜천재교육
[5HB] 김우열 외(1990), 고등학교 日本語 上, 박영사
[5HC] 김효자(1990), 고등학교 日本語 上, ㈜지학사
[5HD] 박희태 외(1990), 고등학교 日本語 上, 금성교과서(주)
[5HE] 손대준 외(1990), 고등학교 日本語 上, 보진재
[5HF] 오경자 외(1990), 고등학교 日本語 上, 동아출판사
[5HG] 이인영 외(1990), 고등학교 日本語 上, 금성교과서(주)
[5HH] 이현기 외(1990), 고등학교 日本語 上, 진명출판사

6차 교육과정기의 교과서
[6HA] 김봉택 외(1997), 고등학교 日本語 Ⅰ, ㈜천재교육
[6HB] 김채수 외(1997), 고등학교 日本語 Ⅰ, 송산출판사
[6HC] 김효자(1996), 고등학교 日本語 Ⅰ, 지학사

[6HD] 박희태 외(1996), 고등학교 日本語 Ⅰ, 금성교과서(주)
[6HE] 안병곤 외(1996), 고등학교 日本語 Ⅰ, 성안당
[6HF] 유길동 외(1996), 고등학교 日本語 Ⅰ, ㈜진명출판사
[6HG] 유용규 외(1996), 고등학교 日本語 Ⅰ, ㈜교학사
[6HH] 이봉희 외(1996), 고등학교 日本語 Ⅰ, ㈜교학사
[6HI] 이숙자 외(1996), 고등학교 日本語 Ⅰ, 민중서림
[6HJ] 이인영 외(1996), 고등학교 日本語 Ⅰ, 금성교과서(주)
[6HK] 이현기 외(1996), 고등학교 日本語 Ⅰ, ㈜진명출판사
[6HL] 장남호 외(1997), 고등학교 日本語 Ⅰ, 시사일본어사

7차 교육과정기의 교과서
[7HA] 김숙자 외(2002), 고등학교 日本語 Ⅰ, 대한교과서(주)
[7HB] 김효자 외(2003), 고등학교 日本語 Ⅰ, 지학사
[7HC] 안병곤 외(2003), 고등학교 日本語 Ⅰ, 성안당
[7HD] 양순혜 외(2003), 고등학교 日本語 Ⅰ, ㈜천재교육
[7HE] 유길동 외(2002), 고등학교 日本語 Ⅰ, ㈜진명출판사
[7HF] 유용규 외(2003), 고등학교 日本語 Ⅰ, ㈜교학사
[7HG] 이봉희 외(2003), 고등학교 日本語 Ⅰ, ㈜교학사
[7HH] 이숙자 외(2003), 고등학교 日本語 Ⅰ, 민중서림
[7HI] 이현기 외(2002), 고등학교 日本語 Ⅰ, ㈜진명출판사
[7HJ] 장남호 외(2003), 고등학교 日本語 Ⅰ, ㈜시사영어사
[7HK] 조남성 외(2003), 고등학교 日本語 Ⅰ, 학문사
[7HL] 한미경 외(2002), 고등학교 日本語 Ⅰ, ㈜블랙박스
[7MA] 교육부(2001), 중학교 생활 일본어 こんにちは, 대한교과서주식회사

2007 개정 교육과정기의 교과서
[2007HA] 김숙자 외(2012), 고등학교 日本語 Ⅰ, ㈜미래엔
[2007HB] 김옥임 외(2012), 고등학교 日本語 Ⅰ, ㈜지학사
[2007HC] 윤강구 외(2012), 고등학교 日本語 Ⅰ, ㈜다락원
[2007HD] 임영철 외(2012), 고등학교 日本語 Ⅰ, ㈜천재교과서
[2007HE] 최충희 외(2012), 고등학교 日本語 Ⅰ, ㈜천재교육
[2007HF] 한미경 외(2012), 고등학교 日本語 Ⅰ, ㈜교학사

2009 개정 교육과정기의 교과서
[2009HA] 민광준 외(2014), 고등학교 일본어 Ⅰ, 천재교육
[2009HB] 박윤원 외(2014), 고등학교 일본어 Ⅰ, 길벗
[2009HC] 안병곤 외(2014), 고등학교 일본어 Ⅰ, 에듀서울
[2009HD] 오현정 외(2014), 고등학교 일본어 Ⅰ, ㈜미래엔

[2009HE] 윤강구 외(2014), 고등학교 일본어 Ⅰ, ㈜다락원
[2009HF] 이경수 외(2014), 고등학교 일본어 Ⅰ, ㈜시사일본어사
[2009HG] 한미경 외(2014), 고등학교 일본어 Ⅰ, ㈜교학사

2015 개정 교육과정기의 교과서
[2015HA] 김동규 외(2018), 고등학교 일본어 Ⅰ, 파고다북스
[2015HB] 박윤원 외(2018), 고등학교 일본어 Ⅰ, 길벗
[2015HC] 박행자 외(2018), 고등학교 일본어 Ⅰ, 능률
[2015HD] 배홍철 외(2018), 고등학교 일본어 Ⅰ, 천재교과서
[2015HE] 안병곤 외(2018), 고등학교 일본어 Ⅰ, 에듀서울
[2015HF] 오현정 외(2018), 고등학교 일본어 Ⅰ, ㈜미래엔
[2015HG] 윤강구 외(2018), 고등학교 일본어 Ⅰ, 다락원
[2015HH] 이경수 외(2018), 고등학교 일본어 Ⅰ, 시사일본어사

일본어 프로소디 지도·학습법
- 개발과 교육 -

나카가와 치에코

요지

발음 지도 및 학습을 염두에 두고 일본인 발화의 피치 곡선을 분석한 결과, [듣는 사람에게 이해하기 쉽고 듣기 쉬운 발음]에는 적절한 끊어 읽기, [ヘ] 자형의 인토네이션, 악센트의 세 가지 요소가 중요하다는 것을 알았다. 이 세 가지 요소를 시각적인 마크로 표시한 [フレージング指導·学習法(프레이징 지도·학습법)]과, 보다 심플한 학습·지도가 가능한 [スラッシュ·リーディング学習·指導法(슬래시·리딩 학습·지도법)]을 제안했다. 또한, [オンライン日本語アクセント辞書(온라인 일본어 악센트 사전) (OJAD)]의 개발과 [つたえるはつおん] 동영상 제작에도 참여했다. 이러한 ICT 교재의 활용은 지속 가능한 학습, 자기 주도적 학습, 누구나 학습할 수 있는 환경의 조성에 유용할 것이다.

키워드: 프레이징 지도·학습법, 슬래시·리딩 학습·지도법, 자기 주도적 학습, OJAD, 전달하는 발음

1. 머리말

본고에서는 필자가 개발에 참여했던 [프레이징 지도·학습법]과 [슬래시·리딩 학습·지도법]에 대해 논한다. [슬래시·리딩 학습·지도법]은 학습이 먼저이고, 지도가 그다음이다. '지도'와 '학습'의 순서가 다른 이유는, 전자인 [지도·학습법]보다 후자인 [학습·지도법]이 자기주도 학습이라는 점을 강조하기 위해서이다. 또한, 자기주도 학습을 위해서는 ICT (정보 통신 기술)의 활용이 유용하며, [온라인 일본어 악센트 사전](이하 'OJAD'라 칭함)(http://www.gavo.t.u-tokyo.ac.jp/ojad/의 개발과 [전달하는 발음] (https://www.japanese-pronunciation.com/)의 동영상 제작에도 참여했다. 본고에서는 인토네이션의 정의, 연구, 그 결과를 바탕으로 한 지도법과 ICT 교재, 음성교육에 대한 필자의 생각을 순서대로 논하겠다.

음성지도를 하지 않는 이유가 [시간이 없어서], [지도 방법을 몰라서] 라고 대다수 교사가 예전에도 지금도 많을 것으로 생각된다. 언뜻 이 두 가지 이유가 음성지도를 하는 데 있어 방해 요소처럼 보일 수는 있겠지만, 시간이 있고 방법을 이해한다면 음성지도는 가능할 것일까. 실상은 그렇게 단순하지 않다. 도달 목표도 학습자의 기호도 고려하지 않고 머릿속의 구상만으로 그때그때 상황에 따라서 발음을 교정하는 시도는 학습 목표 이외의 요소를 신경 쓰고 이런저런 요소가 복합되어 마이너스 평가로 이어지며, 발음 지도의 동기 부여도 떨어지게 된다. 사람마다 학습 목적도 적성도 취향도 달라서 일률적인 방법으로 지도할 수 없으며 같은 방법이 모든 사람에게 유용하다고 할 수는 없다.

교사는 발음 지도가 필요하다고 인식하고 있더라도 학습자 스스로는 필요성을 느끼지 못하기도 한다. 도다(2008)가 실시한 한 대학의 발음 코스에서의 설문 조사 결과, 음성 지도를 받아 본 적이 없으므로 음성 지도를 받고 싶다고 답변한 학습자가 많은 것으로 밝혀졌다. 필자도 이 설문 조사를 한 교육 기관에서 많은 학습자를 대상으로 20년 이상 교육 실천을 해왔기에, 조사 결과에 충분히 공감하는 바이다.

브루너(2004)는 교육의 이론과 실천, 즉 인간이 어떻게 기억하고 무엇을 어떠한 방식으로 가르치면 좋은가에 대해, 교사가 평소에 갖고 있는 사고방식인 [Folk Pedagogy (일상 교수)]에 의해 좌우된다고 말한다. 또한, 인간은 각자 자신의 사고방식인 [Folk Psychology (통속심리학)]을 가지고 있다. 교사도 학습자도 각자 Folk Psychology나 Folk Pedagogy에 준하여 지도법 (학습법)을 선택하고, 연구자도 이와 마찬가지다. 필자도 외국어를 배우면서, 서투른 단음이 들어간 단어는 전달되지 않지만, 문장 안에서는 전달되었던 경험이 몇 번이고 있다. 이러한 개인적인 경험이 인토네이션 지도법을 생각하는 계기가 되었을 가능성이 있다.

학습자도 교사도 연구자도 모두 다 경험이 다르다. 항상 그에 따른 [다양성 diversity]에 유의하고자 한다.

2. 인토네이션

인토네이션은 연구자마다 내리는 정의가 다르며, 그 의미는 다양하다. 그 안에서도 공통점은 문장 단위에서의 음조의 변화라고 할 수 있다. 이에 따라, 이 글에서는 인토네이션의 정의를 명확히 해 둘 필요가 있다.

2.1 인토네이션의 정의

가와카미(1995)에 의하면, 악센트도 인토네이션도 음높이의 변화이다. 즉, [음조]에 다양성과 자유로움을 주는 것이 인토네이션이고, 제약을 하는 것이 악센트라고 할 수 있다. 또한 인토네이션은 한 문장의 음조에서 악센트 요소를 제거한 나머지 부분이며, [〈] 자와 같은 형태를 가지고 있다고 논하고 있다. 이를 두고, 음조 구 ('프레이즈' 또는 '구'라고 하기도 함) 과, 악센트 구와 악센트 구의 사이에 있는 음조적인 구의 경계, 다시 말하면 [구의 경계]는 음조의 높낮이가 있으나, 목소리의 높이가 적극적으로 하강하는 것이 아니라, 다음의 악센트 구의 발화를 위해 미리 상승하는 부분이라 할 수 있겠고, 중간 정도의 음이다. 그리고 [구의 경계]는 들숨에서 시작하여 날숨에서 멈추는 호흡의 끝부분에서만 항상 일어나는 것은 아니다. 고리(2020)는 [인토네이션]은 단어와는 관계없이 변화하는 소리의 높낮이라 칭하였으며, 어말, 문장 속, 감정이나 태도를 나타내는 인토네이션으로 분류하고 있다. [〈] 자형의 인토네이션의 프레이즈는 듣는 이로부터 발화를 이해하는 데 큰 영향을 주며, 이는 청취 실험에서도 그 결과가 인정되었다(아키야마 1997).

후지사키(1989)는, 운율의 단위를 3종류로 분류하고 있다. 즉, 운율 단어(prosodic word : 하나의 악센트형이 구성하는 발화의 일부 또는 전체), 운율 구(prosodic phrase : 단수 또는 복수의 운율 단어), 운율 절 (prosodic clause : 복수의 운율구가 휴지로 인해서 경계 구간이 생기는 경우)이다. 그리고 음성의 기본 주파수 패턴은 2가지 성분으로 구성되며, 그중 하나는 구의 성분으로, 발화가 시작되기 전부터 준비하고 있다가 한 번 상승하고 난 후, 완만하게 하강하여 0에 가깝게 접근하는 경우를 말한다. 이는 문장의 발화에 여러 번 나타날 수 있는 성분이다. 그리고 또 하나는 각각의 단어의 악센트 또는 연속된 단어에 나타나는 악센트 성분이다.

여기서, 이 글에서 말하는 일본어 인토네이션을 정의 내리고자 한다. 악센트도 인토네이션도 음조이지만, 즉 높이의 변화가 있지만, 이를 각각 별개의 성분으로 생각한다. 인토네이션은 [음조 구]의 집합으로, 음조의 경계가 있는 [구의 경계]에서 음조가 하강하여 높낮이를 형성하므로, 그 모습이 [〈] 자의 형태를 지닌다. 게다가, 음성교육에의 응용을 생각하면, 다음과 같이 3종류로 분류하면 이해하기 쉬울 것이다(나카가와 2001a).

(1) 구말 (문말) 의 인토네이션 : 의문문과 종조사 등의 발화 의도를 나타낸다.
(2) 구두 (문두) 의 인토네이션 : 화자의 감정적인 뉘앙스에 따라서, 상승이 일

어나지 않거나, 빨라지거나 늦어진다.

(3) 구(문중) 전체에 걸친 인토네이션: 발화의 의미 내용에 관한 구 경계에 따른다. 구 경계의 조작은 프레이징에 따라 달라지며, 단어가 계속 이어지거나 악센트가 약해지거나 강해지거나 하면서, [ㅅ]자형의 음조 구(프레이즈)를 형성한다.

(1)과 (2)는 주로 상대방이 있는 회화 등에, (3)은 주로 불특정 다수의 청자가 있는 스피치나 구두 표현 등에 보다 깊은 관계가 있다고 생각된다. 연습 방법은 전자와 후자가 다를 가능성이 있다. 이 글에서 대상으로 하는 지도·학습법은 스피치나 구두 발표를 위한 것이며, (3)이 주된 방법이다.

2.2 운율을 시각적으로 표현하는 방법

이 절에서는 일본어 교재에 관해서 논하려고 한다. 도키·무라타(1989)는 인토네이션을 6종류로 분류했다. 다나카·구보조노(1999)는 [상승] [질문 상승] [하강] [상승 하강]의 4종류로, 도다(2004)는 [상승조] [하강조] [평조]의 3종류의 형태에 [음의 길이가 길다] [음의 폭이 넓다] 라고 한 음성적 특징을 더했다. 대부분은 문말 인토네이션에 관해서이다. 이러한 분류는 학습자도 가르치는 교사도 이해하기 어렵다. 마쓰자키(1995)는 교과서에서 발음을 어떻게 표기하는지 정리했는데 그 대부분은 악센트이며 인토네이션에 관한 검토는 적다.

음성이 같이 제시되면 과연 이해하기 쉬울 것인가. 인간의 귀로만은 판단이 어려운 학습자도 있다. 그림1과 같이 시각적 방법(마쓰자키 1995)으로 나타낸 「프로소디 그래프」는 이러한 문제점을 해결하는 방법이라고는 하지만 사실상 음향 분석을 바탕으로 한 것이다. 그림 1의 상단은 [음성녹문견(音声錄聞見)](이마가와·기리타니 1989)에서 제시된 피치 곡선과 파형이며, 하단은 피치 곡선의 커브를 따라 박, 특수 박, 모음의 무성화, 악센트, 인토네이션의 높이도 나타내어, 프로소디 전체의 정보를 시각적으로 볼 수 있도록 만든 것이다. 이 [프로소디 그래프] 를 사용한 교과서도 개발되었다(가와노 외 2004).

또한 연구자를 위하여 제시된 자료이지만, Navarro Tomás (1974)가 스페인어의 인토네이션 형태를 상세히 보여주기 위해 단어와 그림을 함께 나타낸 점을 참고로 하였다(그림 2)[1]. 이러한 시각적 방법은 학습자에게도 이해하기

---

1) 이후 스페인어의 음성연구에 큰 영향을 미쳤다. 그림2는 평서문, 의문문 중에서 Yes,

쉽다고 생각된다.

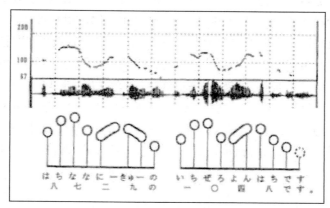

그림1: 프로소디 그래프(마쓰자키 1995)

[절대 질문문]   [상대 질문문]

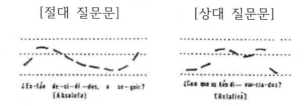

그림2 : Navarro Tomás가 나타낸 인토네이션
(나카가와(1995)에서 일부 발췌하여 한국어 번역을 추가)

3. 지도법 개발을 지원하는 연구

이 장에서는 지도법을 개발하기 전에 실시했던 필자의 연구에 관해서 설명한다. 나카가와(2001a)는 다음 3가지 연구 목적을 설정했다. (1) 음성학·음운론을 바탕으로 설명할 수 있는 프로소디의 지도법을 구안한다. (2) 학습자가 배울 수 있는 교육 내용을 고안한다. (3) 교사가 가르칠 수 있는 교육 내용을 제안한다. 연구 방법은 학습자에게 음성 지도를 하고, 발화를 청각적 및 시각적으로 분석했다. 또한 시각적 분석에는 [음성녹문견](이마가와·기리타니 1989)을 이용했다.

나카가와(2001a)와 나카가와·아유사와(1994)는 프랑스어 모어 화자와 스

No의 의문문에 해당하는 (1)절대 의문문과 바로 앞에 있다는 것을 알고 있음에도 불구하고 「있었어?」라고 묻는 의문문의 형식을 하고 있지만 실질적으로는 의문문이 아닌, (2)상대 의문문을 예로 들었다. 의문문의 일본어 번역은 나카가와에 따름.

페인어 모어 화자의 일본어 발화를 분석한 결과, 운율은 저절로 습득되기는 어렵다고 보고했다. 이는 연구 결과를 보지 않아도 쉽게 짐작할 수 있지만, 음성 지도를 한 경우에는 어떠한지 조사하고 관찰할 필요가 있다.

우선, 문제점이나 목표를 파악하기 쉽도록, 작은 단위의 박(拍)부터 큰 단위의 인토네이션까지 [프로소디 계층도](그림 3)을 제안한다2). 이 계층도에서 악센트는 ④보다 더 높은 계층과, 인토네이션은 그보다 더 높은 계층과 관련된 것을 알 수 있다. 리듬을 칭할 때, 반복될 때 느끼는 편안함처럼 심리적인 요소라고 친다면, 박으로 구성된 리듬뿐만 아니라 악센트의 핵이나 [ヘ]자형의 인토네이션의 반복도 리듬이 될 수 있다. 이처럼 리듬은 다중적인 것이라고 생각한다.

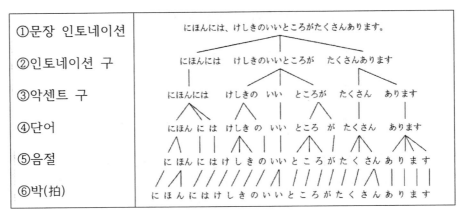

그림3: 일본어 프로소디의 계층도

스페인어 모어 화자(이하 '스페인인'이라 칭함) 1명을 대상으로 3년간의 종단 조사를 한 결과, 종래의 단어 악센트에 초점을 둔 지도 (그림 3 계층도의 ④단어 악센트)는 많은 시간을 학습했음에도 불구하고, 단어를 문장에 넣어 읽을 경우, 정확한 악센트는 실현되지 않았다(나카가와 2003). 비록 1명의 결과이지만, 이는 일본어의 단어 악센트만의 연습은 발음 전체의 자연성과 연결되기가 어려움을 시사한다.

이러한 결과를 바탕으로, 단어 악센트에 주목하는 것이 아니라 악센트 구(계층③)에 초점을 둔 2종류의 지도를 시도했다. 우선 일본어 상급 수준의 중

---

2) 프로소디에 대해서는 다양한 학설이 있으나, 본고에서는 음의 높이, 세기, 길이와 관련된 초분절음을 가리키며 인토네이션, 악센트, 리듬 등을 프로소디의 주요 요소로 해석한다. 그림 3은 나카가와(2001a)에서 제안한 것을 개선한 것이다.

국어 화자와 한국어 화자 5명을 대상으로 4번의 낭독 지도를 한 결과, 끊어 읽기, 발화 시간 단축, 피치 폭의 증가 등이 관찰되었다. 이로써 리듬에 대한 평가가 인토네이션이나 악센트보다 상승률이 크다는 결과가 나왔다(나카가와·아유사와·이 1999). 또한, 앞서 말한(나카가와 2003) 스페인인 1명을 포함한 초·중급 수준의 스페인인 10명을 대상으로, 두 번 스피치 지도를 하였다. 그 결과, 일본어 레벨에 따라 차이가 보였고, 초급 학습자의 경우, 끊어 읽기의 습득은 진행에 따라 지도 효과가 큰 것, 중급 학습자 쪽이 악센트에 따른 피치 패턴을 생성할 수 있지만 쉽지 않은 것이 관찰되었다(나카가와 2004). 다시 말하면, 악센트 학습에 큰 부담을 느끼는 학습자가 있다는 점이 재차 확인되었다고 할 수 있다. 한편, 이미 3년 동안의 학습 경험이 있는 스페인인의 평가는, 다른 학습자에 비해 청자에 의한 평가가 높았다. 학습 경험이 있는 것과 악센트가 아닌 구에 초점을 둔 학습 방법이 유효한 가능성이 나타났다.

그러나 악센트 구 단위의 연습에서는 피치 악센트의 생성이 쉽지 않은 학습자에게는 아직 부담이 크다. 이에 따라, 6명의 중·상급의 학습자에게, 보다 큰 단위인 [ᄉ] 자형의 인토네이션 (계층②)의 프레이징 지도를 3회 실시했다. 끊어 읽기, 악센트, 「ᄉ」자 형태의 피치 커브를 손으로 그린 교과서를 사용해 지도했다. 그 결과 종래의 악센트에 초점을 둔 지도보다, 이러한 인토네이션에 초점을 둔 지도의 효과가 두드러졌다. 한편으로는 개인차도 보였다(나카가와 2001b).

학습자가 제어할 수 있는 포인트는 [끊어 읽기]와 [ᄉ]자형의 인토네이션이며, [피치 패턴(악센트)]의 습득은 어렵거나 시간이 걸리는 학습자가 있다는 점을 알 수 있었다. 일본어 수준이나 학습자의 특성에 따라 유연하게 지도법을 검토할 필요가 있다.

4. 지도법의 개발

음성학이나 음운론에 대한 전문적 지식이 충분하지 않더라도 일본어 교사나 일본어 학습자가 이해할 수 있도록 이론적 배경을 더욱 단순하게 하고, 설명이나 학습을 할 수 있는 항목을 명시적으로 나타낼 필요가 있다.

Taylor(1993)는 무엇을 가르칠 수 있는지, 무엇을 배울 수 있는지가 중요하며, 파악하기 어렵고 불가능한 것을 시도해봤자 학습자·교사 모두에게 별로 유익하지 않으므로, 잉여성을 배제한 음운론으로 접근을 시도해야 한다고 논하고 있다. 이에 따라 연구 성과의 응용에는 지도할 수 있는지, 학습을 할 수 있는지 이외에 실제로 운용 가능한 방법임을 염두에 두었다.

4.1 프레이징(끊어 읽기) 지도 · 학습법

우선, 청자한테 알아듣기 쉽도록 일본인이 읽은 발화의 피치 곡선을 분석하고, 학습에 필요한 항목은 무엇인지 추출했다(그림4).

그림4: 나카가와 · 나카무라 · 허(2009) p.106에서3)

분석한 결과, 청자한테 알아듣기 쉬운 인토네이션의 필수 요소는 다음 세 가지인 것으로 보인다. 그림4를 보면 의미 덩어리로 인해 ①[끊어 읽기]([/]로 나타냄) 가 들어가는 것, 끊어 읽기와 끊어 읽기 사이의 구(프레이즈)는 ② [へ]자형의 인토네이션인 것, 구의 형태인 피치 패턴은 ③악센트의 유무 및 위치에 따라 형태가 결정된다.

이를 바탕으로 「프레이징 학습법」으로서 그림5와 같이 ①끊어 읽기 [/] ② [へ]자형의 커브 ③ 악센트 [ㄱ]의 3종류 시각적 마크를 손으로 그리고, 녹음한 모델 음성을 귀로 듣는 방법을 제시한 교과서를 개발했다(나카가와 · 나카무라 · 허 2009: 이하 'T1'이라 칭함). 끊어 읽기 [/] 과 끊어 읽기 [/] 사이의 구(이후 교육에서는 [프레이즈]라 칭함)의 길이는 7박 전후(약 1초)로 설정하고, 길어도 14,5박을 넘지 않게 했다. 또, 학습자의 부담을 줄이기 위해, 하나의 프레이즈 안에서는 첫 번째 악센트만 기입하고, 그다음 악센트는 반드시 표시하지 않아도 되게끔 하였다. 특히 [へ]자형의 꼬리 부분인 [です]나 [ます] 등은, 뚜렷한 악센트 핵을 강조하지 않는 편이 자연스럽게 들린다. 악센트는 악센트 사전에서 찾아보고, 동사 활용형이 규칙적인 악센트 등은 그 규칙을 학습하여 응용할 수 있도록 훈련하면 좋겠다고 생각했다.

---

3) 피치 곡선은 Speech analyzer(https://software.sil.org/speech-analyzer/)로 추출한 것이다.

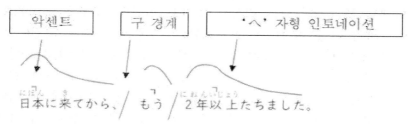

그림5: 피치 곡선을 손으로 그린 그림(T1)

하나의 프레이즈 안에서 첫 번째 악센트만 지정한 이유는 다음과 같다. 그림 4를 보면 [にほ ⌐んに]의 뒤에 오는 [き ⌐てから]나 [にねんい ⌐じょう] 다음에 오는 [たちま ⌐した] 등은 뒷부분의 악센트가 앞부분보다 더 높아지지는 않고 점차 낮아지는 다운 스텝이 보인다. 우와노(1997:264)는 [[う まいそばや] 라고 할 때 [そ]에서 [ば]로 조금 상승하는 사람과 상승하지 않는 사람이 있다. 하강하기에 앞서 내리기 쉽게 하기 위한 준비로서 피치를 조금 올려 두는 생리적 현상인 것으로 해석된다. 이 현상이 있어도 없어도 의미에 별다른 영향을 끼치지는 않는다. [구 음조]는 [의미와 관련된 레벨]이다. 하지만 어느 정도에서 [의미와 관련되나]에 대해서는 향후의 조사를 기대하는 바이다. 교육적인 면에서도 [의미상으로 중요한 곳, 분명히 전하고 싶은 곳에서만 구를 끊어주고 나머지는 악센트 핵에서 내리기만 하면 된다]고 가르치는 것이 간결하고 또한 효과적이다]라고 논하고 있다. 그러나 악센트 핵에서 낮추면 모든 악센트에 주목해야 하므로 학습자에게는 부담이 크다고 생각했다4).

다음은 하나의 프레이즈의 길이를 14, 5박을 넘지 않게 설정한 이유에 관해서도 설명한다. Miller(1956)가 제창한 마법의 수 7±2를 참고로 했지만, 과학적 근거가 부족하다. 그래서 가와노(1994, 1997a, 1997b)의 비트 간격 330ms 이하의 빠른 리듬과 비트 간격이 450ms 이상의 분석적(analytic) 처리가 이루어지는 느린 리듬이 있다는 설을 이론적 근거로 하였다. 330ms 이내에서 발화하는 2음절은 짧은 단위의 리듬이며, 특수 박을 포함한 2박 1단위의 리듬이 된다. 여기에 의미가 더해지면 들을 수 있는 단위를 14음절까지 늘릴 수 있고, 그것이 긴 단위의 리듬이 된다고 하는 원리이다. 즉, 청자한테 있어서 [이해하기 쉬움]과 [듣기 쉬움]을 유지하기 위해서는 이 정도의 길이가 좋다고 해석할 수 있다.

---

4) 나카가와 외(1999)의 중국인 학습자(한국어 모어 화자)의 일본어 발화에서는 프레이즈 내의 제1 악센트만 생성되고 후속 악센트는 생성되지 않았으나, 'ヘ'자형 인토네이션으로 자연스럽게 들렸다.

또한 악센트 핵의 반복되는 리듬도 영향을 미친다. 구보조노(1993)는 다운 스텝이라는 피치 하강 현상에서 피치 하강이 3개 있는 경우 그림6의 ②처럼 단순한 하강 패턴이 되는 경향이 있는 것에 비해 피치 하강이 4개 있는 경우는 ③처럼 연속되는 하강이 2단계로 구분되는 경향이 있다고 한다. ③은 [고·저·중고·저]의 [2+2]로 재편성되어 있으므로 청각적으로는 2개의 프레이즈로 나뉜다. 즉, 화자가 「편하게 말하기」 위해서는 하나의 프레이즈에 악센트 핵은 기껏해야 3개까지라고 해석할 수 있다.

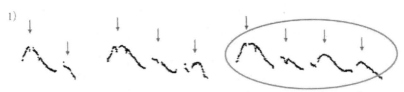

①めぐろのそば　②めぐろのそばのそばや　③めぐろのそばのそばやのおばあさん

그림6: 나카가와·나카무라(2009, p.4)

끊어 읽기가 날숨이 멈추는 곳에 그치지 않는다고 해도, 학습자가 포즈 없이 발화하면, 그림7과 같이 음조의 높낮이가 만들어지지 않는 경우가 많다. 그림7의 세로선은 [もﾞう] 뒤에 오지만, 왼쪽 그림의 일본인은 포즈를 넣지 않아도 음조의 높낮이를 볼 수 있다.

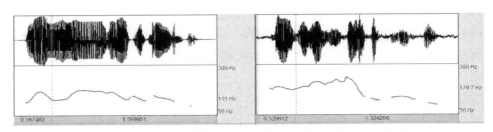

그림7: 일본인(왼쪽)과 인도네시아인 학습자(오른쪽)
[もう2年以上たちました]를 읽은 음성의 Praat 그림[5]

그러나, 오른쪽 그림의 인도네시아인 학습자의 경우 그 높낮이가 미묘하고 [あと2年残っている]는 청각적으로도 평판형으로 들린다. 포즈가 있으면 음조의 높낮이가 만들기 쉽다고 생각하여 [、]나 [/] 등의 끊어 읽기에서는 짧은

---

5) Praat(https://www.fon.hum.uva.nl/praat/)를 이용한 분석

포즈를 넣도록 지시했다.

4.2 온라인 일본어 악센트 사전(OJAD) [운율 낭독 학습 도우미 스즈키군]

대학교의 일본어 코스에 [프레이징 학습법] 클래스를 마련하고, 다음과 같은 수업을 했다. 끊어 읽기 [/], 인토네이션 커브, 악센트 핵을 학습자 스스로 표시하게 하고 그 표시를 보면서 읽는 것을 목적으로 하였다. 또한 악센트 핵은 악센트 사전을 참고하도록 했다. 코스 종료 후에도 자기 주도적 학습을 이어가는 것이 목표이며, 교과서에 있는 동사나 형용사의 활용형, 외래어의 악센트 규칙을 배워서 응용하는 것을 목표로 한 연습을 하게 했다. 하지만, 코스 종료 후의 설문 조사에서는 [악센트는 포기해야 할 것 같다]라는 코멘트가 적지 않게 보였다. 악센트 규칙을 배우더라도 응용하는 것은 간단하지 않다는 점이 큰 문제였다. 그 해결책이 된 것이 OJAD 내의 [운율 낭독 학습도우미 '스즈키군'] (그림8: 이하 '스즈키군'이라 칭함)이었다(미네마쓰 외 2013).

[스즈키군]에서는 문장을 입력하면 자동으로 악센트나 피치 커브가 부여되고 음성도 작성할 수 있으므로 학습자는 눈과 귀로 확인하면서 연습할 수 있다. 다만, 사용자가 끊어 읽기 마크 [/]를 넣지 않으면 하나의 프레이즈가 길어진다. 전술한 바와 같이, 학습자는 포즈가 없이는 음조의 높낮이를 만드는 것이 서툴기 때문에 그림9와 같이 [/]를 넣어 약 200msec 정도의 포즈가 들어가도록 하는 것이 좋다. 그림9에서는 위의 3가지 표시를 변경했기 때문에 보다 간단한 곡선으로 되어 있다[6]. ICT는 자기 주도 학습에 도움이 되는 도구라고 할 수 있을 것이다.

---

6) 후술하는 「つたえるはつおん」에는 사용법 소개 동영상이 있는데, '/' '、' '、。' 순으로 포즈가 길어진다는 점, 사용자가 '、、' 나 '。。' 등, '、' 나 '。'의 수를 늘려서 포즈의 길이를 조절할 수 있는 것처럼 사용법을 소개할 기회가 있다면 더 편리하게 사용할 수 있을 것이다.

운율 낭독 학습도우미
스즈키군

문장중간에 끊어읽기가 있는 문장에 대해, 악센트변형을 반영한 문으로 피치패턴을 표시합니다. [, ...? ! 겹::] [/ /]및 줄바꿈을 하면, 끊어읽기가 실현됩니다. 이것은 유저가 지정할수 있습니다. 또한, [, . . .? ! 겹]을 쓰면, 끊어읽기가 됩니다. 문장에서의 끊어읽기는 반드시 어구의 끊어읽기가 됩니다. 의문문도 같은 방법으로 사용할 수 있습니다. OJAD교과서편과 다르게, 형태소 분석, 악센트구의 경계선 추정, 악센트 핵의 추정 등의 기술을 가지고 있기 때문에, 정확도가 100 % 는 아니지만, 일본어학습에 도움이 되었으면 좋겠습니다.

낭독기능의 상세한 내용은 이쪽 및, 다음과 같은 주의사항을 읽어주십시오:
이 기능은, KDDI 연구소의 연구성과 (을/를) 사용하고 있습니다.

「スズキクン」では、文章を入力し、「実行」をクリックすれば、自動的にアクセントやピッチカーブが付与され、音声も作成できる。

피치패턴	일본식을 고려한 커브(상급자용)
텍스트상의 악센트	상급자용
악센트 마크	핵과 나름 표시
악센트구 경계추정	기계학습에 따른 경계구 추정
읽기/악센트 추정	추정을 한함
フレーズ成分の表示	비표시
피치패턴표시용 파라미터	비표시
原文の表示	표시
JEITAラベルの表示	비표시
	설정

作成　即享　話者 F1　話速 Normal

すずきくんでは、　ぶんしょうをにゅうりょくし、　じっこうをクリックすれば、
スズキクンでは　　文章を入力し、　　　　　実行をクリックすれば、

じどうてきにアクセントやピッチカーブがふよされ、　おんせいもさくせいできる。
自動的にアクセントやピッチカーブが付与され　　　音声も作成できる。

作成　即享　話者 F1　話速 Normal

그림8: [스즈키군]에 문장을 입력하여 피치 커브를 표시한 예

72

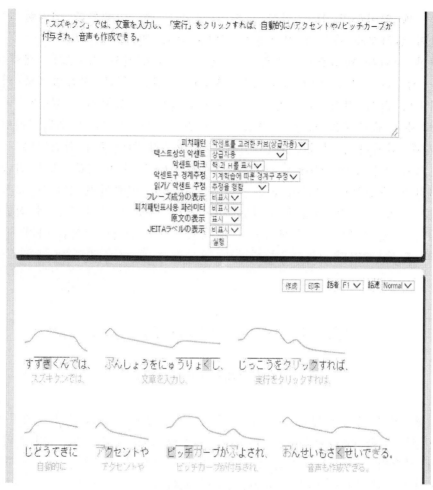

그림9: [/]를 넣은 경우

4.3 슬래시 · 리딩 학습 · 지도법

T1을 만든 후 중국인 일본어 교사에게 보여줬더니 이를 사용해 발음 지도 하는 것은 원어민교사가 아니어서 지도하기 힘들다는 의견이 있었다. 이는, 악센트를 교사가 확인해야 하는 것에 어려움이 있었기 때문이라고 생각된다. 그래서 원어민교사 여부와 무관하게 교사라면 누구나 [실천할 수 있는] 방법 이자 효과적인 방법을 모색했다.

T1의 제1과에서는 같은 학습자가 같은 문장을 두 번 낭독한 두 종류의 음 성을 제시했다. 첫 번째는 끊어 읽지 않고 계속 연결해서 읽은 '음성 1'이다. 두 번째는 끊어 읽기를 넣어 [ヘ] 자형으로 읽게끔 지시한 '음성 2'이다. '음

성 2'는 꽤 알아듣기 쉽고 인상 깊은 음성이다. 즉, 악센트를 제외한 인토네이션만의 발화로도 충분히 알아듣기 쉽다는 것을 알 수 있다[7].

　이러한 경험을 바탕으로 [프레이징 지도·학습법]에서 악센트를 제외한 학습법을 생각해 냈다. 영어 교육에서 사용되는 장문 독해 학습법으로 의미의 덩어리마다 끊어 읽어 가는 방식 [슬래시 리딩]을 응용하기로 했다[8]. 독해에서는 독자가 슬래시를 넣는 것으로 독자 스스로가 이해하기 쉬워지지만, 이 같은 경우 화자가 슬래시를 넣는 것만으로 청자가 알아듣기 쉬워진다고 생각했다. 그림10과 같이 끊어 읽기 [/]와 [ヘ]의 2종류의 마크를 보고 연습하는 방법이라면 음성학의 지식이 없는 일본어 교사나, 비원어민 일본어 교사라도 지도할 수 있게 되지 않을까 생각했다. 접근하기 쉽고 자기 주도적 학습에도 적합하다고 생각하므로 [슬래시·리딩 학습·지도법]처럼 [학습]이란 용어를 [지도]의 앞에 넣었다.

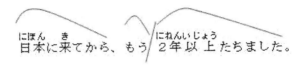

그림10: 슬래시·리딩의 예

　초급용 교과서(나카가와·나카무라 2010) 및 중·상급 교과서(나카가와 외 2015)에서는 [슬래시·리딩]이라는 이름은 사용하지 않고, [끊어 읽기]와 [ヘ] 자형의 연습만 소개했다. 자기 주도적 학습을 목표로 한 초급용 교과서(기노시타·나카가와 2019a)에서는 [슬래시·리딩]이라는 이름을 명기하고 있다.

4.4 [つたえるはつおん]의 교육용 영상

　학습자가 발음 수업을 들을 수 없는 경우, 또는 수업이 끝난 후에도 발음 학습을 계속하기 위해서는 [자기 주도적 학습]의 교재가 필요하다. 누구나 언제든지 학습할 수 있게 하는 데는 ICT의 활용이 도움이 될 것이다. [つたえ

---

7) 음성학을 전문으로 하는 지방 출신 친구가 악센트에 대해서는 자신이 없지만 인토네이션으로 이야기한다고 말한 적이 있다. 악센트 지도는 하지 않고 녹음한 음성 2를 들으면 악센트도 개선된 듯한 느낌을 받는 사람도 많을 것이다. 일본인 학생들에게 들려주고 악센트가 올바른지 어떤지 판단하게 한 결과 음성 2의 올바른 사용 비율이 높았으나 동요도 컸다.

8) 영어 교육에서는 독해 스킬로 꽤 보급되어 있는 듯하다. 필자는 전문가가 아니기 때문에 히야마(2007)를 인용하는데 머무는데 이 방법은 매우 효과적이라고 여겨져서인지 경계의 위치에 대해서 분석하여 자동으로 텍스트를 분할하고 경계 기호를 넣는 방법도 많이 탐구되고 있는 것 같다(도이·스미다 2004, 기타).

るはつおん]은 이러한 목적으로 만들어진 발음학습을 위한 사이트이다. 발음이라고 해도 이해하기 쉽고 듣기 쉬운 발음 이외에 화자의 기분이 전달되는 것도 중요하다. 이를 위해서는 목소리의 상태나 태도 등의 부차 언어 표현이나 표정, 상황 등을 이해하는 것이 바람직하며, 사이트 내의 짧은 몇 분의 동영상으로 확인할 수 있다(기노시타·나카가와 2019b). 전술한 3종류의 학습 방법의 소개 외에, 다양한 연습 방법의 동영상 제작에 참여했다.

5. 음성교육에서 고려해야 할 점

연구 성과를 바탕으로 개발한 지도법은 가설이며 가설의 유효성을 검증하기 위해서는 그 성과를 확인할 필요가 있을 것이다. 연구로서는 당연한 일이지만 교육으로서 생각하면 그다지 단순한 일은 아니다. 그 이유는 한마디로 말해 학습자는 모두 같지 않고 다양하기 때문이다. 비록 90%의 학습자에게 유효하더라도 10%의 학습자에게는 유효하지 않을 수도 있다. 그리고 그 10%를 무시할 수는 없다. 반대로 10%밖에 유효하지 않더라도 그 10%를 위해서 도움이 되는 지도법도 있을 것이다. 유효성이 높거나 낮은 가는 문제가 되지 않는다. 무시할 수 없는 것은 바로 다양성이다.

5.1 학습자의 다양성

[슬래시·리딩 학습법]은 [청자한테 이해하기 쉽고 듣기 쉬운 발음]이 목표이며, [일본인 같은 발음]이나 아나운서 같은 발음을 목표로 하고 있지 않다. 학습자도 교사가 가지는 [좋은 발음]이나 [발음이 좋아지는 것]의 이미지는 모두 다르므로 학습 목표도 학습 방법도 달라도 좋다.

[능력]도 사람마다 다르다. 아무리 연습해도 목표에 도달하지 않는 사람도 있으면, 무엇을 해도 잘 되는 사람도 있다. [능력]이 없다든가 [능력]이 낮다고 해서 그 인간의 가치가 낮아지는 것은 아니다. 모어 화자라도 능숙한 사람이 있으면 서툰 사람도 있다9). [할 수 있는] 일부터 접근해가는 것도 중요하다.

[학습 스타일]도 고려해야 할 점이다. 나카가와·셰퍼드·기노시타(2008)에서는 학습자의 학습 스타일에 따라 시각적인 방법을 좋아하는 경우는 마크를 보면서 연습하는 방법을 좋아하지만, 학습 성공자에게 많은 청각형 학습자는 마크를 번잡하게 여기는 사례도 있었다. Peacock(2001)은 교사의 지도

---

9) 'l'과 'r'의 구별이 어려운 일본인은 적지 않다는 것을 상기하기 바란다.

가 학습자에게 맞지 않으면 학습 의욕이 떨어진다고 한다.

즉, 모두에게 적합한 지도법 등은 없다. 필자는 [학습 가능] [지도 가능] [운용 가능]을 목표로 삼았지만 맞지 않는 사람도 있을 것이다. 학습자와 교사가 각각 무엇이 필요한지 생각하고 구체적이고 명시적인 도달 가능한 목표를 세워 조금씩 진행하는 것과 동시에 각각의 적합한 방법을 선택할 수 있는 것이 바람직할 것이다.

5.2 발음은 언어 활동의 일부

발음학습을 취미로 삼는 것은 그렇다 치고 발음만을 학습하는 것으로는 효과적이라 할 수 없고 부자연스러운 일이다. 어떤 학습도 마찬가지일 것이다. 부분적으로 단음이나 운율 연습을 해도 막상 회화나 구두 발표 장면에서는 활용되지 않는다는 의견을 들은 적이 있다. 원래 발음은 언어 활동의 일부이므로 언어 활동 속에서 연습하고 활용하는 것이 좋다.

Lasen-Freeman(2001)은 문법에 대해서 의미 meaning, 형식 form, 운용 use의 세 가지의 균형의 필요성을 주장하고 있는데 발음에 대해서도 마찬가지이다. 간단히 말하면 회화 연습이나 구두 발표 연습을 하면서 혹은 실제로 운용할 때 발음 연습을 하는 것이 좋다.

5.3 학습 환경

학습자는 다양하고 학습 목표도 학습 스타일도 능력도 제각각이다. 한 사람 한 사람이 자신이 좋아하는 방식으로 자기 페이스로 하는 것이 바람직하다. 또, 발음 수업이나 코스가 끝났다고 해서 거기서 끝이 아니다. 지속하지 않으면 도로 아미타불이 되기도 한다. [지속 가능]과 [자율 학습]이 키워드이다. 이를 위해 누구나 접근할 수 있는 ICT 교재는 유용하고 필수적인 요소이다. 다만, ICT 교재도 맞는 사람, 맞지 않는 사람이 있을 것이다. 교사의 역할도 단순히 지식을 가르칠 뿐만 아니라 자기 주도에 대한 지원, 적절한 조언을 하는 등으로 다양할 것이다. ICT에 서툴더라도 학습자와 함께 배워가면 플러스가 된다.

[지속 가능]에서 [평생교육]으로, 눈앞에 있는 것뿐 아니라 널리 미래를 내다본 교육을 생각할 필요가 있다[10].

---

10) '지속 가능한 개발을 위한 2030 어젠다(가설)'의 아래 언급은 공감할 수 있다(https://www.mext.go.jp/ component/a_menu/other/micro_detail/__icsFiles/afieldfile/2019/07/01/1418526_002.pdf)에서는 17개의 지속 가능한 개발을 위한 목표(SDGs)를 제시하고 있으며, 목표 4에 '모든 사람에게 포괄적이며 공정한 질 높은 교육을 제공하고 평생학습의 기회를 촉진한다'라고 되어 있다. 4.7에는 모든 학습자가

6. 금후의 음성교육에 대하여

일본인의 [청자한테 이해하기 쉽고 듣기 쉬운 발음] 스피치 음성을 관찰하여 일본어의 인토네이션에는 적절한 띄어읽기, [ヘ]자형의 인토네이션, 악센트의 세 요소가 빠질 수 없다고 분석하여, [프레이징 지도·학습법]을 제안했다. 그러나 악센트가 학습자한테도 교사한테도 어려운 것이 문제였다. 그 문제는 OJAD의 [스즈키 군]이 자동으로 악센트와 인토네이션 커브를 부여해 줌으로써 해결할 수 있었다. 또한 [이해하기 쉽고 듣기 쉬운 발음]을 목표로 하면 악센트 요소를 제거해도 [/]와 [ヘ]자형만으로 충분하다고 생각하여 [슬래시·리딩 학습·지도법]이라는 심플한 학습법을 제안했다. 또한 학습 방법을 소개하는 동영상 제작에도 참여했다.

지도법의 개발은 혼자서 하기는 어렵다. [다양한] 인간인 연구자나 교사나 학습자들과 [협동]하여 만들어진다. 조사 연구를 한 결과, 효과적인 학습법이 개발될지도 모르지만 어디까지나 가설이다. 다른 교사나 학습자들의 반응·의견·반발 등을 받아들이고 수정해 나갈 필요가 있다. 또, [스즈키 군]과 같이 다른 분야(이 경우 공학계)와의 협력이 있었기에 개발할 수 있었던 것도 있다. 필자 자신도 학습법이나 도구의 개발 과정에서는 연구와 교육 사이, 공학 사이에 깊은 도랑이나 갈등이 있다고 느꼈다. 하지만 과장일 수도 있겠지만 갈등을 헤쳐 나간 곳에 [협동]에 의한 산물이 있다고도 실감했다. 지도법의 개발도 사용도 다양한 인간에 의한 산물이다. 인간의 [다양성]은 때때로 방해가 되지만, 부딪치면서 새로운 것이 태어나고 성장한다. 향후 더 많은 교재와 선택지가 늘어나 발전해나가길 기대한다.

감사의 글

필자는 2022년 3월로 교사 생활에 막을 내렸다. 평생을 뿌리 없는 풀이라고도 할 수 있는 비상근 강사로 보냈지만 좋은 점도 있었다. 번거로운 일은 하지 않고 자유롭게 실천하며 지도법을 개발할 수 있었다. 학습자, 교사 동료, 연구자 동료의 협력이 준 선물이다. 2011년 건국대학교에서 민광준 선생님의 후원으로 강연과 워크숍을 진행한 것은 훌륭한 만남이었다. 사이타마 대학 준교수인 선우 미 씨에게는 그때도 또 이번의 집필 때에도 도쿄 음성 연구회에서의 인토네이션에 대한 발표 내용을 제공받는 등, 많은 신세를 졌

지속 가능한 개발을 촉진하는 데 필요한 지식과 기능을 습득할 수 있도록 한다'라고 되어있다.

다. 관련된 모든 여러분에게는 말로 다 할 수 없지만, 진심으로 감사의 마음을 전하고 싶다.

참고문헌

가와카미(川上蓁 1995)『日本語アクセント論集』汲古書院.

가와노 외(河野俊之・串田真知子・築地伸美・松崎寛 2004) 『1日10分の発音練習』くろしお出版

기노시타・나카가와(木下直子・中川千恵子 2019a)『ひとりでも学べる日本語の発音』ひつじ書房

기노시타・나카가와(木下直子・中川千恵子 2019b)「気持ちを伝える音声のWdb教材「つたえるはつおん」」當作靖彦監修『ICT×日本語教育』くろしお出版 pp.254-268.

고노(河野守夫 1994)「話し言葉の認識と生成のメカニズム」、文部省重点領域研究「日本語音声」リズム班 平成4年度研究成果報告書、第1部 理論編、1-101.

고노(河野守夫 1997a)「リスニングのメカニズムについての言語心理学的研究」、ことばの科学研究会編、『ことばとコミュニケーション』、第1巻、東京：英潮社、5-31.

고노(河野守夫 1997b) 「リズムの知覚と心理」、杉藤美代子監修、『アクセント・イントネーション・リズムとポーズ』、東京：三省堂、91-139.

고리(郡史郎 2020)『日本語のイントネーションーしくみと音読・朗読への応用』 大修館書店.

구보조노(窪薗晴夫 1993)「リズムから見た言語類型論」『言語 』vol.22(11)、62-69.

구보조노(窪薗晴夫 1995)『語形成と音韻構造』くろしお出版

나카가와(中川千恵子 1995)「疑問文イントネーションの種類について－スペイン語と日本語の対照－」、『横浜国立大学留学生センター紀要』第2号、64-78.

나카가와(中川千恵子 2001a)『日本語学習者のプロソディー習得とその指導法』お茶の水女子大学博士論文

나카가와(中川千恵子 2001b)「「へ」の字型イントネーションに注目したプロソディー指導の試み』『日本語教育 110』日本語教育学会、pp.140-149

나카가와(中川千恵子 2003)「日本語音声指導法に関する一考察－2種類のプロソディー指導を比較して－」『紀要』第58号 早稲田大学語学教育研究所 pp.191-212.

나카가와(中川千恵子 2004)「スペイン人の日本語プロソディー習得における特徴－初級学習者と中級学習者の差異に注目して－」『言語文化と日本語教育』第27号 お茶の水女子大学日本言語文化学研究会 pp.77-89

나카가와・아유사와(中川千恵子・鮎澤孝子 1994)「スペイン語母語話者の日本語発話における韻律特徴」日本語教育学会春季大会予稿集、pp.55-60.

나카가와·나카가와(中川恭明·中川千恵子 1993)「フランス人学習者の日本語に見られる母語の韻律の干渉」、「日本語音声」D1班平成4年度研究成果報告書、『日本語音声と日本語教育』、pp.123-144.

나카가와·나카무라(中川千恵子·中村則子 2010)『にほんご発音アクティビティ』アスク出版

나카가와·아유사와(中川千恵子·鮎澤孝子 1994)「スペイン語母語話者の日本語発話における韻律特徴」日本語教育学会春季大会予稿集、pp.55-60.

나카가와 외(中川千恵子·鮎澤孝子·李活雄 1999)「朗読音声のプロソディー指導に関する一考察」、『二十一世紀における日本研究』、香港日本語教育研究会、233-241.

나카가와 외(中川千恵子·シェパードクリス·木下直子 2008)「発音学習における学習成功者と学習遅滞者の学習スタイルと学習ストラテジーの違い」日本語教育学会秋季大会予稿集pp.146-151.

나카가와 외(中川千恵子·中村則子·許舜貞 2009)『さらに進んだスピーチ・プレゼンのための日本語発音練習帳』ひつじ書房

나카가와 외(中川千恵子·木原郁子·赤木浩文·篠原亜紀 2015)『にほんご話し方トレーニング』アスク出版

다나카·구보조노(田中真一·窪薗晴夫 1999)『日本語の発音教室 理論と練習』くろしお出版

다니구치(谷口聡人 1991)「日本語音声教育に関するアンケート-調査結果の報告-音声教育の現状と問題点」、『日本語音声の韻律的特徴と日本語教育-シンポジウム報告-』pp.17-21

도다(戸田貴子 2004)『コミュニケーションのための日本語発音レッスン』スリーエーネットワーク

도다(戸田貴子 2008)『日本語教育と音声』くろしお出版.

도이·스미다(土居誉夫·隅田英一郎 2004)「スラッシュ・リーディングのためのテキスト分割」情報処理学会研究報告.CE.[コンピュータと教育] 75 , pp.25-32

도키·무라타(土岐哲·村田水恵 1989)『外国人のための日本語例文・問題シリーズ12 発音・聴解』荒竹出版

마쓰자키(松崎寛 1995)「日本語音声教育におけるプロソディーの表示法とその学習効果」東北大学文学部日本語学科論集 5、pp.85-96.

미네마쓰 외(峯松信明·中村新芽·鈴木雅之·平野宏子·中川千恵子·中村則子·田川恭識·広瀬啓吉·橋本浩弥 2013)「日本語アクセント・イントネーションの教育・学習を支援するオンラインインフラストラクチャの構築とその評価」電子情報通信学会論文誌. D,情報・システム96(10), pp.2496-2508,2013-10 一般社団法人電子情報通信学会

브루너(J．S．ブルーナー著, 岡本夏木·池上貴美子·岡村佳子訳 2004)『教育という文化』岩波書店

아키야마(秋山和平 1997)「放送社会における音声教育」『日本語音声[1] 諸放言のアクセントとイントネーション』三省堂、181-214.

우와노(上野善道 1997)「複合名詞から見た日本語諸方言のアクセント」、『アクセント・イントネーション・リズムとポーズ』、東京：三省堂、231-270.

이마가와・기리타니(今川博・桐谷滋 1989)「DSPを用いたピッチ、フォルマント実時間抽出とその発音訓練への応用」、『電子情報通信学会技術報告』、SP89-36、17-24.

후지사키(藤崎博也 1989)「日本語の音調の分析とモデル化」、『講座日本語と日本語教育 2 - 日本語の音声・音韻(上)』、東京：明治書院、266-297.

히야마(桧山晋 2007)「スラッシュ・リーディングについて」『秋田県立大学総合科学研究彙報 (8)、pp.57-62.

Lasen-Freeman, D.(2001) Teaching Grammar. In Marianne Celce-Murcia (Ed.) Teaching English as a Second or Foreign Language, USA: Heinle and Heinle, 251-283.

Miller, G. A. (1956) The magical number seven plus or minus two. Psychological Review, 63, 81-97.

Navarro Tomás, T. (1974) Manual de entonación española. Madrid: Guadarrama, 4ed.

Peacock, M.(2001)Match or mismatch? Learning styles and teaching styles in EFL, International Journal of Applied Linguistics, 11-1, 1-20.

Taylor, D.S. (1993) Intonation and accent in English: What teachers need to know. International Review of Applied Linguistics in Language Teaching, 1-21.

웹 교재 'つたえるはつおん'의 개발과 음성학습 지원

기노시타 나오코

요지

2015년도부터 음성의 자율학습을 지원하는 웹 교재 'つたえるはつお
ん'(www.japanese-pronunciation.com)을 개발해 왔다. 이 웹 교재는
무료로 공개되어 있으며 인터넷 환경만 있다면 언제든 누구나 이용할
수 있다. 본고에서는 이 웹 교재를 개발하게 된 경위와 교육 이념을 설
명하고, 이 교육 이념을 실현시키기 위해 전개하고 있는 학습지원의 내
용을 1)'자율적으로 발음을 학습하기' 2) '자신에게 맞는 학습방법 찾기'
의 두 가지 관점에서 소개한다. 나아가, 대학의 유학생을 대상으로 한
발음 수업에서의 활용 예에 대해서도 보고한다.

키워드: 웹 교재 'つたえるはつおん', 자율학습, 지각학습 스타일, 음
       성 학습지원

1. 들어가며

이 글에서는 2015년도부터 개발해온 웹 교재 'つたえるはつおん'의 교육
이념과 콘텐츠를 소개하고, 현재 행하고 있는 음성 학습지원에 대해 보고한
다(www.japanese-pronunciation.com).

음성은 문자와 같이 사상이나 감정을 전달하는 수단으로써 중요한 역할을
갖는다(고지마 2016 p.81). 모어 화자는 태어났을 때부터 자신이 속한 언어사
회에서 음성이 어떻게 사용되고 있는지를 배우고, 그 음성을 사용하여 의사
를 전달하고 상호 이해를 하고자 한다. 따라서 그 언어사회의 음성 규칙에
따른 음성으로 말하는 것은 그 지역에 사는 타인과의 원활한 커뮤니케이션으
로 이어진다. 이것은 모어 화자뿐 아니라 그 언어를 외국어로써 학습하고 있
는 사람에게도 마찬가지라고 할 수 있다.

대학이나 일본어 학교에 재학 중인 일본어 학습자의 음성 학습에 대한 니
즈는 매우 높으나(일본어교육학회 1991, 도다 2008), 국내외의 일본어교육 현
장에서 실제로 음성을 배울 수 있는 기회는 많지 않다(도다 2009, Liu 2014,
마쓰자키 2016 등). 그 이유로 문자는 기록으로 남기 때문에 거리적으로도

시간적으로도 멀리 떨어져 있는 사람에게 쉽게 보여줄 수 있지만, 구어인 음성의 경우, 말하는 순간 없어지기 때문에 정보가 유지되기 어려우며, 그 때문에 의식하기 어렵다는 특성도 영향을 미칠 수 있다(모리 외 2014, p.3). 다니구치(1991)는 앙케트 조사를 통해 일본어 교사가 음성교육을 중요하게 생각하지만, 음성교육 시간을 따로 마련할 수 없다는 점과 교사에게 음성 지식이나 지도법 등에 관한 지식이 없다는 점이 음성교육이 이루어지지 않는 원인이라고 보고했다. 음성 지식과 음성의 지도법을 안다고 하더라도 실제로 수업에서 가르칠 수 없다는 점도 있다. 일전에 저명한 선생님의 음성 강좌를 수강했을 때, 그 선생님은 한 외국어의 언어음에 대해 직접 혀의 움직임을 선보이며 수강생들에게 알기 쉽게 가르쳐 주었다. 필자도 그 선생님처럼 가르치고 싶지만, 쉽게 따라 할 수 있는 것은 아니었다. 이런 경험은 혼하게 있을 수 있다. 위와 같은 현상을 바탕으로 복수의 음성교육 전문가에게 지금까지의 교육 경험 속에서 반응이 좋았던 노하우나 견문을 살린 학습 방법을 동영상으로 모아 웹사이트에 무료로 공개하여 여러 제약 때문에 음성교육을 할 수 없는 교사 및 교육 지원자, 음성에 대해 배울 기회가 적은 학습자에게 도움이 되고자 하였다. 개발 당시 이 웹 교재는 일본어 초급 후반부터 중급 레벨의 학습자를 상정하고 있었지만, 최근 초급 레벨의 학습자로부터 번역문에 대한 요청 많아졌기 때문에 홈페이지 상의 일부 콘텐츠에 대해서 6개 국어(일본어, 한국어, 중국어, 영어, 베트남어, 인도네시아어)의 다언어로 대응하고 있다.

2. 웹 교재 'つたえるはつおん'의 교육 이념과 학습지원

웹 교재 'つたえるはつおん'의 교육 이념은 '자신의 생각을 제대로 전달하는 것'이다. 이 교육 이념은 'つたえるはつおん'이라는 명칭에도 나타난다. 웹 교재 'つたわるはつおん'이라는 명칭도 검토했지만, 'つたわる'라고 하면 우연히 내지는 결과적으로 발음이 전달되었다고 해석될 수도 있다. 그보다는 '자신의 발음을 전달하고 싶다', '전달하겠어!'라는 학습자의 전달하려는 의사를 중시하고자 'つたえるはつおん'이라고 이름을 붙였다. 초급 학습자도 읽기 쉽게 전체를 히라가나로 표기하여 친근하게 다가가고자 했다. 교육 이념 '자신의 생각을 제대로 전달하는 것'을 실현시키기 위한 학습지원으로써 이 장에서는 '자율적으로 발음을 학습하기', '자신에게 맞는 학습 방법 찾기'의 두 가지에 대해 설명하겠다.

2.1 자율적으로 발음을 학습하기

발음학습이라고 하면 모어 화자가 모델 음성을 제공하고, 학습자의 발음을 모어 화자가 평가한다는 인상을 갖는 사람이 많지만, 웹 교재 'つたえるはつおん'은 일본어 음성의 자율학습을 지원하는 사이트이다.

표1 웹 교재 'つたえるはつおん'의 자율학습을 위한 콘텐츠

目的	コンテンツ名	例
【Plan】 학습 목표 정하기	발음 퀴즈 10문제	문맥에서 'いつか'와 '5日' 등의 표현을 판단하여 리듬, 악센트, 인토네이션, 자음, 유성음과 무성음의 식별력을 판단한다.
	용어 설명	리듬, 악센트, 인토네이션, 모음과 자음, 유성음과 무성음, 감정, 방언의 음성 항목에 대해 설명한다
	듣고 구별하기 연습	발음 퀴즈의 출제 내용에 대해 남녀 6명의 대답 (발음)을 듣고 연습할 수 있다
	발음 포인트 해설	발음 퀴즈의 출제 내용에 대해 발음의 포인트가 어디에 있는지를 해설한다
【Do】 학습 방법 선택하기	영상으로 배우자	리듬, 악센트, 인토네이션, 모음과 자음, 유성음과 무성음, 감정, 방언의 음성 규칙이나 학습방법에 대해 동영상으로 소개한다
【See】 발음을 판단, 평가하기	영상으로 배우자	음성분석 소프트웨어 'Praat'로 음의 높이를 확인하는 방법, 음의 길이를 확인하는 방법에 대해 각각 동영상으로 소개한다

여기서 말하는 자율학습이란, 스스로 학습 목표를 세우고(Plan), 학습 방법을 선택하고 실행하여(Do), 학습 목표를 달성했는지를 스스로 판단하고 평가하는 것(See)을 말한다(아오키 1998). 학습자에 따라 음성의 학습 목표는 다르며 무엇을 위해 배우는가, 어떻게 배우고 싶은가, 어느 정도 시간을 들일 수 있는가, 흥미, 관심도 다양하다. 데시 · 플래스트(1999)의 일련의 연구와 Dörnyei(2001)의 연구로 학습자의 자율성이 학습의 동기를 높인다는 것이 밝혀졌다. 웹 교재 'つたえるはつおん'은 누구든 자유롭게 접근할 수 있는 사이트이다. 예산의 문제로 개인의 학습기록을 보존하는 사이트는 제공하지 못하여 학습자 개개인에게 개별적으로 지원할 수 있는 부분은 한정되어 있지만, 가능한 범위에서 학습자의 학습 과정, 즉 Plan-Do-See의 PDS 사이클의 각 단계에서 요구되는 지원을 정비해나가고자 한다. 웹 교재 'つたえるはつおん'의 자율학습 지원을 위한 콘텐츠는 기노시타 · 나카가와(2019)에 자세히 서술되어 있지만 여기서는 개요를 표로 정리하여(표1) 순서대로 설명한다.

2.1.1 학습 목표 정하기-Plan-

우선 스스로 학습 목표를 정하는 단계(Plan)에 대해 설명한다. 일본에서 생활하며 전달이 되지 않았던 경험 등이 있다면 자신의 발음에 대해 의식하고 있는 경우가 많지만, 실제로는 음성에 대해 배우고 싶어도 무엇부터 학습해야 하면 좋을지 알지 못하는 학습자도 적지 않다. 이러한 학습자를 위해서 발음의 포인트 이해도를 측정하기 위한 '발음 퀴즈 10문제'를 작성했다. 이것은 발음을 구별하여 사용하기가 비교적 어려운 표현('おばさん'과 'おばあさん'의 장단의 구별, 'いつか'와 '5日'의 악센트의 구별 등)에 관한 한 장면의 삽화를 제시하여 그 회화를 듣고 문맥에 맞는 적절한 음성을 선택하는 것이다. 10개라는 문제 수는 발음의 포인트 이해도를 측정하기에 충분치 않지만, 많은 사람이 부담 없이 응답할 수 있게 하는 것, 그리고 퀴즈의 완료율을 높여 결과를 확인하게 하는 것을 우선시하였다.

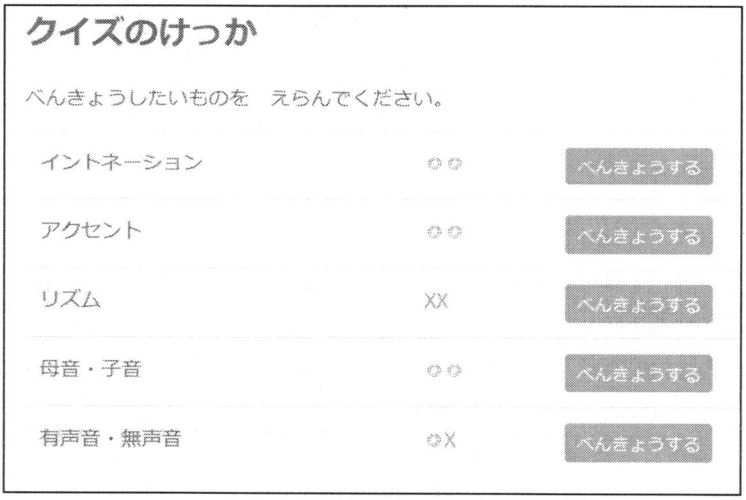

그림1: 퀴즈의 결과

10개의 문제는 인토네이션, 악센트, 리듬, 모음과 자음, 무성음과 유성음의 문제가 각 2문제씩 포함되어 있다. 단어만을 제시하는 것이 아니라, 회화의 흐름에 맞는 단어를 선택하는 형식으로, 음성을 들으며 10개의 문제에 답하면 그림1과 같은 결과가 표시된다. 정답은 ◎, 오답은 ×을 의미하며 그림1을 보면 리듬 문제 2문제가 모두 오답인 점, 유성음과 무성음의 문제 하나가 오답인 점을 알 수 있다. 또한 ×, ◎의 기호를 클릭하면 해당 문제가 표시된다.

이용자가 일본어 음성에 대하여 처음 배우는 학습자일 것으로 보고 음성 항목의 용어 설명을 제시하였다. 예를 들면, 두 문제 모두 오답인 '리듬'의 우측에 있는 'べんきょうする(공부하기)'라는 버튼을 누르면 아래와 같이 '리듬'에 대한 간단한 음성 항목 카테고리의 설명이 표시된다.

리듬은 어떤 음이 반복되는 것에서 느낄 수 있습니다. 일본어는 '모음(あいうえお)' 또는 '모음＋자음(consonant)'이 비슷한 정도의 길이로 발음합니다. 즉 가나(仮名) 문자 한 글자에 상당하는 발음의 길이가 거의 같습니다. 가나 문자 한 글자에 대한 발음의 길이를 '1', 가나 문자 두 글자에 대한 발음의 길이를 '2'라고 표기합니다. 반복되는 음의 길이가 상대적으로 바뀔 때, 말의 의미도 바뀌게 되는 경우가 있습니다. 예를 들면, 'ちず'(map; 地図)와 'チーズ'(cheese)는 동일하게 2음절(syllable) 단어이지만, 'ちず' 'あな'는 '1·1'인 것에 비해 'チーズ' 'あんな'는 '2·1'입니다.

이러한 용어의 설명에는 위에서 언급한 리듬 외에 악센트, 인토네이션, 모음과 자음, 유성음과 무성음, 감정, 방언의 설명이 있다.

또한 위의 음성 항목의 설명과 동일한 페이지에 있는 콘텐츠 '듣고 구별하기 연습'에서 퀴즈의 회화와 동일한 회화를 남녀 6명의 발화 음성으로 들을 수 있다. 이것은 파일럿 조사(기노시타 외 2017)에서 상당한 호평을 받았다. 그뿐만 아니라 듣고 구별하기의 포인트를 이해하기 어려운 학습자를 위하여 그림2와 같은 해설을 마련했다. 파란 바탕에 흰색 삼각형이 표시된 재생 버튼을 누르면 음성이 나오도록 설정되어 있으므로 음성을 들으며 발음 시에 주의해야 할 포인트를 확인할 수 있다. 이처럼 '발음 퀴즈 10문제', '듣고 구별하기 연습', '포인트 설명'을 통하여 학습자 스스로 학습 목표를 생각해 보는 계기를 제공하였다.

그림2 해설의 예

자율학습에 익숙지 않은 학습자는 '원어민처럼 말하고 싶다', '능통하게 말하고 싶다'와 같은 큰 목표를 생각하기 마련이지만, 학습 목표를 달성하기 위해서는 우선 달성 가능한 작은 단계부터 생각하는 것이 중요하다. 예를 들면, 다음 달에 수업에서 스피치가 있다거나 혹은 일본어로 취업 면접을 봐야 하는 상황에서 원어민처럼 말하고 싶다는 목표가 있다고 가정해 보자. 그 목표를 실현하기 위해서는 우선 '원어민'과 같이 추상적인 이미지를 언어화해야 한다. 예를 들면, 자신이 생각하는 '원어민'과 같은 발음에는 '자연스러운 악센트', '유창한 속도로 말하기' 등이 있다. 자신이 가지고 있는 '원어민'에 대한 이미지를 언어화하는 것을 통하여, 막연했던 목표를 구체적으로 실행 가능한 '스스로의 과제'로 탈바꿈할 수 있다. 그 후에 정말로 필요한 것, 실행하기 쉬운 것을 취사선택하여 순서대로 목표를 세우고 학습해 나가는 것이 바람직하다.

이처럼 자율학습에 익숙해진다면 혼자서도 스스로 학습목표를 세우거나 계획을 세울 수 있지만, 익숙해진다 해도 달성 가능한 작은 단계에 대한 학습 목표를 생각해 내는 것은 굉장히 어렵다(선우 2020). 일본어 학습자가 혼자서 학습계획을 세워 PDS 사이클을 습관화하도록 지원하는 것은 일본어 학습 어드바이징의 역할 중 하나이다(아오키 2013). 누구나 일본어 학습 어드바이징을 지원받을 수 있는 것이 좋지만, 웹 교재를 통한 지원에 대한 검토는 향후의 과제로 하고자 한다.

2.1.2 학습 방법을 선택, 실행하기 -Do-

학습 목표를 생각해 낼 수 있다면 다음 과정은 학습 방법을 선택, 실행하는 단계(Do)이다. 언제, 무엇을, 어느 정도 학습할 것인지를 정해두면 실행하기 용이하다. 포트폴리오를 활용하여 학습기록을 표시해 두면 달성감도 얻을 수 있을 것이며, 동시에 자신에게 맞는 학습 방법으로 학습하는 것도 중요하다. 그러나 학습 방법에 관한 지식이 부족한 학습자가 혼자서 할 수 있는 것은 제한되어 있다. 서점에 가서 발음 교재를 구입하거나 혹은 도서관에서 교재를 찾아 책에 쓰인 대로 연습할 수 있지만, 자신에게 그 방법이 맞지 않을 경우 어느 정도 학습해 보다가 도중에 포기하는 경험을 하게 될 수 있다.

웹 교재 'つたえるはつおん'에서 자신에게 맞는 학습 방법을 찾는 방법을 어떻게 지원하고 있는 지에 대해서는 2.2에서 자세하게 서술한다.

2.1.3 발음 평가하기-See-

학습 목표를 세워서 학습을 수행하고 나면, 이후 최종 단계로 학습 목표를 달성했는지를 적절히 판단, 평가(See)하여 목표를 재검토하거나 새로운 목표를 세우는 단계가 있다.

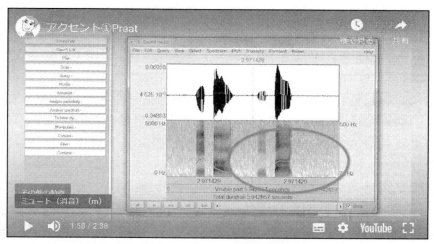

그림3 '一杯'와 'いっぱい'의 높이의 표시 예(Praat)

발음을 판단, 평가하는 방법에는 '자기 평가'와 '타인 평가'가 있다. '자기 평가'의 가장 간단한 방법은 자신의 발음을 녹음하여 듣는 것이다. 요즘의 휴대폰에는 대부분 녹음 기능이 탑재되어 있기 때문에 바로 자신의 목소리를 녹음해서 확인할 수 있다. 또한 다소 전문성을 요해 어려울 수 있으나, 음성 분석 소프트웨어를 사용하는 방법이 학습자에게 좋은 반응을 얻었다. 자신의 발음의 높이와 길이를 시각적으로 확인할 수 있기 때문에, 반복해서 들어봐도 높낮이의 차이를 구별하지 못하는 학습자에게 도움이 되었다고 한다. 이 점을 반영하여 웹 교재 'つたえるはつおん'은 '자신의 리듬을 확인하자-음성분석 소프트웨어 Praat을 사용한 연습-', '자신의 악센트를 확인하자-음성분석 소프트웨어 Praat을 사용한 연습-'에서 동영상으로 Praat의 사용법을 소개하고 있다(그림3).

'타인 평가'로는 자신 이외의 사람, 즉 교사 혹은 같은 반의 학습자 등 친근한 사람에게 자신의 발음을 평가받는 방법이 있다. 발음에 대해 모어 화자가 내리는 판단이나 평가는 절대적이라 믿고, 그 평가를 그대로 따르기 쉽지만, 모어 화자라고 해서 판단과 평가가 정확하다고는 할 수 없다. 오구마

(2008)에서는 일본어 모어 화자 일본어 교사 8명에게 일본어 학습자의 회화 발화에 나타나는 리듬의 부자연스러움에 대해 평가하도록 하였다. 그 결과, 부자연스러움에 대한 평가는 약 49% 일치한 것으로 보고되었다. 모어 화자 평가에서도 일치한 것은 절반 이하라는 것으로, 모어 화자의 평가가 옳다고만은 할 수 없다는 인식을 가질 필요가 있다. 나아가서 학습자가 자신의 목적에 맞는 평가 방법을 선택하는 것이 바람직하다. 예를 들면 모어 화자 평가를 연구에 활용하는 경우나, 계속하여 기록하기 위해 평가 기준을 최대한 일정하게 유지할 필요가 있는 경우에는, 같은 평가자가 계속해서 판단할 것(같은 사람이어도 때에 따라 평가가 바뀔 수는 있다), 음성의 전문가에게 평가받을 것, 물리적인 방법(음성분석 소프트웨어)을 사용하는 것 등을 고안할 수 있다. 연구에서 음성을 기록할 필요가 없다면 엄밀한 평가가 요구되는 일은 없을 것으로 보지만, 모어 화자의 평가를 참고하는 경우에도 앞서 논한 이유를 근거로, 일희일비할 필요는 없다.

이상으로 자율적으로 발음을 학습하기 위해서 웹 교재 'つたえるはつおん'에서 다루고 있는 콘텐츠에 대해서 설명했다. 이러한 음성 항목과 콘텐츠, 그 제시법은 사전에 이루어진 파일럿 조사의 결과(기노시타 외 2017)를 최대한 반영하였다. 상급 발음학습자를 위한 보다 어려운 퀴즈에 대한 요청도 있었지만, 그 점은 향후의 과제로 하고자 한다.

2.2 자신에게 맞는 학습 방법 찾기

웹 교재 'つたえるはつおん'에서는 학습자가 여러 가지 지각학습 스타일(Perceptual learning styles)을 가지고 있음을 상정하고 자신에게 맞는 학습 방법을 찾을 수 있도록 31가지 학습 방법을 동영상으로 소개했다(자료 참조). 여기서는 정보처리의 관점에서 자신에게 맞는 학습 방법을 찾는 것의 의의를 설명한 후 동영상에 대해 서술한다.

학습 스타일이란 무엇인가? 곤도·고모리(2012)의 '연구사 일본어 교육 사전(研究社日本語教育事典)에 의하면 '새로운 지식과 기능을 배울 때에 학습자가 사용하는 방법'이며, 자신의 학습 스타일을 알게 되면 교수·학습의 효과를 높일 수 있다고 한다. 그중에서도 지각학습 스타일(Perceptual learning styles)에 대하여 '정보의 인지와 처리의 방법, 학습환경에 대한 기호, 기억 방법, 사고의 경향 등'(p.84)이라 설명하며, 기억과 관련되어 있다는 점을 제시하고 있다. 지각학습 스타일에 대해서 아직 밝혀지지 않은 점은 많지만 Barnard(1999)의 ICS(Interacting Cognitive Subsystems) 모델을 참고할 수 있다. ICS 모델에 따르면 새로운 정보를 접할 때 문자와 기호 등의 시각 정보(Visual), 음성 등의 청각 정보(Auditory), 신체를 움직이는 등의 촉각 정보(Haptic)가 각각 독립된 경로를 통해 장기기억에 보관되며, 보관된 것을 생각해 낼 때도 이러한 경로를 경유하여 이루어진다. 기노시타(2004)는 이 점을 가미하여, 지각학습 스타일이란 '새로운 정보를 받아들일 때 청각, 시각, 촉각, 운동 등 어떤 지각 모드를 사용해 받아들이는 것이 보다 효율적인가, 정보처리에 특화된 타입을 이른다'라고 정의하고 있다.

이러한 지각학습 스타일은 제2언어 습득에 영향을 주는 것으로 알려져 있으며(고지마 외 2010), 실제로 일본어 학습자를 대상으로 실시된 일본어 리듬 습득의 종단연구(기노시타 2011)도 일본어 리듬 습득도에 지각학습 스타일이 관여하고 있다는 점을 보고하고 있다.

Kinoshita(2015)는 대학의 일본어 발음수업에서 학기 중 다음의 8종류의 방법에 따른 발음 연습을 실시했다. ①단음절, 장음절의 차이를 기호로 나타내어 기호를 보면서 리듬을 연습하는 방법(Marking), ②손뼉을 치며 리듬을 연습하는 방법(Clapping), ③같은 리듬 패턴을 갖는 기지어를 모아 리듬 패턴을 의식하여 연습하는 방법(Grouping), ④메트로놈에 맞춰서 하이쿠(俳句)를 읊어 발음을 연습하는 방법(Haiku), ⑤리듬 비트(아카기 외 2010)에 맞춰서 발음연습을 하는 방법(Beat), ⑥음성분석 소프트웨어 Praat을 사용하여 음의 길이와 높이를 보며 연습하는 방법(Praat), ⑦섀도잉을 사용해서 연습하는 방법(Shadowing), ⑧기존의 노래를 사용하여 연습하는 방법(Song)의 8종류의 방법이다. 그리고 학기 말에 ①에서 ⑧까지 중에서 자신에게 가장 잘 맞는 학습방법이 무엇인지 조사하여 수강자 중 25명으로부터 응답을 받았다.

표2는 25명의 학습자가 자신에게 맞는다고 응답한 학습 방법(복수 응답 가능)을 정리한 것이다. 이에 따르면 ①Marking 4명, ②Clapping 7명, ③Grouping 2명, ④Haiku 2명, ⑤Beat 4명, ⑥Praat 8명, ⑦Shadowing 8명, ⑧Song 2명으로 나타났다. 이 결과로부터 ⑥Praat과 ⑦Shadowing을 선호하는 학습자가 비교적 많다는 점과, 학습자마다 자신에게 맞는다고 느끼는 학습방법은 다르다는 점을 알 수 있다. Kinoshita(2015)의 조사 결과는 25명이라는 한정된 인원의 응답을 통해 얻어진 것이지만, 필자는 2022년까지 같은 발음 수업을 담당하고 있으며 같은 조사를 이어오고 있다. 그 응답을 보면 Praat과 Shadowing를 선호하는 학습자가 많은 점, 자신에게 맞는 학습 방법은 다르다는 점과 같이, 똑같은 양상이 확인되었다. 따라서 음성을 교육하거나, 혹은 학습지원을 할 때는 여러 가지 학습 스타일을 갖고 있는 학습자가

있다는 점을 의식하는 것이 바람직하다.

표2 발음 수업의 이수자가 응답한 자신에게 맞는 학습 방법(복수 응답 가능)

학습 방법	인원수
① Marking	4
② Clapping	7
③ Grouping	2
④ Haiku	2
⑤ Beat	4
⑥ Praat	8
⑦ Shadowing	8
⑧ Song	2

　웹 교재에는 여러 가지 학습 방법을 나열하여 제시할 수 있다. 이것이 시중에 판매되고 있는 종이로 된 교재와의 차이점이다. 보다 좋은 교수법을 발견하면 특정 부분만을 갱신할 수 있다는 점이 웹 교재의 이점이다. 또한 동영상으로 제시하는 경우에는 학습 방법을 소개할 때 모든 것을 언어화해야 할 필요가 없다. 앞서 언급했던 발음 시의 혀의 움직임을 설명하는 동영상은 아직 만들지 않았지만, 종이로 된 교재에서는 그 움직임에 대해 글로 설명할 필요가 있다. 글만 보고 그 움직임을 정확하게 머릿속에 그리는 것은 쉽지 않을 수 있지만, 동영상을 보면 일목요연하게 알 수 있다. 웹 교재의 동영상은 YouTube에도 공개되어 있으며 그 코멘트를 보면 일본어 레벨이 초급이라 해도 이해할 수 있는 부분이 있는 것으로 보인다. 주위에 일본어 음성에 대해 가르쳐 주는 교사가 없다 하더라도, 학습 방법의 동영상을 보고 자신에게 맞는 방법을 찾는 것이 가능하다는 것을 알 수 있다.

　여기서 콘텐츠의 활용 예를 소개한다. 다음 달에 일본어 스피치, 혹은 일본어 취업 면접을 앞두고 있어 그 연습을 하고 있는 가운데 어떤 단어의 악센트를 알아보고자 하는 장면을 가정하자. 웹 교재 'つたえるはつおん'에는 OJAD(On-line Japanese Accent Dictionary)[1]에서 알아보고 연습하는 방법이 있다(동영상 '단어의 악센트를 알아보자-OJAD 단어검색-'). OJAD를 사용하면 악센트 기호를 시각적으로 나타낸 정보 및 남녀의 음성을 듣고 확인할 수 있

---

1) https://www.gavo.t.u-tokyo.ac.jp/ojad/

다. 또한 어떤 음이 높고 어떤 음이 낮은지, 즉 악센트의 규칙은 알지만 발음하는 것이 어려운 경우에는 신체의 움직임을 사용하여 높이의 감각을 익히는 방법(동영상 '신체를 이용하여 높낮이의 감각을 익히자'; 그림4)도 도움이 된다. 그리고 실제로 잘 익혔는지를 확인하기 위해서 그림3에서 소개한 Praat을 사용한다.

그림4 동영상 '신체를 이용하여 높낮이의 감각을 익히자'의 예

다음 달에 일본어 스피치 혹은 일본어로 취업 면접을 앞두고 있어서 보다 유창하게 말하고 싶다고 생각하고 있는 장면을 가정하자. 웹 교재 'つたえるはつおん'에는 '듣기 편하고 알기 쉽게 발음하자-슬래시 리딩을 도입한 연습-'이 있다. 이것은 의미의 한 구분 범위의 시작 부분부터 끝부분까지, 소리가 높았다가 서서히 낮아지며 발음하는 인토네이션에 주의한 연습 방법이다. 이 동영상의 내용은 원고에 슬래시와 인토네이션의 피치 커브를 표시하는 방법이지만, OJAD의 운율 튜터 스즈키 군(韻律チュータスズキクン)을 사용하여 음성 정보를 시각적으로 확인하는 방법('작문한 문장의 '모델 음성'을 듣고 연습하자-OJAD 운율 튜터 스즈키 군을 사용한 연습-')도 존재한다. 시각적인 정보가 없는 방법을 선호하는 학습자를 위한 방법으로는 한 단위마다 동그라미를 쳐서 연습하는 동영상 '알기 쉽게 말하자'도 있다. 연습하는 방법을 알면 다시 한번 동영상을 시청할 필요는 없으며, 자신의 문맥, 말하고자 하는 것에 맞춰서 연습하면 된다.

선우미(2020)은 수업에서 지각학습 스타일에 대해 조사하여 학습자에게 학습방법을 선택하게 한 결과, 신체를 움직여서 학습하는 방법을 선호하는 촉각형 학습자의 경우에도 신체를 이용하여 학습하는 일은 없었다는 점을 보고하고 있다. 타인이 있는 환경에서 혼자 신체를 움직이는 것에 거부감을 느꼈을 가능성도 있지만, 이전에도 신체를 움직이는 것 자체를 선호하지 않는 학습자에 대한 보고는 있었다(나카가와 외 2008). 한편, 야나기사와 외(2013)와 같이 학습자와 음성 전문의 일본어 교사가 1대 1로 마주하여, 단어의 리듬을 듣고, 학생에게 그 리듬이 어떻게 느껴졌는지를 신체의 움직임을 통해 자유롭게 표현하게 하여, 교사가 학생이 표현한 신체의 움직임을 사용하여 지도한 경우, 어떤 학습 스타일의 학습자여도 학습효과가 확인되었다는 보고도 있다. 학습자 스스로 자신의 감각에 맞는 신체 운동을 정하여 교사가 지도할 시에 그 운동을 이용한다는 점이 중요할 수 있다. 이 프로세스에 대해서는 야나기사와(2013)에 자세히 설명되어 있다. 학습자가 실제로 일정 기간 1대 1로 음성 전문의 일본어 교사에게 발음 지도를 받을 수 있는 기회를 만드는 것은 용이하지 않으나, 웹 교재를 통해 어떻게 제공할 수 있을지를 검토하는 것에는 충분한 가치가 있다.

3. 수업에서의 웹 교재 'つたえるはつおん'의 활용 예

마지막으로 대학의 유학생을 대상으로 한 수업에서 이 웹 교재를 어떻게 활용하고 있는지 그 예를 소개하고자 한다. 필자는 대학에서 초급 후반에서 중급 레벨의 일본어 학습자를 대상으로 한 일본어 발음 과목을 담당하고 있다. 이 과목에서는 아래의 항목을 도달 목표로 한다.

1) 일본어의 리듬, 악센트, 인토네이션을 이해한다.
2) 자기 자신의 발음의 특징을 이해한다.
3) 전달되기 쉬우며, 알기 쉽게 말할 수 있다.
4) 자신에게 맞는 발음의 학습방법을 찾을 수 있다.

도달 목표 4) '자신에게 맞는 발음의 학습 방법을 찾을 수 있다'가 있으나, 학습자에게 웹 교재 'つたえるはつおん'의 동영상을 자유롭게 선택하여 보도록 하고 있지는 않다. 그렇게 하면 어떤 학습 방법이 맞는지 아닌지를 학습자의 경험과 인상을 통해 판단하게 되어 실제로 경험해 보지 않은 학습 방법이나 잘 알지 못하는 학습 방법에 대해서는 시도조차 해보지 않은 채로 끝날 가능성이 높기 때문이다. 교사가 피드백을 제공하는 수업이기 때문에, 특히 여러 가지 학습 방법을 실제로 체험하게 하는 기회를 확보하는 것을 중시하고 있다.

표3에 2022년도 봄 학기에 개강한 해당 과목의 수업 일정을 나타내었다.

표3 발음 수업의 수업 일정

회차	수업내용
제1회	오리엔테이션
제2회	슬래쉬리딩1
제3회	슬래쉬리딩2
제4회	명사와 イ형용사의 악센트
제5회	동사의 악센트
제6회	문말 인토네이션1
제7회	문말 인토네이션2
제8회	발표 및 나레이션
제9회	리듬1
제10회	리듬2
제11회	음의 변화
제12회	종합연습 '스킷(スキット)' 1
제13회	종합연습 '스킷(スキット)' 2
제14회	발표 및 스킷(スキット)
제15회	정리 및 복습

이 과목에는 주로 기노시타·나카가와(2009)의 저서 'ひとりでも学べる日本語の発音(혼자서도 배울 수 있는 일본어 발음)'을 교과서로 사용하고 있으며 교과서의 구성 순서에 따른 수업 일정을 취하고 있다. 이 중에서 웹 교재 'つたえるはつおん'의 동영상을 수업의 도입 시에 활용하는 경우와 발음 연습 전에 활용하는 경우가 있으며, 이 두 가지 예를 소개하고자 한다.

수업의 도입 시에 동영상을 이용할 경우에는 주로 디스커션을 목적으로 활용하고 있다. 예를 들면 발음이 전달되지 않거나, 혹은 미스 커뮤니케이션이 발생한 동영상의 일부를 보여주어 동영상 속의 학습자는 왜 말하고자 한 것을 전달하지 못했는가, 어떻게 말했으면 좋았을 것인가 등, 미스 커뮤니케이션의 원인에 대해서 그룹끼리 생각하고 그룹별로 생각한 내용을 확인한 후 동영상의 전체를 시청하는 방법이다. 수업의 도입 부분에서 타인과 발음에 대하여 이야기를 나누는 것을 통해 무엇이 문제인지를 전혀 모르는 학습자도 있는 반면, 동급생과 의견을 주고받으며 실마리를 찾는 경우도 있다. 대학의

LMS(Learning management system)에 웹 교재 'つたえるはつおん'의 동영상 링크를 넣어 두어 이후에도 내용을 확인하도록 할 수 있도록 했다.

연습 전에는 연습의 흐름을 확인하는 목적으로써 동영상을 사용하고 있다. 예를 들면 섀도잉의 학습 방법이 자신에게 맞는지를 실험하는 활동에서는 ① 동영상을 시청하여 방법을 확인한다. ②연습 전에 어떤 문장을 읽고 그 음성을 녹음한다. ③섀도잉으로 발음을 연습한다. ④연습 후에 다시 문장을 읽고 그 음성을 녹음한다. ⑤연습 전(②)과 연습 후(④)의 음성을 비교해서 들어보고 차이가 있는지, 어떤 차이 인지, 연습을 통해 무엇을 깨달았는지를 기록하여, 기록한 것을 제출하도록 하는 순서로 이루어진다.

위와 같이 필자가 담당하고 있는 수업에서 웹 교재 'つたえるはつおん'이 어떻게 활용되고 있는지 그 예를 소개하였다. 하지만 '올바른 사용법'은 존재하지 않는다. 일 년에 몇 차례 사용 허가를 묻는 메일을 받고 있으므로, 이후 여러 다양한 현장에서 어떻게 활용되고 있는지를 공유하는 기회를 만들고자 한다.

4. 맺음말과 향후의 과제

이상으로 2015년도부터 개발해온 웹 교재 'つたえるはつおん'의 교육 이념과 학습지원, 콘텐츠를 소개하고, 필자가 담당하고 있는 수업에서의 활용 예를 보고하였다. 웹 교재 'つたえるはつおん'은 완성된 것이 아니며 앞으로도 조금씩 계속하여 갱신할 예정이다.

자율학습을 할 수 없는 학습자는 없다고 알려져 있다(데이비드 2011). 단, 나카타(2015)의 지적처럼, 처음부터 자율적으로 학습할 수 있는 학습자만 존재하는 것이 아니라, 타율적인 학습자도 반드시 존재한다. 웹 교재 'つたえるはつおん'의 콘텐츠가 그들의 발판이 되어 주는 것, 그리고 한편으로는 일본어 교사가 이 무료로 공개된 웹 교재를 활용하여 더 많은 현장에서 음성교육이 이루어지는 것을 바라 마지않는다.

참고문헌

고지마(小島慶一 2016)『音声ノート - ことばと文化と人間と』朝日出版社
고지마 외(小嶋英夫, 尾関直子, 廣森友人 2010)『英語教育学大系第6巻 成長する英語学習者 - 学習者要因と自律学習 -』大修館書店
곤도・고모리(近藤安月子・小森和子 2012)『研究社日本語教育事典』研究社

기노시타(木下直子　2004)「日本語学習者の知覚学習スタイル‐韓国人大学生の場合‐」『明海日本語』9, 41-50.

기노시타(木下直子 2011)『日本語のリズム習得と教育』早稲田大学出版部

기노시타 外(木下直子・田川恭識・角南北斗・山中都 2017)「自律学習を促進させるためのシステムづくり‐Web教材「つたえるはつおん」の開発‐」『早稲田日本語教育実践研究』5, 141-150.

기노시타・나카가와(木下直子・中川千恵子　2019)「気持ちを伝える音声のWeb教材「つたえるはつおん」」『ICT×日本語教育』254-268, ひつじ書房

기노시타・나카가와(木下直子・中川千恵子　2019)『ひとりでも学べる日本語の発音』ひつじ書房

기노시타　外(木下直子・中村則子・山中都・佐藤貴仁　2021)「音声学習のためのWeb教材「つたえるはつおん」の開発」『早稲田日本語教育実践研究』9, 63-66.

나카가와　外(中川千恵子・クリス・シェパード・木下直子 (2008)「発音学習における学習成功者と学習遅滞者の学習スタイルと学習ストラテジーの違い」『2008年度日本語教育学会秋季大会予稿集』pp. 146-151.

나카타(中田賀之 2015)『自分で学んでいける生徒を育てる‐学習者オートノミーへの挑戦』ひつじ書房

다니구치(谷口聡人　1991)「音声教育の現状と問題点‐アンケート調査の結果について‐」『日本語音声の韻律的特徴と日本語教育‐シンポジウム報告‐』, 重点領域研究「日本語音声」D1班平成3年度報告書

데시・플래스트(エドワード・L・デシ , リチャード・フラスト　1999)『人を伸ばす力‐内発と自律のすすめ』新曜社

데이비드(リトル・デイビッド 2011)「第2章　学習者オートノミーの実践　アイルランドにおける成人移民の英語学習」青木直子・中田賀之 (編)『学習者オートノミー‐日本語教育と外国語教育の未来のために‐』ひつじ書房, 51-89.

도다(戸田貴子 2008)『日本語教育と音声』くろしお出版

도다(戸田貴子　2009)「日本語教育における学習者音声の研究と音声教育実践」『日本語教育』142, 1-3.

마쓰자키(松崎寛 2016)「日本語音声教育における韻律指導‐CALLシステムを用いた教材開発の動向‐」『日本音響学会誌』72-4, 213-220.

모리　外(森大毅・前川喜久雄・粕谷英樹 2014)『音響サイエンスシリーズ12　音声は何を伝えているか‐感情・パラ言語情報・個人性の音声科学』コロナ社

선우미(鮮于媚 2020)「Web教材を利用した自律学習を促す発音授業 : Praat、OJAD、つたえるはつおんの使用を事例に」『埼玉大学日本語教育センター紀要』14, 25-33.

아오키(青木直子　2013)『外国語学習アドバイジング‐プロのアドバイスであなただけの学習プランをデザインする‐』Kindle eBooks.

아카기　外(赤木浩文・古市由美子・内田紀子　2010)『毎日練習！リズムで身につく

日本語の発音』スリーエーネットワーク

야나기사와 외(柳澤絵美・木下直子・中村則子　2013)「身体の動きを用いた特殊拍指導の試み：知覚学習スタイルに注目して」『2013年度日本語教育学会秋季大会予稿集』pp.405-406.

야나기사와(柳澤絵美　2013)「学習者が捉えた特殊拍の特徴とその身体運動への応用：身体の動きを用いた発音指導から見えてきたこと」『明治大学国際日本学研究』6(1), 117-129.

오구마(小熊利江 2008)『発話リズムと日本語教育』風間書房

일본어교육학회편(日本語教育学会編　1991)『日本語教育機関におけるコース・デザイン』凡人社

Liu(劉佳琦　2014)「中国における日本語音声教育の現状と課題」『早稲田日本語教育学』16, 105-116.

Barnard, P. J. (1999). Interacting Cognitive Subsystems: Modeling working memory phenomena within a multiprocessor architecture. In A. Miyake & P. Shah (Eds.), Models of working memory: Mechanisms of active maintenance and executive control (pp. 298-339). Cambridge University Press. https://doi.org/10.1017/CBO9781139174909.012

Dörnyei, Z. (2001). Teaching and researching motivation, New York: Longman.

Kinoshita, N. (2015). Learner preference and the learning of Japanese rhythm. In J. Levis, R. Mohamed, M. Qian & Z. Zhou (Eds). Proceedings of the 6th Pronunciation in Second Language Learning and Teaching, Conference (ISSN 2380-9566), Santa Barbara, CA (pp. 51-62). Ames, IA: Iowa State University.

Reid, J. (1987). The Learning Style Preferences of ESL Students. TESOL Quarterly, 20, 87-109.

자료: Web교재 'つたえるはつおん'에서 제공하고 있는 31개의 동영상

How to use this site?		

리듬		
		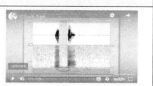
알고 있는 단어로 박의 감각을 연습하자 -리듬 패턴을 생각하며 발음하는 연습-	메트로놈을 사용하여 리듬을 연습하자 -특수박을 포함한 단어의 발음 연습-	자신의 리듬을 확인하자 -음성분석 소프트웨어 Praat을 사용한 연습-

신체를 움직여서 리듬감을 익히자	비트 소리로 리듬을 연습하자	손뼉치기 놀이로 리듬을 익히자

アクセント		

자신의 악센트를 확인하자 -음성분석소프트웨어 Praat를 사용한 연습-	단어의 악센트를 알아보자 -OJAD 단어검색-	동사의 악센트 룰을 알자

의성어·의태어의 악센트를 알자	복합명사의 악센트를 이해하자	신체를 이용하여 높낮이의 감각을 익히자

인토네이션		
 듣기 편하고 알기 쉽게 발음하자 -슬래시 리딩을 도입한 연습-	 작문한 문장의 '모델 음성'을 듣고 연습하자	 자신의 기분을 전달하자 -'そうですか'-
 자신의 기분을 전달하자 -'いいですよ'-	 자신의 기분을 전달하자 -'きれいじゃない'-	 섀도잉으로 매끄럽게 발음하자
 알기 쉽게 말하자		

모음·자음		
 'ざ행'의 발음을 익히자	 'つ'의 발음을 익히자	 신체의 움직임을 사용해서 연습하자 -'か·が','た·だ'의 연습-
 'な행'음과 'ら행'음을 구별하여 발음하자		

감정		
 강조하는 방법을 배우자	 정중하게 기분을 나타내는 법을 알자	 맞장구를 연습하자
 감탄사를 사용해 보자	 여러 가지 캐릭터를 연기해 보자	

방언		
 오사카 방언으로 말해보자	 히로시마 방언으로 말해보자	 미야자키 방언으로 말해보자

학습자 위주의 발음 연습 사이트
"일본어 발음 Lab (JP라보)"의 개발

야나기사와 에미 · 변희경

요지

일본어 발음 라보(JP라보)는 학습자가 스스로 일본어 발음을 학습할 수 있도록 학습자 입장에서 개발한 자습용 웹사이트로 인터넷 환경에서 누구나 무료로 이용할 수 있다(www.jp-lab.com). 사이트는 학습자가 혼자서 단계를 밟아 공부할 수 있도록 항목마다 '설명' '연습' '과제'로 구성되어 있다. 교사를 위해서는 음성지도의 저해 요인으로 여겨지는 '시간 부족' '교재 부족' '지도 방법 부족'의 문제를 해결하여 발음지도를 부담 없이 시작할 수 있도록 '교사용' 자료를 제공하였다. 학습자와 교사 모두가 알기 쉽고 사용하기 쉬운 콘텐츠를 제공하는 것이 JP라보의 당면 목표이다.

키워드: 일본어 발음 연습, 온라인 툴, 학습자 위주, 자율학습, 듣기 중시

1. 일본어 교육에 있어서 음성교육과 음성지도

최근 일본어 교육에 있어서 음성교육에 여러 변화가 일고 있다. 악센트나 억양, 리듬과 같은 운율특징에 초점을 맞춘 서적의 출판이 늘고 통신 기술의 발전으로 인터넷을 이용하여 일본어 발음을 배울 수 있는 기회도 많아졌다. 무료로 이용할 수 있는 콘텐츠도 있어서 학습자를 위한 자습용 툴(가와쓰 2012, 미네마쓰 2014, 2015, 기노시타 외 2017, 2021)이나 온라인 강좌 MOOCs에서 들을 수 있는 발음 수업도 있다(도다 2016).

학습자가 자국에서 일본어를 학습하며 원어민과 접할 기회가 거의 없었던 시대와는 달리 인터넷의 보급과 국제적인 인적 교류의 증가는 학습자가 원어민의 일본어에 접할 기회를 일상적인 일로 만들었다. 이러한 변화는 학습자가 자신의 발음과 원어민의 발음 차이를 의식하게 하고 일본어 음성에 대한 관심을 높여 '통하기만 하면 되는 일본어'에서 '원어민과 같은 자연스러운 일

본어'(일본어교육학회 1991, 도다 2001, 2008, 우치보리 2008, Liu 2014)로 학습자의 학습 목표도 변화하게 하였다. 최근의 운율에 초점을 둔 서적의 출판이나 ICT를 활용한 음성교육은 이런 학습자의 요구에 부응하기 위해 오랫동안 진행되어 온 연구 성과가 결실을 맺은 것이라고 볼 수 있을 것이다.

예전보다도 음성지도에 사용할 수 있는 자료가 풍부해진 만큼 교육 현장에서 과거보다 음성지도가 활성화되어 체계적인 음성교육이 이루어지게 되었는가 하면 유감스럽게도 현 상황은 예나 지금이나 크게 다르지 않다. 일본어 음성에 관해 학습자가 교사에게 바라는 것은 자신의 발음이 표준적인 발음과 비교해서 어떻게 다른가 하는 구체적인 설명이지만(마쓰자키 2009, Yang 2011) 이러한 기대에 적절하게 대처할 수 있는 교사는 그리 많지 않다. 해외의 비원어민 교사를 대상으로 한 설문조사 등에서 음성지도를 적극적으로 도입하지 않는 이유로 항상 상위에 오르는 것은 '시간이 없다' '적절한 교재가 없다' '지도 방법을 모른다'인데(이소무라 2000, 오가와라 · 가와노 2002, 아베 외 2016) 이러한 상황은 원어민 교사의 경우도 별반 다르지 않다(다니구치 1991, 오쿠보 2008, 다가와 외 2015). 시간적인 제한은 현장의 교사라면 누구나 실감하는 문제이다. 커리큘럼에 음성 관련 과목이 포함되어 있는 극히 일부의 교육기관을 제외하면 음성지도는 종합 일본어 시간 안에서 해결해야 하는 것이 보통인데 그렇게 할 시간적 여유가 없는 것이다. 그러나 가령 시간이 확보된다 해도 교재와 지도 방법의 문제가 남는다. 교재에 관해서는 앞서 말한 것처럼 사용할 수 있는 자료가 전보다 많아진 것은 사실이지만 문법을 지도할 때 문법 지식이 필요한 것처럼 음성지도를 체계적으로 하려고 하면 최저한의 음성학 지식이 필요하다. 음성의 전문가는 알기 쉬운 교재와 지도법을 준비했다고 생각해도 그것을 사용하는 현장의 교사들에게는 '전문용어가 많다' '내용이 많다' '내용을 이해할 수 없다' 등의 이유로 사용을 꺼린다(다가와 외 2013, 2015).

아무리 좋은 교재와 지도법이 있어도 현장의 교사가 그것을 충분히 이해하고 납득하지 못하면 수업에 도입하기 어렵다. 설사 도입하더라도 교사 자신이 이해하지 못한 내용을 제시하는 것만으로는 음성지도는 제대로 이루어지지 않는다. 음성학의 지식을 전제로 하지 않고 교사의 시간적, 정신적 부담을 경감하면서 기존의 수업 시간을 크게 방해하지 않고 학습자의 음성 상의 문제점을 개선할 방법은 없는 것일까?

2. JP라보의 개발

일본어 발음 Lab (JP라보)는 음성지도의 저해 요인으로 여겨지는 '시간 부족' '교재 부족' '지도 방법 부족'의 문제를 해소하기 위해 개발된 발음 학습용 온라인 툴이다. 인터넷 환경이라면 누구나 무료로 이용할 수 있다. 교사의 시간적, 정신적 부담을 줄이기 위해 학습자의 자율성을 촉진하여 혼자서 학습할 수 있도록 고안된 자습용 툴로 학습자가 각자의 페이스에 맞추어 '설명' '연습' '과제'의 단계를 밟아갈 수 있도록 구성되어 있다.

학습자가 사용하기 편하도록 사이트의 '설명'은 학습자 입장에서 제작되었다. 학습자 입장이란 쉬운 일본어를 사용하는 것 외에도 비원어민의 관점에서 일본어 음성을 조명하는 것을 말한다. 예를 들면 특수박(特殊拍) 항목에서는 보통박(普通拍)과의 차이점을 분명히 하기 위해 특수박의 유무를 퀴즈 형식으로 소개하고 있으며 일러스트 속의 교사의 설명은 음성학적 견지에서 쓰였으나 전부를 이해할 필요는 없기 때문에 발음의 좋고 나쁨에 직결하는 것을 골라 설명하였다. 학습자는 자신의 발음이 원어민에게 어떻게 들리느냐에 신경을 쓰기 때문에 '원어민은 여기를 듣고 있습니다'라고 명시적으로 설명하였다. 또한 학습자 자신의 발음이 표준적인 발음과 비교하여 어떻게 다른가를 스스로 판단할 수 있도록 다수의 모델 음성을 제시하였다.

'연습'에는 듣기 연습과 발음 연습의 두 종류가 있다. 듣기 연습에서 발음의 차이를 이해하고 그 차이를 발음 연습에서 대처해 다룰 수 있게 설계되어 있다. 사이트의 내용은 교사가 설명하는 것을 전제로 하고 있지 않지만, 교사가 교실에서 사용하는 경우를 대비하여 설명에 필요한 교사용 슬라이드를 항목별로 준비하여 내려받아서 사용할 수 있도록 하였다. 학습 성과를 확인하기 위한 '과제'는 교사의 재량으로 시험으로 활용할 수도 있다.

음성지도를 할 때 '무엇을' '어디까지' 다루어야 하는지 모르겠다는 목소리가 있다(다가와 외 2015). 이 둘 중에서 음성학습의 도달 목표에 해당하는 '어디까지'는 학습자 본인이 정할 문제이므로 학습자의 판단에 맡기고(잘못된 발음으로 오해를 받지 않을 정도의 발음을 목표로 하는 사람은 그에 맞는 연습량, 원어민과 같은 정도의 발음을 목표로 하는 사람은 그에 맞는 연습량이 필요), 교사가 생각해야 할 것은 '무엇을' 지도할 것인가 인데, 사이트의 학습 항목은 지도의 범위를 정하는 데에 참고가 될 것이다.

현재 공개되어 있는 학습 항목은 '장음·촉음·발음' '청음·탁음' '모음 무성화' '악센트' '복합어 악센트' '프로미넌스' '헤노지 읽기(ヘ자형 인토네이션)'

의 7항목이다. 이것은 학습자의 모어와 상관없이 거의 모든 학습자의 일본어 발음에서 문제점으로 관찰되는 것으로 '특수박'과 '청탁'의 2항목은 일본어의 '정확성' 나머지 5항목은 일본어의 '자연스러움'에 해당한다. '정확성'은 틀린 발음을 했을 경우 일본어로서 바르지 않아 의사소통에 해가 될 수 있으므로 충분한 연습이 필요하나 '자연스러움'은 표준적인 발음과는 거리가 있으나 일본어로서 틀렸다고는 할 수 없기 때문에 학습자가 학습 목표를 어디에 두는 가에 따라 생략할 수도 있다. '정확성'에는 'ツ의 발음' 'ラ행의 발음' 'ザ행의 발음' 같은 특정 모어의 학습자에게 관찰되는 항목도 있으나 사이트에는 포함되어 있지 않다.

일본어의 발음에 특화한 무료 사이트가 이미 몇몇 개발되어 있으나 특장이 모두 다르다. 예를 들면 'つたえるはつおん'(www.japanese-pronunciation.com/) 은 동영상을 이용한 설명이 풍부하고 'OJAD'(www.gavo.t.u-tokyo.ac.jp/ojad/)는 악센트 사전 외에 낭독 연습에 유용한, 문장을 입력하면 피치 곡선을 그려주는 기능을 갖추고 있다. JP라보는 음성지도에서 반드시 다루어야 할 지도 항목을 포함하면서도 기존의 사이트와 내용의 중복을 피해 학습자가 여러 사이트를 병용했을 때에 어느 사이트에서도 필요한 것을 습득할 수 있도록 배려하였다. 각각의 사이트는 장점과 단점이 있으므로 서로 협력하며 공존함으로써 시너지 효과를 발휘할 수 있을 것이라고 생각한다.

3. JP라보의 콘텐츠와 사용법

3.1 사이트의 구성

2022년 6월 현재 JP라보에서 취급하고 있는 학습항목은 위에서 말한 것처럼 '장음·촉음·발음' '청음·탁음' '모음 무성화' '악센트' '복합어 악센트' '프로미넌스' '헤노지 읽기(ヘ자형 인토네이션)'의 7항목이다. JP라보의 사이트 상에서는 그림1과 같이 페이지의 상부에 있는 탭에서 선택할 수 있게 되어있다. 각 항목은 '설명' '연습' '과제' '교사용'의 4개의 콘텐츠로 구성되어 있다. '설명'과 '연습'은 학습자의 자습용이고 '과제' '교사용'은 교사를 위해 마련한 수업과의 연계용이다. 다음 항에서 각 콘텐츠에 대해 자세히 살펴보겠다.

그림1: 일곱 개의 학습 항목과 각 항목 내의 콘텐츠

3.2 '설명'

'설명'은 실제로 모델 음성을 듣고 일본어 음성의 특징을 이해시키기 위해 설계되었다. 예를 들어 '장음(長音)·촉음(促音)·발음(撥音)'은 이들 특수박을 포함하지 않는 단어와 포함하는 단어(예: おばさんvsおばあさん、おとvsおっと、さまvsさんま), '청음(清音)·탁음(濁音)'은 탁점을 포함하지 않는 단어와 포함하는 단어(예: きんvsぎん, たいがくvsだいがく)의 최소대립쌍을 일러스트와 함께 제시하여 양자의 차이가 무엇인가를 묻는 퀴즈로 시작한다(최소대립쌍은 가능한 분절음과 악센트를 맞추었으나 'おばさんvsおばあさん'은 악센트가 다르다). 특수박이나 탁점의 유무에 따라 의미가 달라지기 때문에 발음을 혼동해서는 안 된다는 것을 이해시키는 것이 목적이다.

좀 더 자세히 보기 위하여 그림2에 '청음·탁음'의 '설명' 첫 부분을 제시하였다. 청음과 탁음이 어떠한 음인가에 대해 전문용어를 쓰면서 음성학적인 설명을 해도 학습자에게는 그것이 구체적으로 어떠한 발음인지를 상상하기가 어렵다. 특히 학습자의 모어에 유성음과 무성음의 음운적 대립이 없는 경우에는 더욱 이해하기 어려울 것이다(유성음과 무성음의 대립이 있는 경우에도 음 자체는 언어마다 달라서 예를 들면 영어의 단어 처음에 오는 무성 폐쇄음(aspirated stops)과 프랑스어의 단어 처음에 오는 무성 폐쇄음(unaspirated stops)은 음성학적으로 동일음이 아니다). 일상생활에서 접할 일이 거의 없는 전문용어를 사용한 설명은 음성학을 전문으로 하는 교사나 학생에게는 유용할 수 있어도 일반 학습자에게는 이해할 수 없는 말일 뿐으로 난해한 설명은 발음을 배우고자 하는 동기마저 잃게 할 수도 있다. 따라서 JP라보에는 먼저 실제로 모델 음성을 들어 탁점이 있는 경우와 없는 경우의 차이를 스스로 인식할 수 있도록 하였다. 그리고 청음과 탁음의 차이를 가나에서는 탁점의 유무로 표현되는 것을 설명하여 가나와 음성이 어떻게 관련되어 있는가를 설명하였다.

　이렇게 먼저 모델 음성을 직접 듣고 음성의 차이를 의식화하여 목표 발음에 대해 어느 정도 이미지가 형성된 상태에서 되도록 전문용어를 사용하지 않은 평이한 일본어를 써서 학습자의 모어와 비교하면서 청음과 탁음을 설명하였다. 또한 청음과 탁음의 차이를 명확히 구별하여 발음하지 않으면 단어의 뜻이 바뀌는 것을 보여주어서 일본어에서 청탁을 혼동하면 의사소통에 문제가 생길 수 있다는 것을 강조하였다.

그림2: '청음・탁음'의 '설명' 부분

3.3 '연습'

　'연습'에는 '듣기 연습'과 '발음 연습'의 2종류가 있다. 앞서 말한 '설명'에서 음성을 구별시켜서 학습항목의 포인트를 의식화하려고 하는 것에서 알 수 있듯이 JP라보는 청취를 중시하고 있다. '듣기 연습'에서는 발음의 포인트를 구별해 듣는 연습을 한다. 예를 들어 '장음 촉음 발음'과 '청음 탁음'에서는 음성을 듣고 사이트 상에 제시된 최소대립쌍의 단어의 어느 쪽의 발음인지를 선택하는 연습, '악센트'에서는 음성을 듣고 악센트핵의 위치를 찾는 연습, '프로미넌스'에서는 문장 안에서 강조된 부분을 찾는 연습을 한다.

그림3에 '악센트'의 예를 제시하였다. 이 연습에서는 먼저 왼쪽 그림에 있는 것처럼 제시된 단어를 보면서 음성을 듣고 어디에 악센트 핵이 있는지를 표시한다(악센트 핵에 대해서는 '설명'에 설명되어 있다). 그 후에 오른쪽 그림에 있는 것처럼 악센트핵의 위치를 표시한 정답을 보면서 다시 한번 모델 음성을 듣고 그 음성을 따라 발음하면서 들은 음성과 자신의 발음을 일치시켜 악센트핵의 위치를 의식하여 바르게 발음하는 연습을 한다. JP라보는 자습용이므로 사이트 상에 정답을 제시하여 학습자가 스스로 확인하면서 연습할 수 있도록 하였다.

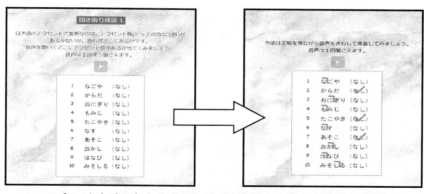

그림3: '악센트'의 '연습' 부분(악센트 핵의 듣기 문제)

다음으로 '발음 연습'에는 짧은 문장과 회화연습이 마련되어 있다. 학습자는 단어에서는 목표 발음을 문제없이 조음할 수 있어도 문장이나 회화에서는 발음이 흐트러지는 경우가 있다. 일상생활에서 단어만으로 의사소통하는 일이 거의 없기 때문에 문장이나 회화에서 적절한 발음을 할 수 없으면 결국 의사소통에 문제가 발생할 수 있고 듣는 이에게 스트레스나 좋지 않은 인상을 줄 수 있다. JP라보에서는 어느 정도 길이가 있는 발화에서도 적절한 발음이 가능하도록 짧은 문장과 대화의 모델 음성을 제공하여 그것을 따라서 연습할 수 있게 하였다.

그림4: '청탁'의 '연습' 부분(단문과 회화의 발음 연습)

그림4에 '청음 탁음'의 문장 레벨과 회화 레벨의 발음 연습의 예를 제시하였다. 청음과 탁음의 차이를 명확하게 의식할 수 있도록 예문에는 청탁의 최소대립쌍이 포함되어 있다. 발음 연습의 예문에는 일본어의 아재 개그인 'だじゃれ'도 포함되어 있다. 특정 표현이 아재 개그인지 아닌지, 그것이 무엇을 의미하는지를 이해하기 위해서는 그에 상당하는 일본어 능력과 그 배경에 있는 일본 문화의 이해가 필요하다. JP라보의 최우선 목적은 발음 학습이지만 기계적인 연습이 아닌 연습하면서 일본어와 일본 문화도 이해할 수 있도록 디자인하였다.

3.4 '과제'

이미 말한 것처럼 JP라보는 학습자가 자율적으로 일본어 발음을 학습하는 자습용 툴이지만 수업과 연계하여 교사가 개입함으로써 학습효과를 더욱 촉진시킬 수가 있다. '과제'는 이를 위해 마련한 것이다. '과제'는 원칙적으로 '연습'에서 사용한 단어, 문장, 대화에서 그대로 가져온 것으로 '연습'에서 모델 음성을 반복하여 듣고 연습한 것을 과제로 다시 한번 발음한다. 학습자는 발음한 음성을 각자 핸드폰에 녹음하여 녹음 파일을 이메일로 교사한테 제출한다. 교사는 제출된 음성을 확인하여 피드백하는 식으로 활용하는 것을 예상하고 있다. 녹음 기능이 있는 핸드폰이 없는 학습자는 컴퓨터나 IC레코더 같은 다른 디지털 기기에 녹음하여 제출하도록 한다. 소속기관에 LMS (Learning Management System 학습 관리 시스템)이 있으면 그것을 이용하여 과제를 제출하게 하거나 피드백을 할 수도 있을 것이다. 또는 수업 중에 학습자에게 과제를 발음하게 하여 교사가 그 자리에서 피드백을 하는 등 각각의 교육환경이나 시간적 제약을 고려하여 활용하는 방법도 있을 수 있을 것이다.

그림5에 '프로미넌스'의 '과제' 예를 제시하였다. 이것은 프로미넌스가 놓인 빨간 글씨(Q의 'いつ' 'どこ' '本当に行きますか')와 색칠한 부분(A의 'あした' '東京' '行きます')를 강조하여 발음하는 과제이다. '과제'는 단순히 발음 연습의 효과를 확인하기 위해 사용하는 것 외에도 수업 중에 발음 지도를 하고 그 성과를 성적에 반영하고자 할 때 발음 시험으로 대용하는 것도 가능하다.

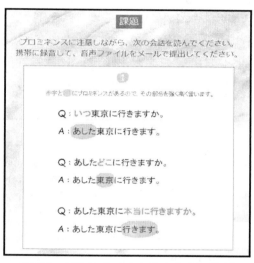

그림5: '프로미넌스'의 '과제' 부분

다만 모든 항목이 과제를 포함하고 있는 것은 아니어서 낭독에 사용되는 '헤노지 읽기(へ글자형 인터네이션)'은 과제가 설정되어 있지 않다. '헤노지(への字) 읽기'의 '연습'에서 사용한 글을 그대로 과제로 하는 방법도 있지만 낭독은 읽는 사람이 어떤 의도를 갖고 읽느냐에 따라 헤노지를 구성하는 구의 길이가 달라지기 때문에 틀에 박힌 낭독이 되는 것을 피하기 위해 과제를 설정하지 않았다. 과제를 내야 할 필요가 있을 때에는 수업 중에 학습자가 작성한 작문이 있으면 그 작문을 헤노지가 되도록 읽는 과제를 내는 것이 학습자에게는 도움이 될 것이다.

3.5 '교사용'

JP라보는 수업과 연계하여 사용할 수 있도록 위의 '과제' 외에 '교사용' 자료를 마련하였다. 여기에는 '5분 키트'라고 하는 모델 음성이 들어간 PowerPoint가 항목마다 준비되어 있다. PowerPoint는 교사가 각 학습항목을 수업 중에 설명하기 위한 요점과 몇 개의 듣기 연습, 발음 연습의 슬라이드로 구성되어 있으며 자유롭게 내려받아서 사용할 수 있다.

그림6에 '모음 무성화'의 '교사용'에 수록되어 있는 PowerPoint 슬라이드 일부를 제시하였다. 이 슬라이드에서는 모음 무성화가 어떤 음환경에서 일어나는가 하는 무성화 규칙을 소개하고 있다. 모음 무성화는 일본어의 '자연스러움'에 관한 항목이므로 모음 무성화의 유무가 의사소통에 문제가 되는 일은 없다. 따라서 교사나 학습자가 이 항목에 대해 특히 시간을 내거나 학습할 필요가 없다고 판단하면 무시할 수 있다. 반대로 모음 무성화를 수업에 도입하여 무성화가 일어나는 음환경을 학습자에게 이해시키고 싶다면 그림6에 있는 슬라이드를 이용하여 설명하면 될 것이다.

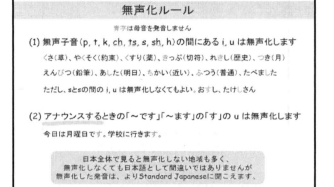

그림6: '모음 무성화'의 '교사용' 슬라이드(무성화 규칙)

이렇게 '교사용'은 어느 학습 항목에 어느 정도의 시간을 들여서 어디까지 다룰 것인가를 음성교육에 관한 방침이나 주어진 시간, 학습자의 요구 등을 고려하여 교사가 조절하여 사용하면 된다.

본고 처음에 교사가 음성지도에 적극적으로 임하지 않는 이유로 '시간이 없다' '적절한 교재가 없다' '지도 방법을 모른다'를 들었는데 JP라보의 '교사용' 자료는 교사가 수업에서 음성교육을 실시하고자 할 때 직접 교재를 준비하는 시간을 절약할 수 있게 도와준다. 슬라이드에 따라 설명을 하면 해당 항목에 대해 중요한 부분을 다룰 수 있어 '적절한 교재가 없다'와 '지도 방법을 모른다'를 어느 정도 해소할 수 있을 것이다. 또 '5분 키트'라는 이름에서 알 수 있듯이 각 항목의 발음 지도에 필요한 요소를 간결하게 정리하였기 때문에 수업의 처음이나 끝의 5분 정도를 이용하여 설명하거나 연습을 할 수가 있다.

슬라이드의 내용은 5분 정도를 예상하고 있으나 설명이나 연습의 전후에 발생하는 준비 시간을 포함하면 총 10분 정도가 필요한 경우도 있다. 이 '10분'은 일본어 종합반을 담당하는 교사가 준비된 교재를 이용하여 음성지도를 한 후에 참가한 설문조사에서 음성지도에 쓴 시간으로 가장 회답이 많았던 시간으로 (와타베 외 2012), '10분 이내'라면 종합반에서도 음성지도를 도입할 수 있지 않을까 하는 생각에서 온 것이다. 10분을 넘을 것 같으면 남은 내용은 JP라보의 사이트에 들어가서 연습하도록 유도하면 되기 때문에 수업 시간을 줄여가면서까지 무리하게 음성지도를 강행할 필요는 없다.

교사의 시간적, 정신적 부담을 줄이고 수업 시간을 크게 방해하지 않으면서 학습자의 음성상의 문제점을 개선하는 것이 JP라보가 지향하는 목표이다. 위에서 말한 저해 요인 때문에 수업에서 발음 지도를 도입하지 못하고 있는 교사가 있다면 이 '교사용' 자료가 유용하게 쓰일 수 있을 것이다.

3.6 그 외의 기능

JP라보에는 '코멘트 란'이 마련되어 있어 이용자의 의견을 모을 수 있게 되어 있다. 코멘트 란을 통해 사이트에서 다루고 있는 학습항목이나 연습, 과제의 내용, 제공 중인 정보량이나 사이트의 사용감에 대한 코멘트나 요망 사항을 모아 사이트를 개선하는데 활용하고자 한다. 이용자가 코멘트를 보낼 때는 본명이 아니 가명을 써도 되는 것이 명시되어 있고 이메일의 입력은 임의이기 때문에 개인정보가 노출될 염려 없이 솔직한 감상을 투고할 수 있다. 학습자나 현장에 있는 교사의 목소리는 사이트의 개선에 매우 유용하기 때문에 이 '코멘트 란' 기능은 보다 충실한 사이트 제공을 위해 중요한 역할을 할 것으로 기대하고 있다.

4. 금후의 전망

JP라보는 공개한 지 얼마 안 된 사이트로 여러 면에서 개선이 필요하다. 먼저 사이트가 취급하는 학습 항목을 추가할 필요가 있다. 현재는 여러 학습자에게 공통적으로 나타나는 문제점으로 7항목이 들어가 있는데 일본어의 '정확성'에 관한 항목에는 사이트에 있는 '장음·촉음·발음' '청음·탁음' 외에 특정 모어 화자의 학습자에게 나타나는 'ツ의 발음' 'ラ행 발음' 'ザ행 발음' 등이 있다. 이들 항목은 머지않아 공개할 예정이다.

다음으로 사이트의 다언어화를 들 수 있다. JP라보는 자습용 툴이다. 따라서 될 수 있는 한 전문용어를 사용하지 않고 학습항목의 에센스가 되는 중요 부분에 대해서 평이한 일본어로 설명하도록 하였다. 그러나 학습자의 일본어 능력에 따라서는 이 설명을 충분히 이해하기 어려운 경우가 있을 수 있다. 따라서 콘텐츠를 학습자의 모어나 이해하기 쉬운 언어로 번역하여 보다 많은 학습자들이 편히 사용할 수 있도록 하는 것을 계획하고 있다. 현재 일본어판과 한국어판이 공개되어 있는데 준비가 되는 대로 영어판, 중국어판, 베트남어판 등을 공개할 예정이다.

JP라보는 학습자가 자율적으로 일본어 발음을 학습할 수 있도록 학습자 입장에서 개발한 온라인 툴이다. 교사를 위해서는 일본어 발음 지도의 저해 요인이 되는 시간 부족, 교재 부족, 지도 방법 부족의 문제를 해결하고 교사의 시간적, 정신적 부담을 줄여 발음 지도에 임할 수 있도록 돕는 것을 목표로 하고 있다. 유용한 양질의 콘텐츠를 제공하여 보다 많은 학습자, 교사가 일본어 음성의 학습, 지도에 적극적으로 참여할 수 있도록 일조해 나가고자 한다.

사의

본 연구는 JSPS KAKENHI 22K00648의 지원을 받아 수행되었다.

참고문헌

가와쓰(河津基　2012)「Web版の日本語アクセント聞き取り練習プログラムNALA-J」『秋田大学国際交流センター紀要』1, 65-71

기노시타　외(木下直子・田川恭識・角南北斗・山中都　2017)「自律学習を促進させるためのシステムづくり：Web教材「つたえる　はつおん」の開発」『早稲田日本語教育実践研』5, pp. 141-150

기노시타　외(木下直子・中村則子・山中都・佐藤貴仁　2021)「音声学習のためのWeb教材「つたえるはつおん」の開発」『早稲田日本語教育実践研』9, pp. 63-66

다가와　외(田川恭識・神山由紀子・渡部みなほ・小西玲子　2013)「『みんなの日本語Ⅰ・Ⅱ』をベースとした音声指導書の開発ー日々の授業で誰にでもできる音声指導を目指してー」『日本語教育方法研究会誌』20(1), pp. 76-77

다가와　외(田川恭識・渡部みなほ・野口芙美・小西玲子・神山由紀子　2015)「総合日本語クラスで日常的に音声指導を行うための教材開発に向けてー初級日本語クラスにおける実践とその問題点ー」『早稲田日本語教育実践研究』3, pp. 9-24

다니구치(谷口聡人 1991)「音声教育の現状と問題点ーアンケート調査の結果につい

　　てー」『シンポジウム日本語音声教育ー韻律の研究と教育をめぐって』凡人社,
　　pp. 20-25

도다(戸田貴子 2001)「発音指導がアクセントの知覚に与える影響」『早稲田大学日
　　本語研究教育センター』14, pp. 67-88

도다(戸田貴子　2008)「日本語学習者の音声に関する問題点」『日本語教育と音声』く
　　ろしお出版, pp. 23-41

도다(戸田貴子　2016)「MOOCs(Massive Open Online Courses)による日本語
　　発音講座ー発音の意識化を促す工夫と試みー」『早稲田日本語教育学』21,　　pp.
　　87-91

마쓰자키(松崎寛 2009)「日本語教育における教師と学習者の内省ー韻律指導の実践
　　をもとにー」『日本語教育』142, pp. 25-35

미네마쓰(峯松信明　2014)オンライン日本語アクセント辞書OJADの開発と利用『国
　　語研プロジェクトレビュー』4(3), pp. 174-182

미네마쓰(峯松信明　2015)「日本語音声・テキストコーパス情報処理に基づくオン
　　ライン韻律教育インフラ構築」『音声研究』19(1), pp. 18-31

아베 외(阿部新・磯村一弘・中川千恵子・林良子・松田真希子 2016)「欧州におけ
　　る日本語音声教育事情ー教師を対象としたアンケートの結果からー」『ヨーロッ
　　パ日本語教育』21, pp. 436-437

오가와라・가와노(小河原義朗・河野俊之　2002)「教師の音声教育観と指導の実際」
　　『日本語教育方法研究会誌』9(1), pp. 2-3

오쿠보(大久保雅子 2008)「日本語教師の発音指導に対する意識と問題点ーアンケー
　　ト調査結果よりー」『日本語教育方法研究会誌』15(2), pp. 28-29

와타베 외(渡部みなほ・神山由紀子・田川恭識　2012)「『みんなの日本語I・II』を
　　ベースとした音声教材の開発ー総合駅クラスにおける音声指導の試みー」『日本
　　語教育方法研究会誌』19(2), pp. 20-21

우치보리(内堀明 2008)「アクセント指導の一提案ー自律的学習を促すためのモニ
　　ター力の養成法ー」WEB版『日本語教育実践研究フォーラム報告』
　　http://www.nkg.or.jp/pdf/jissenhokoku/2008uchibori.pdf(2022年6月6日
　　最終参照)

이소무라(磯村一弘 2000)「海外のノンネイティブ教師から見た日本語音声教育ー語
　　アクセントの教育を中心にー」第2回日本語音声教育方法研究会(国立国語研究
　　所)http://www.isomura.org/myself/resume/2000.html(2022年6月6日最
　　終参照)

일본어교육학회(日本語教育学会　1991)『日本語教育機関におけるコースデザイン』
　　凡人社

Liu(劉佳琦　2014)「中国における日本語音声教育の現状と課題ー復旦大学日本語学
　　科の取組みからー」『早稲田日本語教育学』14-16, pp, 105-116

Yang(楊帆　2011)「教師の訂正方法と授業参加者の意識ー中国の大学における日本
　　語授業の場合」『山形大学紀要(教育科学)』15(2), pp. 225-241

조음 방법, 청각과 시각
그리고 감각을 더한 음성교육에 대해서

아라이 다카유키

요지

우리는 예전부터 음성 생성에 관한 물리적 모형(성도 모형)을 응용한 음성교육을 실시해 왔다. 성도 모형은 직접 손으로 만지면서, 음성이 만들어지는 조음과정을 눈과 귀로 확인하며, 다양한 학습으로의 전개가 가능하기 때문이다. 또한, 인간이 사용하고 있는 음성 커뮤니케이션에서는 음향신호만 쌍방으로 전달되는 것이 아니라, 시각 정보 또는 촉각을 이용한 정보도 공헌하고 있다는 점에 주목하여 음성교육에 응용해 왔다. 이번 원고에서는 우리가 이전부터 시도해온 성도 모형을 새롭게 소개하고, 인간의 커뮤니케이션의 다감각성을 이용한 음성교육의 응용, 그리고 일본어 촉음을 대상으로 한 음성지각의 실험에서 보이는 시각의 공헌에 대해서도 다시 한번 제시하고자 한다. 그리고 NHK E텔레비전의 어린이용 영어방송 [영어로 놀자 with Orton]의 새로운 시도도 소개하면서 음성교육의 발전 방향을 제시한다.

키워드: 음성교육, 멀티모달, 성도 모형, 일본어 촉음

1. 머리말

음성 커뮤니케이션은 화자의 발성과 조음에 의해 만들어지는 음성이 음파로 청자에게 전달이 되고, 청자가 받은 음성 정보는 청각기관에서 처리되어 최종적으로는 화자의 메시지를 청자가 해석하게 된다. 이 과정은 [말의 연쇄(Speech Chain)]이라 정의된다(Denes & Pinson, 1993). 이에 반해, 실제 사람이 대면에서 이루어지는 음성 커뮤니케이션은 시각과 촉각, 몸 감각계 등 멀티모달의 감각을 이용한 [말의 연쇄]가 전개된다(Gick, et al., 2013). 음성교육에서도 멀티모달을 응용한 시도와 그 효과가 보고되고 있다(예를 들면, Hirata, et al., 2014). 또한, 음성의 생성을 모방하는 성도 모형을 이용하여, 음성교육을 실천하는 사례도 보고되고 있다(예를 들면, Arai, 2015). 이에 따

라, 이 글에서는 우선 성도 모형을 이용한 사례와 성도 모형을 이용한 음성 교육의 가능성을 논하고, 일본어 촉음을 대상으로 한 음성지각에서 시각이 수행하는 역할에 대해 언급한다. 그리고, NHK E텔레비전의 어린이용 영어 방송 「えいごであそぼ(영어로 놀자) with Orton」에서의 새로운 시도를 소개하도록 하겠다.

2. 성도 모형

인간의 성도를 모방한 [성도 모형(vocal-tract model)]은 예전부터 존재했다. 예를 들면, Chiba & Kajiyama는 성도 형태가 일본어의 다섯 가지 모음의 질을 결정한다는 것을 X선 등을 이용하여 측정했다. 이번 원고는 성도 모형을 만들어 음원을 후두부 쪽에 입력한 Artificial Vowels을 이용하여 그 특징을 논하고 있다(Chiba & Kajiyama, 1941-42). 그 후, Arai(2001)에서는 Chiba & Kajiyama의 성도 모형을 복원하여 교육에 응용했다. 그림1은 그 복원 모형을 바탕으로 한 VTM-N20과 더욱 간결하게 재구성한 VTM-T20을 제시한다(둘 다 3D프린터 출력을 한 결과임). 이러한 성도 모형은 주로 음성 생성과 관련된 교육에 응용하기 위해서 개발된다(Arai 2007, 2012, 2016). 그리고, 폐의 모형, 음원 생성에 이용되는 인공후두나 리드식 기구의 개발, 슬라이드식 3음향관 모델, 굴곡형 성도 모형, 해부모형의 성도 모형, 컴퓨터로 제어가 가능한 성도 형태인 우메다·데라니시(梅田·寺西)식의 모형 등, 다양한 시도를 해왔다. 그리고 개발된 모형을 이용하여 다양한 강연과 수업을 맡았고, 사회사업 활동에도 참여했다.

그중에서도 2012년 10월에는 건국대학교를 방문하여 민광준 교수님의 수업 시간에 성도 모형을 이용한 일본어의 모음 생성에 관한 기초적인 설명을 할 수 있는 기회도 있었다. 그 후, 민광준 교수님께서 다음과 같은 메일을 보내주셨다.

매우 흥미롭고 재미있었다는 학생들의 의견이 있었습니다.
그림이나 말로 설명을 듣는 것보다 이해하기 쉬웠다는 의견이 있었
습니다.

(민광준 교수님에게서 온 메일 내용의 일부)

이러한 학생들의 평가는 성도 모형을 이용한 교육 실천이 지금까지의 도형

이나 식을 이용한 설명을 더욱 이해하기 쉽게 해주는 교육적 효과가 있다는 것을 시사하고 있다. 그리고 성도 모형을 이용한 데모 시연이야말로 학생들의 직감을 자극하여 이론에 대한 이해를 돕는다고 생각한다. 이는 학생들에게 유의미한 학습에 도움이 될 수 있을 것이다.

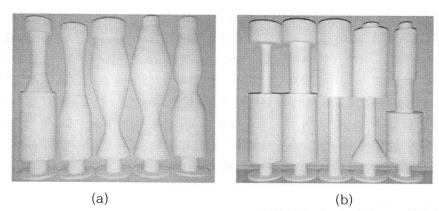

(a)   (b)

그림1 : Chiba & Kajiyama(1941-42)를 기반으로 한 (a)VTM-N20과 이를 더욱 간결하게 재구성한 (b)VTM-T20. 각각 왼쪽에서부터 일본어의 모음 /i/, /e/, /a/, /o/, /u/를 나타냄. 사진의 밑부분은 후두 쪽, 윗부분은 입술 쪽. 이 두 모형은 3D 프린터로 출력한 것으로 각각 3D 프린터용 STL 파일을 공개 중. 다음의 URL로 접속하면 다운로드 가능: https://splab.net/APD/V100/

3. 성도 모형을 이용한 음성교육의 가능성

성도 모형은 음성 생성의 기초이론을 설명하는 것만으로 그치지 않는다. 예를 들면, 말하는 로봇 같은 공학 응용이나 구음장애에 대한 언어치료 등을 포함한 임상 응용에도 이어진다. 또한 제2 언어 학습자의 음성교육에도 공헌할 가능성이 있다. 이 절에서는 두 가지 응용 사례를 소개한다.

3.1 제2언어 모음 습득에서 성도 모형의 응용 사례

Arai(2015)에서는 일본어 모어 화자를 대상으로 영어 모음 /ɛ/를 훈련하기 위해 성도 모형을 응용한 사례를 보고했다. 사용한 성도 모형은 VTM-BR 모델(Arai, 2014)로 원래는 영어의 bunched /r/을 생성하는 모형으로 개발했었다. 이 모형은 구강 단면적이 두께 10mm의 플레이트로 되어 있으며, 혀에 해당하는 부분을 손으로 위아래로 이동할 수 있다. 예를 들면, 일본어 모음 /e/와 비교하면서, 영어 모음 /ɛ/와 음이 다른 것을 귀로 확인하고, 손으로 모형 구강 속의 혀 높이를 미세하게 조정할 수 있다. 두 그룹으로 나누어 발음 연습을 시도했다. 첫 번째 그룹은 성도 모형을 이용하여 학습 목표인 모음 /ɛ/를 손으로 미세하게 조정하면서 모방하고, 이를 조정하면서 자신의 혀를 직접 이동해보는 훈련을 하여 모음의 발음 연습을 하게 했다. 두 번째 그룹은 성도 모형을 이용한 연습은 도입하지 않고, 학습 목표 모음을 귀로만 듣고 직접 음성기관으로 모방하여 발음 연습을 하게 했다. 이 두 그룹의 발음 연습 결과를 비교한 결과, 성도 모형을 이용하여 훈련한 첫 번째 그룹의 특히 제2 포먼트 (formant, 성도에서 발생하는 공명)가 학습 목표 음성과 가까워졌음을 확인할 수 있었다. 청각훈련과 더불어 시각적으로도 혀의 높이를 확인하고, 더욱이 촉각에서도 미세한 차이를 감각적으로 느끼게 하는 것이 음성교육에 효과가 있다고 시사되는 바이다.

3.2 일본어 촉음에 관한 멀티모달 지각

Arai et al.(2017)에서는 일본어 촉음의 지각과 관련하여 청각뿐만이 아니라 시각의 중요성에 대해서 논하였다. 일본어 촉음은 /atta/라는 단어를 예로 들어 설명하면, 무성 치경파열음 /t/의 폐쇄 구간이 길고, 그 지속시간의 길이가 지각상의 중요한 단서가 된다. 단, 야나기사와·아라이(2015)의 연구에서는 지속시간이 충분히 길지 않더라도 선행모음의 끝 지점의 포먼트 변이가 있는 경우와 없는 경우를 비교한 결과, 포먼트의 변이가 없을 때는 촉음으로 지각되기 어렵다는 보고가 있었다. 즉, 첫 모음의 끝 지점에서 포먼트 변이가 있으면 /atta/라고 지각되지만, 변이가 없으면 /a/와 /ta/가 분리되기 때문에(이후, 이런 음성의 현상을 /a/+/ta/와 같이 기술한다) 촉음으로 들리지 않게 된다. 특히, 이러한 후자의 발음은 일본어 학습자에게서 나타나는 현상으로 야나기사와·아라이(2015)에서 지적하였다.

이에, Arai et al.(2017)는 /atta/ vs. /a/+/ta/의 음성의 최초 모음 /a/의 끝 지점의 포먼트 변이의 유무를 실현함과 동시에, 그 음성을 발음할 때 얼굴의 변화를 녹화해 이를 재구성한 후 촉음으로 지각되는지 안 되는지를 실험했다. 그 결과, 포먼트의 변이가 없는 음성의 경우 청각만 이용한 지각에서는 /a/+/ta/라고 답하는 경향이 강했으나, 포먼트 변이가 없는 음성의 촉음 생성 시 얼굴의 영상을 같이 보여주었을 때는 /atta/라고 답하는 비율이 증가했다. 그 이유는 일본어 촉음보다 앞에 위치하는 모음의 끝 지점은 통상적으로 후속 자음의 조음을 준비하고 있기 때문이다. 자음 /t/에 선행하는 촉음이라면 선행모음의 끝 지점에서 /t/의 조음을 위해 혀의 앞부분을 치경에 대고 폐쇄하기 시작한다. 혀의 움직임에 따른 조음이 포먼트 변이로써 음향적으로 나타나게 된다. 그 음향적 단서가 없을 경우도 조음 운동이 시각적으로 보조해줌으로써 촉음으로 지각된다고 할 수 있다.

이에 따라, Arai et al.(2017)에서 제시한 일본어 촉음의 선행모음 끝 지점인 지각 단서는 (촉음과 비촉음을 식별하기 위함이 아니더라도) 촉음을 확실하게 전달하기 위해 중요한 부분이 된다. 그리고, 이 지각 단서는 청각적으로도 시각적으로도 중요하며, 촉음의 경우는 특히 그 조음방법을 학습자에게 보여주는 것이 일본어 음성교육에 있어서 중요하다고 할 수 있다. 연구 결과로부터 위턱과 아래턱을 모형으로 보여주는 시각적 정보와 촉각적 정보로 인해 지각 단서를 보완해준다는 점을 알게 되었으며(Arai et al., 2022) 이와 관련된 연구는 앞으로도 기대되는 바이다.

4. 어린이용 영어 교육 방송 「영어로 놀자 with Orton」

2017년부터 어린이용 영어 교육 방송 「영어로 놀자 with Orton」을 NHK E 텔레비전에서 방영하고 있다. 이 방송은 NHK에서 장기방영을 했던 「영어로 놀자」을 재구성하여 새로운 영어의 음에 익숙해지는 것을 주제로 하고 있다. 주인공인 영어 박사가 발명한 super machine을 이용해 어린이들이 1년간 다양한 영어 발음을 배워가는 모습이 담겨 있다.

이 방송의 내용은 음 자체나 조음방법을 다루고 있는 관계로 실험방송 제작 시기인 2016년부터 정규방송이 된 2017년 이후에도 계속하여 실험 감독으로서 방송 제작에 관여하고 있다. 방송에서는 영어의 조음방법에 관해 자세히 다루고 있다. 예를 들면, 영어의 /r/과 /l/의 혀의 움직임, 또 다른 자음의 경우 혀의 움직임에 더하여 숨을 내쉬는 법이나 입술의 형태를 소개한다. 또는 영어만의 독특한 모음의 경우 입술이나 입의 형태, 턱을 벌리는 방법 등도 소개하고 있다. 이와 같은 조음에 있어서 알맞은 타이밍, 자음이 연속된 경우의 발음 방법, 또는 강세(스트레스) 등에 초점을 맞추고 있다.

그림 2는 실제로 방송에서 소개된 영어의 /r/의 음을 습득하는 방법을 제시한 것이다. 구멍이 뚫린 작은 구슬 세 개를 실로 연결하고 이를 입 안으로 넣어 혀로 말게 된다. 방송의 한 회차에서 소개된 super machine에서는 예를 들면 영어의 "car"를 이러한 방법을 이용해서 정확하게 발음하게 되면 주

차장에서 자동차가 출발하게 된다. 이를 본 아이들은 오감을 사용해 영어의 발음에 친숙함을 느끼고 익숙해질 수 있다. 이러한 시도는 모든 언어의 발음에 응용할 수 있을 것이다.

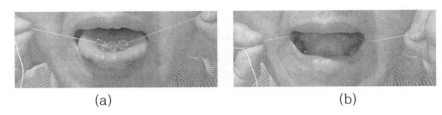
(a)   (b)

그림 2: NHK E 텔레비전「영어로 놀자 with Orton」에서 채용된
영어의 /r/을 습득하기 위한 방법.
(a) 구멍이 뚫린 작은 구슬에 실을 끼워 넣어 이를 혀 위에 올려놓은 모습.
(b) 이 구슬을 안쪽으로 밀어 넣고 혀로 감싼 동작. 이렇게 발음함으로써 권
설음이 실현되게 된다.

5. 맺음말

이번 원고에서는 성도 모형의 응용과 시각, 촉각을 이용한 음성교육의 사례를 제시하고, 멀티모달 어프로치의 유효성에 대해서 검토했다. 성도 모형은 음성이 어떻게 만들어지는지 눈으로 보고, 손으로 만지면서 확인할 수 있다. 일본어 촉음에서도 멀티모달의 감각을 응용한 음성교육의 가능성을 시사하였다. NHK E 텔레비전의「영어로 놀자 with Orton」에서는 super machine이라는 발명품을 이용하여 어린이들이 영어「발음」에 더욱 친숙하고 재미있게 접근할 수 있도록 하였다. 이러한 모든 내용은 향후의 일본어 음성교육에서도 시도할 수 있는 아이디어라고 생각하며 앞으로도 발전할 수 있을 것으로 기대한다.

감사의 말씀

2012년 10월에 건국대학교에서 성도 모형을 사용한 강연을 할 수 있도록 허락해주신 민광준 교수님께 감사의 말씀을 드립니다. 원고에서 소개한 일부의 내용은 JSPS 과학연구비 21K02889와 일본 조치대학의 중점영역 연구의 조성을 받았습니다.

참고문헌

아라이·마에다·우메다(荒井隆行, 前田絵理, 梅田規子 2003) "梅田·寺西による 声道模型を用いた音響教育", 日本音響学会秋季研究発表会講演論文集, Vol. 1, pp. 341-342, 2003.

야나기사와·아라이(柳澤絵美·荒井隆行 2015). フォルマント遷移とインテンシ ティの減衰が促音の知覚に与える影響. 日本音響学会誌, 71(10), 505-515.

NHKエデュケーショナル, 荒井隆行監修. (2020). えいごであそぼ with Orton え いごの音だせるかな?こうさくブック. 講談社.

Denes, P. B. and Pinson, E. N. (1993). The Speech Chain: *The Physics and Biology of Spoken Language* (2nd ed.). W. H. Freeman.

Gick, B., Wilson I., and Derrick D. (2013). *Articulatory Phonetics*, Wiley-Blackwell.

Hirata, Y., Spencer, D. K., Huang, J., and Manansala, M. (2014). Effects of hand gestures on auditory learning of second-language vowel length contrasts. *Journal of Speech, Language, and Hearing Research*, 57, 2090-2101.

Arai, T. (2015). Hands-on tool producing front vowels for phonetic education: Aiming for pronunciation training with tactile sensation. Proc. *INTERSPEECH*, 1695-1699.

Chiba, T., and Kajiyama, M. (1941-42). *The Vowel: Its Nature and Structure*, Tokyo-Kaiseikan.

Arai, T. (2001). The replication of Chiba and Kajiyama's mechanical models of the human vocal cavity. *J. Phonetic Soc. Jpn.*, 5(2), 31-38.

Arai, T. (2007). Education system in acoustics of speech production using physical models of the human vocal tract. *Acoustical Science & Technology*, 28(3), 190-201.

Arai, T. (2012). Education in acoustics and speech science using vocal-tract models. *J. Acoust. Soc. Am.*, 131(3), Pt. 2, 2444-2454.

Arai, T. (2016). Vocal-tract models and their applications in education for intuitive understanding of speech production. *Acoustical Science & Technology*, 37(4), 148-156.

Arai, T. (2014). Retroflex and bunched English /r/ with physical models of the human vocal tract. Proc. *INTERSPEECH*, 706-710.

Arai, T., Iwagami, E., and Yanagisawa, E. (2017). Seeing closing gesture of articulators affects speech perception of geminate consonants. *J. Acoust. Soc. Am.*, 141, EL319-EL325.

Arai, T., Yamada, M., and Okusawa, M. (2022). Syllable sequence of /a/+/ta/ can be heard as /atta/ in Japanese with visual or tactile cues. Proc. *INTERSPEECH* 3083-3087.

음의 감성을 매개로 한 음성학 교육의 새로운 시도
-국제 공통이수 과목의 지적·문화 교류로의 연결-

선우미

요지

    본고에서는 국제 공통이수 과목으로서 개설한 일본어 음성학 입문 과목의 실천 내용을 소개한다.

    본 수업의 다양한 배경을 가진 학습자 사이에서 일어나는 의미 있는 교류 활동에 초점을 두어, 새로운 지식에 접근하고 협동적인 학습을 통해 음성학을 익히는 것을 목적으로 삼고 있다. 다양한 모어 배경을 가진 학습자가 상호작용을 통해 배워간다는 점을 살려, 감성인식을 매개로 한 일본어 음성학 교육을 시도했다. 구체적으로는 인간이 공통적으로 갖고 있는 감성 중 하나인 다양한 음(소리)에서 음성(말소리)로의 이해와 접근이다. 수업에서는 음성상징(Sound Symbolism), 가상(Virtual) 방언, 랩 언어학, 다감각을 이용한 모음의 이해, 악센트의 표현의 다양성, 감정표현과 인토네이션 등, 다양한 음성표현의 사례를 소개하였다. 수업에서는 학습자가 스스로 깊이 있게 성찰해 나가는 모습이 관찰되었으며, 음성학을 매개로 활발하게 의견 교류하는 모습을 볼 수 있었다.

키워드: 음성학 교육, 국제 공통이수 과목, 감성적 인식, 음성상징,
       가상 방언

1. 들어가며

    본고는 유학생과 일본인 학생이 함께 배우는 [국제 공통이수 과목] 중 하나로 필자가 담당한 [일본어와 X어의 음성학 입문]이라는 수업 실천을 보고하고, 그 속에서 시도한 새로운 교육 방법을 논하는 것이다. 수업은 2018년도부터 시작했으며 당시에는 [음의 이미지로부터 배우는 일본어 음성]이라는 과목이었다. 2019년도부터는 보다 폭넓은 언어에 접해보는 것을 시야에 넣어 [일본어와 X어의 음성학 입문]이라는 이름으로 변경했다. 2018년도, 2019년

도에는 대면 수업을, 2020년도는 온라인 수업을 실시하였다. 또한, 2021년도는 하이브리드를 채택하였으며, 그중에서도 BYOD(Bring Your Own Device) 형태로 실시하였다. 본고에서는 이러한 다양한 수업의 형태에 유연히 대응하면서, 일본어나 다른 언어의 음성에 관한 특징 이해를 돕고, 전문교육에 들어가기 이전에 배움의 발판을 마련하는 장으로서 음성교육의 어프로치에 기반한 실러버스 작성과 국제 공통이수 과목의 교육 실천에 대한 학습자의 반응을 중심으로 보고한다.

2. 수업의 개요

본 수업은 두 가지 목표를 설정하고 있다. 첫째는 유학생과 일본인 학생이 함께 배우는 [국제 공통이수 과목]이라는 점이다. 둘째는 보다 폭넓은 학습 배경을 가진 학습자를 대상으로 한 음성학 입문 과목이라는 점이다. 본 수업은 두 가지 목표를 염두에 두고, 수업을 설계하였다. 우선 국제 공통이수 과목에 대해서는 다음과 같이 정의되고 있다.

> 언어나 문화 배경이 다른 학습자 사이에서 의미 있는 교류 (meaningful interaction) 을 통한 다양한 생각을 공유 · 이해 · 수용하고, 자기 자신을 재해석하며 새로운 가치관을 창조하는 학습체험을 말한다. 단순히 같은 교실이나 활동 장소에서 시간을 함께 보내는 것이 아니라, 의견 교환, 모둠 활동, 프로젝트 등 상호 협동적인 작업을 통하여, 학습자 사이에서 사물이나 개념에 대한 접근 (고찰 · 행동력) 또는 커뮤니케이션 스타일을 통해 서로 배워가는 것을 말한다. 이러한 지적 교류의 중요성을 되돌아보는 메타인지 활동을 시야의 확대, 이문화 이해력의 향상, 비판적 사고력의 습득, 자기효능감의 증가 등, 자기 성장에 연결되는 정규 과목을 국제 공통이수라고 한다.
> 스에마쓰(2019, はじめにⅲ 로부터 발췌)(필자의 한국어 번역)

위의 정의를 고려하면서, 두 가지 학습 목표를 달성하기 위해, 본 수업에서는 보다 보편적인 특징으로부터 출발하여 전문지식에 점진적으로 접근해가는 것이 필요하다고 생각했다. 이와 같은 문제의식으로 인간의 감성을 매개로 하여 음성학에 접근하기로 시도했다. 구체적인 수업 실천의 내용은 다음과 같다.

2.1 음성학 교육의 새로운 접근: 소리 감각을 체험하면서 배우는 음성학

본 수업은 다양한 문화 배경을 가진 학습자들에게 풍부한 체험을 통해 새로운 지식을 습득하게 하는 것이 목적이며, 이 목적을 염두에 두고 음성학을 가르칠 필요가 있었다. 그러므로 소리 감각이 갖는 불변성을 재료로 학습자가 음성학을 이해하는 데 필요한 발판을 마련하기로 생각했다. 수업의 주된 참고 교재는『「あ」は「い」より大きい!?ー音象徴で学ぶ音声学入門ー』(2017)、『音とことばのふしぎな世界ーメイド声から英語の達人まで』(2015)、『オノマトペの謎 - ピカチュウからモフモフまで - 』(2017)、『通じない日本語 - 世代差・地域差からみる言葉の不思議 - 』(2017)、『方言萌え!? - ヴァーチャル方言を読み解く - 』(2016) 등이다. 본 수업이 국제공통 이수과목인 점을 고려하여, 서로 이야기 나눌 수 있는 테마를 참고서로부터 취합하여 음성학 입문의 내용으로서 구성했다.

2.2 「말소리가 가지고 있는 음의 이미지로 배우는 일본어 음성」 실천

2018년도에 개설한 [음의 이미지로 배우는 일본어 음성]이라는 수업에서는 주로 음성상징을 중심으로 일본어 음성을 이해하도록 시도했다. 본 수업의 목적은 『「あ」は「い」より大きい!?ー音象徴で学ぶ音声学入門ー』(2017)의 내용에 기반하여, 협동 학습으로 일본어 음성학 이론을 이해하는 것이다. 말소리의 상징성이라는 보편적인 특징을 도입하여 직감적으로 말소리의 특징을 이해할 수 있도록 하고, 언어별 차이를 이야기 나눌 수 있도록 하기 위해서이다. 또한 다양한 사례를 소개하므로, 참가한 학생들에게도 유익한 정보를 제공할 수 있으리라 생각했다. 2018년도에 이수한 수강생은 33명으로, 그중 유학생은 13명이었다. 유학생의 일본어 레벨은 일본어능력시험(JLPT)의 N1을 취득한 수준이었다. 표1은 2018년도의 수업 테마 및 흐름이다. 말소리의 이미지를 이용하여 음성학 지식을 배우는 것이 목표이다. 또한 협동 작업을 통해 모음의 이미지 및 [성도 모형]을 만드는 시간 등을 가졌다.

표 1 2018년도의 수업 테마

수업 테마	
1회 : 수업 설명	9회 : 성도 모형 만들기
2회 : 음성상징이란	10회 : 리듬감
3회 : 자음과 모음	11회 : 악센트 사전
4회 : 자음의 이미지	12회 : 인토네이션
5회 : 탁음의 이미지	13회 : 감정표현
6회 : 남성과 여성의 이름	14회 : 역할어
7회 : 메이드 카페의 캐릭터 이름	15회 : 발표
8회 : 모음의 이미지	-

2.3 '음의 이미지로 배우는 일본어 음성' 수업 실천 후의 검토 사항

2018년도 수업에서는 [음의 이미지]를 중심으로 음성학 교육으로서 도입을 시도했다. 첫 실천이라는 점도 있었고, 국제 공통이수 과목 및 음성학 입문 과목으로서 다음과 같은 문제점이 있었다.

1) 언어의 보편성과 개별성의 애매함

본 수업에서 주된 테마인 [음성상징]은 언어를 넘어선 보편적 특징이라 하지만, 그 실태에 대해서 밝혀지지 않은 부분이 많고, 언어별로 그 특징을 비교한 연구도 충분하다고 볼 수는 없다. 특히 음성학 교육에 있어서 [음성상징]의 위상이 아직 충분히 검토되지 않은 상황이며, 개인차와의 관계성이 애매모호하다. 다양한 감각과 보편성을 가진 음성상징에 대한 합리적인 설명이나 관련성의 검토가 불충분하므로, 학습자의 성찰과의 관련성이나 메타인지의 어프로치까지는 명시적으로 확인하기 어렵다.

2) 음성상징과 운율정보와의 관계의 애매모호함

본 수업에서는 음성상징에 주목했기 때문에 주로 음소 레벨 특징을 알아가는 데 많은 시간을 할애했다. 하지만 운율정보에 관련된 리듬이나 악센트, 인토네이션에 대해서는 충분한 시간을 할애하지 못하였다. 운율 정보의 이해를 위해서 다양한 어프로치가 필요할 것이다.

3) 데이터 분석 방법의 개인차

본 수업의 최종과제는 스스로 데이터를 찾아내고 분석하여 그 결과를 정리하는 것이다. 데이터 분석에는 개인차가 나타났으며, 분석 방법을 몰라 헤매는 학습자도 있었다. 수업의 주된 목적은 일본어 음성학을 이해하는 것이므로, 데이터 분석 방법에 대해서는 공통의 과제로서 사전에 방법을 공유하는 게 더욱 좋았으리라 생각한다.

2.4 단계적 어프로치: 직관적인 이해부터 객관적 평가로

2018년도 수업의 실천에서 다음과 같은 개선점을 반영하여, 수업을 설계했다. 보다 다양한 지적 교류를 목표로 사전 학습 · 사후 학습을 도입했다. 또한 많은 사례를 검토한 후에 학습자가 스스로 생각하고 이야기 나눌 수 있도록 했다. 구체적인 수업내용의 의도를 말하자면 다음과 같다.

1) [소리]와 [말소리]의 관계부터 단계적으로 도입
본 수업의 목표는 음성학의 전문지식이 없어도 일본어 음성학에 대해 [직감적]으로 이해하고, 그 내용을 학습자 사이의 커뮤니케이션 재료로서 응용하는 것이다. [직감적]인 이해를 위해, 단계적으로 도입해갔다. 우선, 비언어의 [소리]가 어떻게 [말소리]로 지각되는지부터 시작한다. 그리고, [소리]와 [말소리]간에 어떠한 관련성이 있는지를 스스로 생각하고 느끼게끔 궁리했다. [말소리]의 감각으로부터 [음성상징]을 도입했다.

2) 운율정보의 감각적인 이해와 성찰
[음의 이미지]라는 테마 뿐만 아니라 운율정보의 다양성을 도입한 테마를 취급하였다. 리듬이나 악센트, 인토네이션을 테마로 한 사례를 제공했다. 이는 모두 학생 스스로의 성찰을 중심으로 한 커뮤니케이션을 시도했다.

3) 사례를 이용한 협동작업을 통한 데이터 분석 방법의 공통화
협동작업에 시간을 할애하여 모둠 활동을 늘렸다. 모둠 활동에서 데이터 분석 방법을 제안하고, 데이터를 수집하는 방법이나 분석하는 방법에 대해 이야기하는 시간을 늘려, 공통의 이해를 도모하였다.

4) 사전 학습 · 사후 학습에 의한 커뮤니케이션 활성화
사전 학습 및 사후 학습을 실시함으로써 테마에 대해 이야기 나누고 생각하는 시간을 확보하여 모둠 활동이 보다 더 활성화되도록 시도했다.

위의 내용을 중심으로 새로운 국제 공통이수 과목으로서의 음성학 교육 실천을 시도했다. 제3장에서는 재구성한 수업 내용에 대해 설명한다.

3. 다양성에 초점을 맞춘 음성학 수업의 실천

2019년도부터 2021년도까지는 친숙한 테마로 일본어의 음성, 음운 규칙을 이해하고, 일본어뿐만 아니라 다른 언어와의 비교를 통해 음성학을 배우는 입문 수업을 실시했다. 이를 통해서 국제적이고 객관적인 시점으로 일본어 음성을 이해하는 것을 수업의 목표로 삼았다. 본고에서는 주로 2021년도 실천 내용을 중심으로 보고한다.

표2 : 2021년도 국제 공통이수 과목인 일본어 음성학 입문 실러버스와 그 목적

1회 : 수업 설명
2회 : 가상 방언의 이해 이용 자료 : 오카야마 현 관광 PR 영상, 오카야마 PR 링크 [うらじゃ]
3회 : 가상 방언과 이미지 단어의 관계 사전학습 : 방언과 이미지 단어의 조사
4회 : 캐릭터로 생각하는 음의 특징(양순파열음의 두 가지 캐릭터) 　　　[ピグペン]과 [ビグベン]
5회 : 탁음의 이미지 사전학습 : 쾰러의 신기한 도형과 음의 이미지 모둠활동 : 탁음과 포켓몬스터의 진화 레벨
6회 : 모음의 이미지 사전학습 : 모음은 어떤 색일까, 이모티콘의 입 모양으로부터 추측한 모음에 대해서 목적 : 한층 더 다른 감각을 이용해서 모음이 잘 들리는지 그 차이를 이해하는 것 사례분석 : [아키하바라의 메이드상이 좋아하는 음식은 푸딩이라고?]
7회 : 되돌아보기 사례분석 : 남자다움・여자다움과 음성상징의 관점에서 바라본 여성 이름의 특징 분석
8회 : 신조어, 유행어에 나타나는 음 조합의 규칙 사전학습 : 줄임말 만들어보기
9회 : 포켓몬스터의 이름의 특징을 분석하기 모둠활동 : 각자 테마를 설정하고, 데이터를 분석하여 특징을 나열하기
10회 : 키라키라네임의 특징을 분석하기 모둠활동 : 각자 테마를 설정하고, 데이터를 분석하여 그 특징을 나열하기
11회 : 일본어 악센트 사전학습 : 악센트의 다양성과 은어로 사용되는 악센트에 대해서
12회 : 일본어 인토네이션 모둠활동 : [ん]을 이용한 감정표현(음향분석을 통한 인토네이션의 시각화)
13회 : 랩 언어학 사전학습 : 랩을 만드는 기본적인 방법을 확인하기 사후학습 : 규칙에 따라 랩을 만들어보기
14회 : 랩 배틀 대전 애니메이션 [히프노시스마이크]의 캐릭터와 랩의 특징 사전학습 : [히프노시스마이크]의 랩 조사
15회 : 음과 테크놀로지 테마 : 음을 이용한 사회적 지원에 대해서 생각해 보기

3.1 방언을 바라보는 시점의 다양화 : 가상 방언으로 본 언어특징 이해

　이 수업에서는 [음]이나 [이미지]가 실제로 음성과 어떻게 연관되어 있는지

그 실태를 단계적으로 도입하고, 잠재된 성찰을 바라보고 다른 학습자와 공유하며, 새로운 지식에 접근해간다. 이러한 학습환경을 조성하기 위해서는, 일반적으로 쓰이는 말에 내재된 개념을 보다 구체화할 필요가 있다. 일례로서, [방언]이라 일컬어지는 큰 개념을 보다 구체적인 개념으로 전환해, 사례를 바라보는 방법을 정하고, 이야기를 나누는 것을 들 수 있다. 수업에서는 [가상 방언]의 이해부터 시도했다(다나카, 2016).

가상 방언을 보다 구체적으로 이해하기 위해서, 사전 학습에서는 방언의 이미지 조사를 실시했다. 표3은 방언과 이미지 단어의 관계를 조사한 결과로, 유학생과 일본인 학생, 자료라는 3가지의 결과에서 공통점과 차이점을 찾아내어 모둠 활동에서 이야기 나눌 수 있도록 하였다.

표3. 방언의 이미지에 대한 사전 조사

(『方言萌え!?ヴァーチャル方言を読み解く』(2016) p.102)로부터 일부를 발췌함. 일부는 편집(유학생 2명, 일본인 학생 10명이 대답한 결과. 복수응답 가능). 다나카(2016)의 결과 중, 10% 이상의 답변이 있는 이미지 단어는 ◎를 표시했다. (필자의 한국어 번역)

	재미있다	귀엽다	멋지다	따뜻하다	소박하다	무섭다	남자답다	여자답다	이미지가 없다
도호쿠	3			2	6 ◎		1		
수도권			2	1	1	2			6
긴키	8		1	1				1	
교토		◎	1	2		2		6 ◎	
오사카	10 ◎					◎	2		
히로시마	1	2		4		2	3		
고치	2		2						8
규슈	2	5		1			4 ◎		
후쿠오카	1	6		1	1				2
구마모토		2		1	1			5	3
가고시마	2			2		1	5	1	1
오키나와	5			4	1	1			1

3.2 음성상징 개념을 이용한 자음 특성의 이해

전년도에 수업을 실시했을 당시에 음성상징에 따른 자음이나 모음의 설명이 꼭 학습자 개인의 감각과 일치하지 않는다는 점이 학습자에게 불안 요소로 작용하는 경우가 있었다. 그러므로, 직접적인 설명보다는 음성상징에 관련하는 몇 가지 조사를 포함하여, 단계를 거쳐 음성상징이라는 개념에 다가갈 수 있도록 하였다. 대표적으로는, 그림1의 [퀼러의 신기한 도형]을 이용한 사전 조사를 들 수 있다. 학생 스스로가 사전 조사를 실시하여, [동글동글한 이미지]의 공명음, [삐쭉삐쭉한 이미지]의 장애음, 그리고 단어와의 관계를 생각하도록 하였다. 가와하라(2017), 가와하라·모노우(2017), 가와하라·모노우(2018), 구마가이·가와하라(2019)에서 응용된 음성상징의 사례를 참고로, 사례로부터 음성상징을 이해하도록 시도했다.

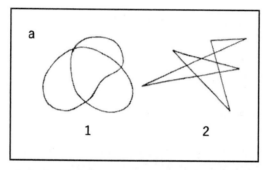

그림1 : 퀼러의 신기한 도형을 이용한 사전 조사의 일례
가와하라(2017) pp.32~33의 그림을 참고. 어느 쪽이 /maluma/이고 어느 쪽이 /takete/인지 선택하게 했다. 참가한 학생은 모두 (a)-1를 /maluma/로 (a)-2를 /takete/로 선택했다.

3.3 [만지고, 보고, 듣고, 맛보는] 감각으로 이해하는 모음

모음의 특징을 이해하기 위해서 더욱 중요한 체감을 도입했다. 모음과 모음 사이에 명음도, 즉 모음의 들리는 크기가 다르다는 점이나 모음의 공명이 성도의 형태와 관련이 있다는 점을 인식할 필요가 있다. 이러한 지식은 언뜻 단순해 보일 수 있지만, 동일한 카테고리로 분류된 모음이라 하더라도 사실은 청각 인상에 차이가 있고, 그 점을 인식할 필요가 있다. 또한, 이러한 모음의 청각 인상 차이가 어떻게 언어표현에 나타나는지 스스로 체험함으로써, 모음에 대해 성찰을 깊게 할 수 있다고 생각했다. 이에 따라, 1) 모음과 색깔 : Wrembel and Rataj(2008), Suzuki et al.,(2017), Kyaw et al.,(2018) 의 결과에 따라, 모음을 색깔로 표현했다. 2) 모음과 맛 : Lockwood and Dingemanse(2015)의 결과를 참조하여, 모음을 맛에 비유함으로써 감각적인 차이를 인식하도록 시도하였다(표4). 3) 일본어의 [이모티콘]을 보면서 모음을 추측하는 체험을 했다(표5). 4) 성도 모형을 만지는 체험 : Arai(2016)에서 제안된 성도 모형을 학습자가 직접 만져서 모음의 공명을 느끼게 했다(표6).

표4. 질문 [모음을 맛]으로 표현하면 어떠한 맛일까요?

[あ]-[い] 를 비교하고, [う]-[え] 를 비교해봅시다. 예를 들면, 짜다, 시다, 맵다, 달다고 하는 이미지 표현입니다.] 설문에 대한 응답을 일부 발췌(응답자 : 11명)

「う」달고 시다 진한 맛과 매움 / [あ]는 달고 [い]는 매운 맛, [あ]랑은 대조적인 이미지가 있습니다. [う]는 입을 오므리므로 신맛, [え]는 별로 안 달고 쓴 이미지가 떠올랐습니다.
[あ] → 달다, [い] → 짜다, [う] → 쓰다, [え] 시다
[あ]는 달다, [い] 는 시다.
[う]랑 [え] 는 둘 다 달다.
[あ]는 입을 크게 벌린 매운 이미지.
[い]는 맛이 연하다.
[う]는 입을 오므릴 정도로 신 이미지.
[え]는 우웩하고 놀랄 정도로 쓴맛이 나는 인상.
[あ]모음은 [い]모음보다도 입을 크게 벌리므로 매운 것을 먹고 숨을 크게
　　내뱉을 때의 이미지가 떠올라 매운맛이라고 생각했다.
[い]모음은 좁은 모음이므로 쓴 이미지가 떠올랐다.
[う]는 신 매실이나 레몬을 먹은 후의 입 모양에서 신 이미지가 떠올랐다.
[え]는 웃을 때의 입 모양이 연상되므로 단 이미지가 떠올랐다.
[あ]달다, 맵다 - [い] 짜다 [う] 시다 - [え] 쓰다 .
[あ]는 [달다], [い]는 [맵다].
[う]는 [시다], [え]는 [쓰다] / あ [달다], [い] 맵다, う[맛이 없다], え[쓰다]
[あ]는 [달고], [い]는 [매운] 이미지가 떠올랐습니다.
[う]는 [신] 이미지입니다.
[え]는 [짠] 이미지입니다.
[あ]-[い]는 맵고 짬, [う]-[え]는 시고 씀

표5. 질문 [이모티콘을 보고, 알맞은 말을 넣어 봅시다]에 관한 응답
(응답자 : 10명)

(*^o^*)　(*^O^*)　(*^。^*)	やっほー(1)、ありがとう(1)、おはよう(7)、ハロー(1) 야호(1), 고마워(1), 안녕(아침인사)(7), 헬로(1)
(^o^)	元気(1)、よお(1)、ハロー(1)、おは！(1)、わーい(2)、オー(2)、オッケ(1)、わぁ(1) 잘 지내(1), 요옷!(1), 헬로(1), 녕!(아침인사의 줄임말)(1), 우와~(2), 오~(2), 오케이(1), 와~(1)
(-ε´-。)	なんでー(1)、ム(1)、ムスッ(2)、ムッ(1)、ぶ(4) 왜~(1), 흠(1), 흥(기분이 언짢은 모습), 칫(입꼬리 등이 내려간 모습, 뿡(입이 삐죽 나온 모습)(4)
オ((°0°)　((°o　)　((°ε　^)　((°ー^)	おやすみ(6)、おはよう(3)、おかえりー(1) 잘자(6), 안녕(아침인사)(3), 어서와(귀가했을 때 반기는 인사표현)(1)

표6. 성도 모형을 체험한 후의 감상을 일부 발췌

입을 벌리는 정도를 조금만 조절해도 다른 음이 되어버려 놀랐다. 진동도 꽤 있고, 실제로도 우리 입 안에서 이런 일이 벌어진다 생각하니 흥미롭다.

내가 생각했던 것을 뛰어넘을 정도로 사람이 말하는 모음의 음과 비슷해서 깜짝 놀랐습니다. 실제로 입으로 내는 소리가 어떠한 입 모양을 하고 있는지 모형으로 관찰할 수 있어서 이해하기 쉽고 너무 좋았습니다.

말할 때 일어나는 공기 진동이나, 그 공기가 빠져나오는 입 모양의 크기를 기준으로, 우리가 음의 차이를 인식하고 있다는 것을 성도 모형을 통해 새롭게 깨달을 수 있었다.

중요한 것은 공간의 크기와 진동이라는 점을 배웠습니다. 입의 공간이 넓고 진동이 큰 모음은 무겁고 어두운 이미지, 그 반대는 가볍고 밝은 이미지가 있는 것 같습니다.

성도 모형의 공간을 변화시켜, 사람 입의 구조를 나타낼 수 있었다. 일본어에는 없는 모음(중국어의 "e" 등)도 성도 모형을 사용해서 관찰해보고 싶다.

성도 모형에서는 [う] 모음의 입 모양을 세로로 넓게 벌리면 [お] 모음의 형태가 되고, [い] 모음의 입 모양을 세로로 넓게 벌리면 [え] 모음의 형태가 된다는 것을 알 수 있었다.

성도 모형으로 입 안의 어떤 부분이 어떻게 벌려 있는지, 닫혀 있는지에 따라 발음되는 모음이 다르다는 점을 배웠습니다.

입 안의 크기를 나타내는 구멍의 크기가 각각의 모음에 의해서 다르다는 점을 확실하게 파악했습니다. [あ]나 [お]는 구멍이 크고, [い]나 [う]는 구멍이 작으므로, 모음 크기의 이미지랑 겹치는 것이 아닐까 생각했습니다.

위와 같은 다양한 관점에서 체험하고 이야기를 나누는 것으로, 추상적일 수 있는 모음이라는 개념을 보다 구체적으로 나타내고, 이러한 구체적인 모음의 특징에 대해 의견 교환하도록 했다. 또한 모음 별로 크기가 다르다는 점을 재차 성찰하고 확인할 수 있었다.

3.4 줄임말, 신조어의 규칙성으로 본 일본어 리듬

일본어 리듬을 이해하기 위해서, 줄임말이나 신조어, 은어 등의 일본어로, 일본어의 음운특징과 리듬 의 특징에 대해서 생각하도록 했다. 줄임말이나 신조어의 규칙성에 대해서는 구보조노(2017a,b)의 연구 내용에 의거하여 사전 학습을 실시했다. 또한 줄임말의 규칙성과 일본어 리듬 규칙의 공통점에 대해서도 생각하도록 하였다. 표7은 사전 학습에서 실시한 내용이다.

표7. 줄임말의 규칙으로 본 일본어 리듬의 사전 조사 결과
(2020년, 2021년 결과)

질문	학생의 응답 결과
モスバーガーへ行く 모스 버거에 가다	モスる、モスに行く、モスバ
スターバックスへ行く 스타벅스에 가다	スタバる、スタバ行く、スターバ
ディスリスペクトする 디스리스펙트하다 (까다)	ディスる、ディスリス、ディスペ
告白する 고백하다	こくる
エナジードリンクを飲む 에너지 드링크를 마시다	エナドリ飲む、エナる
Google を検索する 구글을 검색하다	ググる、グーグる
タクシーを呼ぶ 택시를 부르다	タクる、タクぶ
드라마 [逃げるのは恥だが役に立つ]	逃げ恥
드라마 [いつかこの恋を思い出してきっと泣いてしまう]	いつ恋、いつ思、アイオモ
드라마 [ダメな私に恋してください]	ダメ恋、ダメ私
드라마 [渡る世間は鬼ばかり]	渡鬼、渡る鬼
드라마 [ロングバケーション]	ロンバケ、ロングバ
그 밖에 줄임말을 알려주세요.	タピる、エモい、じわる、モンハン、パケ買い、キメツ、スマブラ、スケボー、ミスコン、鬼滅の刃、 スマッシュブラザーズ、스케이트보드, 미스 콘테스트 등

　표 7에서는 일치하는 경우도 있지만 일치하지 않는 경우도 보인다. 특히 유학생의 경우 줄임말 규칙에 다소 엇갈리는 부분이 보이며, 일본인과 유학생이 서로 이야기를 나누며 일본인이 잠재적으로 갖고 있는 리듬에 대한 이야기를 나누는 계기가 되었으리라 본다.

3.5 일본에서 개그 소재로 등장하는 리듬과 들리는 정도의 크기와의 관계

　리듬과 음성의 관계를 이해하기 위해, 일본의 개그 소재로 등장하는 리듬을 중심으로 리듬감과 들리는 정도의 크기를 관점으로 설명을 시도했다. 개그 소재의 대표적인 리듬의 일부 예를 다음과 같이 제시한다. 대표적으로 [PPAP]의 리듬은 2박 1단위라는 규칙을 따르며 어구의 처음 부분에는 들리는 정도가 큰 파열음인 [パ、ペ]를 사용하여, 리듬을 끊기 좋게 하였다. 이처럼 무용담의 리듬 개그 소재에 있어서도 [ブ㐂]라는 장모음의 부분을 단모음으로 바꿈으로써 리듬감을 쉽게 느끼도록 한 의도가 엿보인다. 이처럼 일상

속에 있는 리듬 개그 소재로부터 일본어의 리듬감을 확인할 수 있다. 수업에서는 그 밖의 리듬 개그 소재나 하이쿠(俳句), 유행어 등을 갖고 리듬감과 들리는 정도의 크기, 특수박을 이해하는 것을 시도했다.

三瓶"三瓶です"「サン／ペイ／です」
テツandトモ"なんでだろ～"「ナン／デダ／ロウ」
オリエンタルラジオ"武勇伝"「ブユー／デン　ブユー／デン　ブユ／デン／デン／デ／デン／デン」
ピコ太郎(古坂大魔王)"PPAP"「ペン／パイ／ナッ／ポー／アッ／ポー／ペン」
ひょっこりはん"ひょっこり芸"「ヒョッ／コリ／ハン」
(필자가 일부 편집 : 예명・"개그 소재명" 대표적인 리듬 개그 소재 순서로 표기, 리듬의 끊어 읽기는"／"를 표기)

3.6 악센트의 단계적 이해 :
음의 높이 감성부터 악센트 다양성과 세대 차이까지

일본어 악센트를 이해하기 위해, 음의 높이에 관한 물리적인 특징을 체감하는 것부터 시작했다. 높이 감각을 체험하기 위해서 [하모니 파이프]를 이용하여 높이와 진동 속도의 관계에 대해서 생각하도록 했다(그림2). 높이 감각은 일본어 악센트의 감각과 동일함을 제시하고 악센트에 의한 의미구별에 대해서 생각하게 했다.

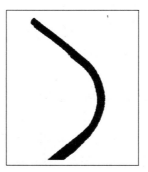

그림2 : 하모니 파이프

한쪽의 끝부분을 잡고 빙글빙글 돌리면 소리가 난다. 빨리 감으면 소리가 높아지고, 천천히 감으면 음이 낮아지는 악기의 한 종류이다.

수업 시간 내에 체험하는 기회를 마련하여, 음의 높이의 감각을 익히
도록 했다.

다음으로 음의 높이의 변화, 즉 피치의 변화가 일본어에는 악센트 핵으로
서 작용하는 것을 나타냈다. 이러한 악센트 핵에 대해 상세하게 설명하지는
않고, 악센트가 달라짐으로써 의미에 차이가 생기는 예를 제시했다.

장면 : 상사(A)와 부하(B)가 회사에서 나와서 귀가하면서 나누는 대화
A: どうだ。い＼っぱいいくか。
B: い＼っぱいですか。
A: (心の声)しまった！パワハラか！
B: できたら、お腹いっぱいのほうで。
A: 俺もそう思ってたの！ (一緒にレストランへ向かう)
  - 레스토랑 CM의 일부 회화(필자가 일부 편집. 악센트 핵은 '＼'로
표기)-

위 내용은 한 레스토랑의 CM에 나오는 내용이다. 장면이 설정되어 있고,
악센트 차이에 의한 의미의 차이도 명확해서 악센트가 의미를 구별하는 것을
알 수 있었다. 의미구별을 하는 악센트의 역할뿐만 아니라, 수업에서는 일반
적인 공통어 악센트에 초점을 두기보다는 세대 차에 의한 변화에 중점을 두
었다. 수업의 한 사례로는, [젊은 세대 사이에 보이는 악센트의 평판화]를 중
심으로 이야기를 나누었다.

3.7 인토네이션 : [ん]을 사용한 감정표현
수업에서는 인토네이션을 감각적으로 이해하기 위해, 연속된 시간 변동이
가져오는 높낮이의 차이를 이해하는 것, 그 변동 폭에 대한 높낮이의 차이가
감정표현이나 표현 의도와도 관련 있음을 주요한 학습 포인트로 삼았다. 구
체적으로는 그린버그 외(2011)의 내용에 따라서 하나의 발화(감탄사) [ん]을
이용한 감정표현을 중심으로 검토했다. 또한 모둠 활동으로서 카드 게임
[はぁって言うゲーム]을 이용하여 게임 형식으로 인토네이션과 감정표현을 예
상하게 했다. 게임에서 다룬 음성은 직접 녹음하여 음향분석 소프트웨어
(Wavesurfer)를 사용하여 시간 변동 폭의 높낮이 차이, 즉 인토네이션의 형
태를 확인하도록 했다.

3.8 일본어 랩으로부터 관찰한 음운론의 특징, 랩을 듣고 만들기

가와하라(2017)에서는 랩 언어학을 테마로 랩에 있는 [라임]에 대해 언어학적 관점으로부터 고찰하고 있다. 본 수업에서는 가와하라(2017)를 참고로 하여 일본어 랩, 특히 랩 배틀 애니메이션 [ヒプノシスマイク]를 사례로 분석을 시도했다. 특히 각운을 맞추는 법(라임), 리듬을 만드는 법, 악센트를 무너뜨리는 법 등에 주의하여 각각 분석했다. 그 후, 각각의 랩을 만들어보는 시간을 가졌다. 랩에 숨어 있는 리듬감, 모음을 포착하는 법, 악센트를 무너뜨리는 것 등에 대해 이야기를 나누는 시간을 가졌다. 그 후, 각각 롤에 따라 랩을 만들어보는 활동을 했다. 학생이 만든 랩 작품의 일부를 소개한다.

「はじめてのおつかい　渡したのはこづかい　息子の息づかい　カメラ越しに見つめたい」

解説：「はじめてのおつかい」というテレビ番組（実際に放映されている番組で、子どもが生まれて初めておつかいに行く様子を撮影する）に息子を出演させた親の気持ちを想像して作ったラップです。おこづかいを渡し、息を弾ませながらはじめてのおつかいに行く様子を、親がカメラ越しに見つめているという場面をイメージしています。脚韻(-kai, -tai)を使いました。

レペゼン岡山、人は皆穏やか、性格も朗らかで居心地がいい、人混みの多い新境地、日本一目指すぜ潮時まで

チビだけど虹が好きで粋なやつです。（チビ・ニジ・イキ）
- 学生による作例 -

3.9 학생의 반응으로 본 수업의 이해와 사례

이 장에서는 수업을 이수한 학생들이 쓴 감상이나 작품 예, 레포트의 테마를 소개한다. 사후 학습에서 학생들이 쓴 리액션 페이퍼의 내용을 중심으로 논한다. 리액션 페이퍼를 쓰기 전에 자신의 내면의 성찰을 되돌아보게 하였다. 여기서는 주로 학생이 쓴 새로운 발견에 주목한다.

1) 공명음과 장애음의 이해
• 공명음은 [동글동글하고] [친숙한] 이미지로 여자같은 인상이 있고, 장

애음은 [각지고] [다가가기 어려운] 이미지로 남자같은 인상이 있다. 첫 번째로 [ガリガリ君]과 [雪見だいふく]를 예로 들어보겠다. [ガリガリ 君]는 [머리가 싸해지고] [차갑고 딱딱한] 여름의 아이스크림, [雪見だ いふく]는 [쫀득쫀득하고] [마음이 안정되는] 겨울의 아이스크림 이미지 이다. 실제로 [ガリガリ君]은 [ガ]나 [く]처럼 장애음이 많이 사용되고, [雪見だいふく]는 장애음이 조금 있지만 [ゆ] [み] [い] 등 공명음이 사 용되어 전체적으로 부드러운 이미지를 나타낸다. 그러므로 위에서 말 한 공명음과 장애음이 갖고 있는 음의 이미지와 겹친다. (중략) 쓴맛이 나는 [ビターチョコレート]나 [ブラックチョコレート]에는 장애음이 많 이 사용되고, 단맛이 강한 [ミルクチョコレート]나 [ホワイトチョコ レート]에는 공명음이 많이 사용되고 있다.

- 공명음은 [r] 을 포함하는 음으로, 온화한 인상을 준다. 예 : ロロロ& ラララ(星のカービィ의 캐릭터, 보스 캐릭터이지만 공격은 [아장아장 걸으면서 블록을 던지는] 귀여운 이미지)
- 예 : 산리오의 캐릭터(마이멜로디와 バッド丸), 견종(포메라니안과 도베르만), 애니메이션(けいおん！과 에반게리온)

2) 모음의 이미지에 대해서
- 자동차 이름 중에서 대형차 [アルマダ]는 [あ] 모음을 많이 포함하고 있어 커다란 이미지를 느끼며, 소형차 [ミライース]는 [い] [う] 모음을 포함하고 있어 작은 이미지가 잘 느껴진다.
- [うーん？]이라는 대답은 [あーん？]이라는 대답보다도 착하고 온화한 인상을 준다. [じーん] [しーん]처럼 [い] 음을 합치면 다른 모음보다 조용한 이미지가 된다. 웃음소리 중에서 [アハハ]는 큰 소리로 커다랗 게, [ウフフ]는 작은 소리로 온화한 이미지가 있다. [おーい！] [よー い]처럼 [お]를 사용해서 부르는 소리는 [エーイ] [ウーイ] 보다도 단 번에 주목받기 쉽다.

3) 신조어에 대해서
- 신조어라고 생각하는 일본어는 [バズる]입니다. 이것은 술렁거린다는 의미의 영어 단어 [buzz]와 [する]를 합친 줄임말로 화제가 되고 있는 모습을 나타내고 있습니다. 또한 지금은 사용하지 않지만 [신조어]로서 [チョベリグチョー very good의 줄임말]을 들 수 있습니다.
- 현재 사용하는 신조어 : 3密(さんみつ), (코로나 바이러스로 인해 피해 야 할 세 가지 [밀폐, 밀집, 밀접]), カゴパク (슈퍼마켓에 있는 플라

스틱 장바구니), おうち時間(코로나 바이러스로 인해 집에서 보내는 시간), くさ(웃는 모습), 盛れる(스마트폰 찍은 사진이 실물보다 더 좋게 보이는 것), バブみ(모성 본능을 가진 여성으로부터 느끼는 감정), ガンダ(ガンガンダッシュする)(전력 질주하는 모습)

- 신조어라고 느끼는 일본어…3密, ソーシャルディスタンス(사회적 거리두기). 지금은 사용하지 않는 신조어…お・も・て・な・し(일본의 호스피탈리티 문화), ファミコン(패밀리 컴퓨터, 게임기 이름), ワイルドだろぉ(お笑い芸人スギちゃん의 개그 소재)

4) 악센트에 대해서
- 평소에 전혀 의식하지 않은 채 사용했던 말이라도 악센트의 차이에 대해서 이야기를 나누면서 그 차이를 알 수 있어서 흥미로웠다. 스스로는 깨닫기 어려운 새로운 시점이 즐거웠다.
- 악센트의 구조에 대해서 성대의 진동수에 따라 악센트의 높낮이가 결정된다는 것을 알았다. 이번에는 성대가 긴장한 상태로 진동할 수록 악센트가 높아진다는 것을 배웠다. 즉 높은 악센트이면 그 음은 더욱 긴장된 높은 뉘앙스를 전하게 된다. 어쩌면 높은 악센트로 발음하는 [そもそも](원래)라는 단어는 듣는 사람에게 불쾌한 인상을 줄지도 모르겠다.
- 나도 클래스메이트의 누군가처럼 도치기현 출신으로 평소에 악센트에 대해 별로 의식을 안 하고 어느 쪽이든 상관없이 살아왔기에 처음 들은 [かき]나 [はし]의 구분은 다른 사람이 하는 답변을 듣고 나서야 알 수 있었다. 모국어이기 때문에 대충 문맥이나 분위기로 알 수 있지만 모어 화자가 아닌 분이 일본어를 공부하는 것은 힘든 일이라고 실감했다. 또한 일본어는 높고 낮음의 두 카테고리이며 의식하는 사람도 별로 없지만 중국어는 네 종류의 높낮이의 특성이 있으므로 구별이 어려울 것 같다.
- 발음의 평판화는 개인적으로 별로 의식하지 않고 있었다. 원래 다른 언어와 비교해서 평평한 이미지가 있는 일본어이지만, 향후 더욱더 평판화하겠구나 라고 생각했다.
- 일본어에는 다양한 악센트가 존재한다는 것을 알았습니다. 저의 출신은 후쿠시마 현으로 무악센트 지역이라고 불리는 곳이므로 악센트를 의식할 일이 없었습니다. 하지만 사이타마 현으로 와서 주변 사람들이 꽤 악센트를 쓰기 때문에, 저 자신도 말할 때 자연스럽게 악센트를 붙이게 되었습니다. 주변 환경의 영향이 크다고 생각합니다.

5) 인토네이션에 대해서

• 그룹에서 이야기해보니 일본인 사이에도 개인차가 있었다. 한편으로는 그게 어떤 감정인지 어느 정도 공감할 수 있어서 무척 흥미 깊었다.

• 인토네이션은 높게 발음하도록 의식하는 것이 좋다고 생각한다. 이유는 인토네이션이 낮으면 듣는 사람에게 인상이 안 좋게 들릴 수 있기 때문이다. 예를 들면, [え？(에?)] [ん？(응?)][なんで(왜?)][どうして？(어째서?)] 같은 짧은 되묻기 질문을 낮게 발음하면 [기분이 나쁘거나] [태도가 무서운] 인상을 줄 수 있다. 그러므로 무의식적으로 발음하는 말에 있어서도 인토네이션은 높게 하는 편이 좋을 것 같다.

• 일본어와 외국어(이번에는 중국어)에는 차이가 있다고 생각했는데, 의외로 중국어에도 인토네이션으로 감정을 표현하는 방법이 있다는 것을 오늘 알았다.

• [はぁ] 게임에서 사람마다 (또는 남녀를 나누어) 각각의 감정을 표현하는 방법이 있다고 실감했습니다. 재밌었습니다.

위의 결과로부터 음성상징을 이용한 자음이나 모음의 특징을 스스로 발견하고, 새로운 사례를 발견해 나가는 모습을 추측할 수 있다. 이와 같이 신조어의 경우에도 리듬을 맞춘 줄임말을 중심으로 한 신조어를 제안하고 있는 것으로 보아, 수업의 이해와 더불어 학생 자신의 내면의 성찰이 견고하게 연결되어 간 것 같다. 악센트에 대해서는 자신이 줄곧 사용해온 악센트와 공통어 악센트를 자기 모니터링하는 모습이 돋보였고, 이야기를 나눌 때도 자신들의 출신 지역의 악센트를 사례로 보여주는 등, 적극적으로 사고하여 학습한 모습을 엿볼 수 있다. 또한 인토네이션에 대해서는 지식의 차이보다 개인의 차이를 느끼는 경우가 많지만, 인토네이션에 의해 감정표현이 다르다는 공통인식이 있다는 것을 알 수 있었다. 한편으로는, 유학생과의 의견 교환이 새로운 발견이나 유학생 시점에서의 의견은 적은 경향이 보였다.

4. 향후의 과제

이번 국제 공통이수 과목에서는, 다언어를 배경으로 갖는 유학생과 일본인 학생이 서로 지적 교류를 하는 하나의 기회로 음성학으로의 이해를 시도했다. 일본어라는 공통언어를 이용하여, [음]의 감성을 이용하는 것으로, [음]으로부터 [음성]에 단계적인 어프로치를 시도했다. 2020년은 전체 온라인 수업으로 실시하고, 2021년은 하이브리드형 수업을 실시했기 때문에, 기술적인 한계나 유학생과 일본인 학생의 교류는 한정적이었지만 테마에 따라 협동학습을 해나갔다. 특히 2021년은 많은 유학생들이 일본에 오지 못하고 예정되어 있었던 대면 수업에서 하이브리드형 수업 형태로 변경하지 않으면 안 되는 상황이어서 유학생의 참가가 적었다.

위에서 소개한 수업의 실천을 통해 다음과 같은 향후의 과제도 드러났다. 첫째, 수업내용에 대해서는 보다 많은 사례를 확보해야 할 것이다. 특히 [음]의 감성을 보다 객관적으로 체험할 수 있도록 지각실험을 마련하여 사전학습으로서 준비하게 하는 것으로 의견 교환의 활성화가 기대할 수 있다. 둘째, 운율정보에 대한 학습 내용을 늘려야 할 것이다. 2019년부터 2021년까지 운율정보에 관련된 리듬, 악센트, 인토네이션에 대한 수업 시간을 늘렸지만, 운율정보에 관한 종합적 이해는 불충분하다고 느꼈다. 더욱이 악센트를 테마로 한 경우, 일본어의 공통어 악센트에 대해 지식이 없는 경우나 지식이 있다 하더라도 공통 악센트와 악센트의 다양성에 관한 이해는 어려우며 의견 교환에도 참석하지 못하는 경우가 있었다. 악센트를 보다 효과적으로 도입하고, 언어적인 차이에 대해서도 이야기를 나눌 수 있도록 사례를 제공할 필요가 있다고 느꼈다. 셋째, 국제 공통이수 과목의 개선점으로서 유학생과의 교류를 할 수 있도록 사례나 그룹 활동을 늘릴 필요가 있다. 특히 유학생이 가진 감성이나 시각의 차이 등을 이야기 나누게 함으로써 새로운 지식의 발견을 도출해 내지 않을까 생각하는 바이다.

참고문헌

가와하라(川原繁人　2017)「日本語ラップの韻分析再考二〇一七 - 言語分析を通じて韻を考える - 」『日本語学』第36巻11号、pp.2-12.

가와하라・모노우(川原繁人・桃生朋子　2017)「音象徴の言語学教育での有効利用に向けて -『ウルトラマン』の怪獣名と音象徴」音声研究　第21巻2号、pp.43-49.

가와하라・모노우(川原繁人・桃生朋子　2018)「音象徴で言語学を教える：具体的成果の紹介を通じて」Southern Review 32, pp.38-42.

구마가이・가와하라(熊谷学而・川原繁人　2019)「ポケモンの名付けにおける母音と有声阻害音の効果：- 実践と理論からのアプローチ」言語研究、155、pp.65-99.

그린버그 외(グリーンバーグ陽子・加藤宏明・津崎実・匂坂芳典　2011)「語彙が与える印象に基づく対話韻律生成」日本音響学会誌、67巻2号、pp.65-74.

T. Arai (2016)「Vocal-tract models and their applications in education for intuitive understanding of speech production」Acoust. Sci. & Tech. 37,

4 pp.148-156.

Lockwood, Gwilym and Mark Dingemanse (2015) "Iconicity in the lab: A review of behavioral, developmental, and neuroimaging research into sound-symbolism." Frontiers in Psychology, 6, Article 1246.

Suzuki, Kyaw, Sagisaka (2017) 「Sentiment analysis on associated colors by listening synthesized speech」in Proc. Fechner Day 2017, 144-149.

A. Suzuki, W.T. Kyaw, Y. Sagisaka (2018)「Cross-modal Correlation Analysis between Vowel Sounds and Color」in Proc. iSAI-NLP 2018, https://doi.org/10.1109/iSAI-NLP.2018.8692957.

Wrembel and Rataj (2008) 「"Sounds like a rainbow" - sound-colour mappings in vowel perception」 Proceedings of ISCA Tutorial and Research Workshop on Experimental Linguistics 2008 pp.28-30.

참고 자료

가와하라 (川原繁人 2017)『「あ」は「い」より大きい!? – 音象徴で学ぶ音声学入門』ひつじ書房

가와하라 (川原繁人 2015)『音とことばのふしぎな世界 – メイド声から英語の達人まで – 』岩波書店

구보조노 (窪薗晴夫 2017a)『通じない日本語 – 世代差・地域差からみる言葉の不思議 – 』平凡社新書

구보조노편 (窪薗晴夫編 2017b)『オノマトペの謎 – ピカチュウからモフモフまで – 』岩波書店

다나카 (田中ゆかり 2016)『方言萌え!? – ヴァーチャル方言を読み解く – 』岩波書店

다케우치・기무라 (竹内京子・木村琢也 (2019)『たのしい音声学』くろしお出版

스에마쓰 외 (末松和子・秋葉裕子・米沢由香子 (編) (2019)『国際共修：文化的多様性を生かした授業実践へのアプローチ』東信党

Dacci from 英語物語・リチャード川口 (2019)『発音記号キャラ辞典』KADOKAWA

[대면, 비대면 동시 수업에 대해서]
https://www.highedu.kyoto-u.ac.jp/connect/teachingonline/hybrid.php
  (최종 열람일: 2022년 3월 31일)

[가상 방언, 사운드 심볼리즘]
오카야마현(岡山県) 공식 홍보 동영상
https://www.youtube.com/channel/UCEMcQPByzaXzPF-jiU3T5bw/videos

(최종 열람일: 2022년 3월 31일)
오카야마(岡山) PR 노래 https://www.youtube.com/watch?v=Kg8oxJLEKWM
　　　(최종 열람일: 2022년 3월 31일)
라인스티커 공식 쇼핑몰 https://store.line.me/stickershop/home/general/ja
　　　(최종 열람일: 2022년 3월 31일)
@홈 카페, 메이드상의 이름 https://www.cafe-athome.com/maids/
　　　(최종 열람일: 2022년 3월 31일)
포켓몬으로 생각하는 [음과 말의 신기한 세계]
　　　https://wired.jp/2017/03/02/pokemon-sound/
　　　(최종 열람일: 2022년 3월 31일)

[악센트의 다양성]
구마가야시(熊谷市)의 악센트
https://www.city.kumagaya.lg.jp/shicho/mail_ichiran/H30/300037.html
　　　(최종 열람일: 2022년 3월 31일)
변해가는 일본어의 악센트
https://style.nikkei.com/article/DGXZZO30145880X00C18A5000000
　　　(최종 열람일: 2022년 3월 31일)
악센트의 평판화
https://dot.asahi.com/aera/2019062100021.html?page=1
　　　(최종 열람일: 2022년 3월 31일)
이것이 지금의 일본어다! 아저씨들을 위한 악센트 입문
https://style.nikkei.com/article/DGXZZO05360760Y6A720C1000000
　　　(최종 열람일: 2022년 3월 31일)
신NHK 악센트 사전에 대해서
https://www.nhk.or.jp/bunken/movie/2016/index.html
　　　(최종 열람일: 2022년 3월 31일)

[인토네이션과 감정표현]
[하! 라고 말하는 게임] 젠토샤『はぁって言うゲーム』(2018) 幻冬舎
음향분석 소프트웨어
Wavesurfer: http://www.speech.kth.se/wavesurfer/
　　　(최종 열람일: 2022년 3월 31일)

[랩 언어학]
랩 언어학 : https://note.com/keiophonetics/n/n3b35320609c9
　　　(최종 열람일: 2022년 3월 31일)
지브라의 랩메소드 채널(Zeebraのラップメソッドチャンネル) YouTube

144

(최종 열람일: 2022년 3월 31일)

[기타]
일본어의 다양성 : https://www.youtube.com/watch?v=HSM3JSoJfDA
　　(최종 열람일: 2022년 3월 31일)
PPAP는 언어학적으로 최강이었다. [입에 딱 붙는 말]의 특징
https://withnews.jp/article/f0171114007qq000000000000000W02h10101qq000
016254A?msclkid=e9bcf741aa2111ecb7bc3287dec40d64
　　(최종 열람일: 2022년 3월 31일)

日本語音声教育

－研究と実践－

日本語の音声教育と五十音図

閔光準

要旨

　本稿は、韓国の高等学校（以下、高校）の日本語教科書に掲載された五十音図の形態とその内容および教育課程における変化様相を体系的に記述するものである。韓国では2次教育課程期（1963～1974）の末（1973）に教育課程の部分改定が実施されたことに伴い、外国語科目に日本語が追加され公的教育機関である高校において外国語としての日本語教育が本格的に始動した。本稿では、2次教育課程から現行の教育課程である2015改定教育課程期（2015～2022）に至る約50余年の間に発行された日本語教科書を対象として、その教科書に掲載された五十音図の形態とその内容および教育課程による変化様相を検討する。その結果を踏まえ、韓国人学習者を対象にした外国語教育としての日本語教育、特に、日本語学習入門期において、音声教育と文字教育の有機的関係を効果的に体系化したカリキュラムの必要性とその方向性について論議する。

キーワード: 音声教育、文字教育、五十音図、高校の日本語教科書

1. はじめに

　韓国における日本語教育は、歴史的には朝鮮王朝時代（1392～1895）に日本語通訳専門家（訳官）を養成するために実施されたのが始まりである。以降、朝鮮（大韓帝国）時代（1895～1911）、朝鮮総督府時代（1911～1945）、大韓民国臨時政府時代（1945～1955）を経て大韓民国時代（1955～現在）まで続いている[1]。朝鮮王朝時代および朝鮮（大韓民国）時代においては、外国語としての日本語教育が展開され、朝鮮総督府時代には、国語としての日本語教育、光復以降は再び外国語としての日本語教育が再開され現在に至っている。

　本稿においては、2次教育課程から現行の教育課程である2015改定教育課程に至る約50余年の間に発行された高校の日本語教科書掲を対象に、掲載された五

---

[1] 国内で行われている日本語教育の歴史的時代区分とその具体的な内容等はチョ・ムンヒ（2011a）、チョ・ムンヒ（2011b）を参考にされたい。

十音図の形態とその内容および教育課程による変化様相について体系的に記述するものである。

　韓国内の中学・高校における日本語教育は、高校で先行して開始された。 2次教育課程期の2次改訂令（文教部令　第310号　1973.2.14）により高校の外国語科目（英語、ドイツ語、フランス語、中国語、スペイン語）に日本語が追加され、これにより1973年3月に国内初となる高校日本語教科書である『日本語讀本（上）』、翌年1974年1月に『日本語讀本（下）』が発行された[2]。

　一方、中学における日本語教育は、7次教育課程期（1997～2007）に第二外国語科目としてドイツ語、フランス、スペイン語、中国語、ロシア語、アラブ語と共に日本語が新設され始動した。これに伴い2001年に最初の中学校日本語教科書である「中学校　生活日本語　こんにちは」（2001.3.教育部）が発行された。

　本稿では、高校における日本語教育を中心に2次教育課程期（1963～1974）から2015改訂教育課程期（2015～2022）に至る約50余年の期間に発行された教科書を対象として、特に、日本語学習初期の文字・発音教育において非常に重要な役割を持つ「五十音図[3]」の形態とその内容および教育課程による変化様相を記述するものである[4]。また、その結果を踏まえ韓国人学習者を対象とした外国語教育としての日本語教育、特に、日本語学習入門期の音声教育と文字教育の有機的な関係が効果的に体系化されたカリキュラムの必要性とその方向性について論議するものである。

2. 中学・高校における日本語教科書発行の現況

　2次教育課程期から2015改定教育課程期の間に韓国内で発行された中学・高校の日本語教科書を表1に示す。教科書は、2次～3次教育課程期には国定教科書として1種類、4次～2007改定教育課程期には検定教科書として、2009改定教

---

2) 『日本語讀本（上）』の教科書本文は右開き（縦書き）、付録は左開き（横書き）で印刷されており、本文133頁、付録（漢字、語彙等）57頁の全190頁で構成されている。『日本語讀本（下）』は上巻とは異なり教科書本文が左開き・横書きで印刷されている。

3) 歴史的には、子音が共通する音節（かな）を縦、母音が共通する音節を横に配列し、5段10行で構成した50個のかな文字表を「五十音図」というが、日本語教育で使用される五十音図は発音が重複する音節と現代語で使用されない音節を除外した残りを五十音図の形態とした文字表といえる。この「五十音図」の名をそのまま使用される教科書、「ひらがな」・「カタカナ」等の名称が使用される教科書があるが、文字表で扱われるかなの種類、時代、執筆者等によってその形態は多様性を帯びる。本稿ではこれらを通称し「五十音図」と呼ぶことにする。

4) 各教育課程の実施時期とその時期に発行された日本語教科書の現況は2.1に示す表1を参照されたい。

育期以降は認定教科書として発行されている5)。また、教科書には副教材として発音学習のための音声資料も制作されているが、教育課程の時期によりその形態は多様である。2次教育課程期の教科書では、教科書の執筆者によるLP資料が付属した解説書6)が発行され、3次～6次教育課程期にはカセットテープの形態で、7次以降はCD、CD-ROM、インターネットホームページ等を利用したマルチメディア形態の音声資料が提供されている。

表1. 中・高校 日本語教科書の発行現況7)

教育課程　時期	教科書　名称	種類数	単元	頁数	種別	発行年度
2次 (1963~1974)	高等学校 日本語讀本(上) 高等学校 日本語讀本(下)	1 1	39 31	190 261	国定	1973 1974
3次 (1974~1981)	高等学校 日本語(上) 高等学校 日本語(下)	1 1	37 27	171 183	国定	1979 1979
4次 (1981~1988)	高等学校 日本語(上) 高等学校 日本語(下)	5 5	20~32 19~30	138~154 148~197	検定	1984 1885
5次 (1988~1992)	高等学校 日本語　上 高等学校 日本語　下	8 8	21~25 18~25	140~157 137~157	検定	1990 1991
6次 (1992~1997)	高等学校 日本語　Ⅰ 高等学校 日本語　Ⅱ	12 12	12~22 12~20	214~278 214~295	検定	1996 1997
7次 (1997~2007)	中学校 生活 日本語 こんにちは	1	10	116	国定	2001
	高等学校 日本語　Ⅰ 高等学校 日本語　Ⅱ	10 6	10~12 10~12	192~224 183~215	検定	2002 2004
2007 改定 (2007~2009)	中学校 生活 日本語	8	8~12	159~175	検定	2010
	高等学校 日本語　Ⅰ 高等学校 日本語　Ⅱ	6 2	10 8~10	207~236 192~207	検定	2012 2012
2009 改定 (2009~2015)	中学校 生活 日本語	5	8~12	175~215	認定	2013
	高等学校 日本語　Ⅰ 高等学校 日本語　Ⅱ	7 3	10~12 8~10	200~255 159~215	認定	2014 2014
2015 改定 (2015~2022)	中学校 生活 日本語	6	8	139~151	認定	2018
	高等学校 日本語　Ⅰ 高等学校 日本語　Ⅱ	8 5	8~10 8~9	179~204 174~191	認定	2018 2018

＊教育課程時期の年度は各教育課程の施行期間を表す。

＊4次～7次教育課程期の教科書は出版社により「上」と「下」、または、「Ⅰ」と「Ⅱ」の発行年度が異なる事例もある。

＊2022改定教育課程の教科書は現在執筆段階で、認定審議を経て2025年度より使用予定である。

---

5) 国定教科書は教育部 (教育人的資源部) で作られた教科書、検定教科書は教育部の管理下にあるが民間出版社で作られ韓国教育課程評価院の検定審査に合格した教科書、認定教科書は教育部で各市道教育庁に委任し作られたものをいう。

6) ハン・ジュンソン (2013) によると、自主学習機能を備えた音声資料が包含された解説書 (イ・ユンギョン <1974>『レコード付の日本語讀本 (上) 註解書』) が発行されたとある。

7) 教育課程期別の教科書の単元数、頁数等は筆者が所蔵する教科書の初版に基づき作成している。2次～7次教育課程期の教科書発行現況と詳細な書誌情報等はチョ・ムンヒ (2011ｂ) を参考にされたい。

3. 高校日本語教科書の五十音図の変化

　2次教育課程期に最初の高校教科書が発行されて以降、2015改定教育課程期までの約50余年の間に発行された普通高校向け日本語教科書の五十音図を対象に、その形態、内容および五十音図の説明等に使用された用語の実態を検討する。また、教科書に掲載された五十音図の機能と役割等についても考察する[8]。

　検討の対象は五十音図の形態（かなの配列方向、行と段の位置等）、五十音図に用いられたかなの種類、五十音図で説明等に使用された用語、かなのローマ字表記とその種類、音声記号の表記、筆順提示の有無等である[9]。

　教科書に提示された五十音図の用途と機能は、時代の変化や教科書の執筆者により相違があるが、文字教育、発音教育、かなのローマ字表記およびコンピュータ等のローマ字入力方法の提示等、非常に多様であることが示唆された。また、2次～6次教育課程期の教科書は全て単色で印刷され、7次教育課程の教科書は2色刷り、2007改定の教育課程教科書から多色刷りになっている。

　以下では、各教育課程期の教科書別に、五十音図の掲載の有無、形態、用いられるかなの種類、かなの種類を表す名称使用の有無等を具体的に検討する[10]。日本語学習の初期段階で使用される五十音図の役割と機能に対する教科書執筆者の意図を正確に把握するためには、五十音図の分析だけでなく、五十音図導入後の課程、いわゆる0課と呼ばれる予備単元において、文字や発音についていかなる説明や練習方法等が提供されているかを十分に検討する必要がある。但し、その具体的な分析は別稿に譲ることとし、教科書に提示された五十音図の形態と内容が教育課程あるいは執筆者によりどのように変化をしたかに焦点を当て記述を行う。

　なお、各教育課程期における教科書の固有名称を［2HA］のように表すことにする。［　］内の先頭の数字は教育課程期の次数（第2次教育課程）、中間のHは高校、Aは教科書執筆者（代表者、ハングル子音順）を各々表す[11]。

---

8) 教科書によっては「五十音図、50音図」といった表題で提示されているものや、表題無しで「ひらがな、カタカナ」等の文字の種別を提示しているものがあるほか、意図的に五十音図のような表題を使用しない事例も見受けられるが、本稿ではこれらを通称して「五十音図」とする。

9) 筆者は韓国の日本語教育において日本語学習初期の文字と発音学習段階においても「五十音図」清音、濁音、半濁音、拗音、段、行等の用語を使用せず実施できる具体的な方法を模索する必要があると考えるが、本稿では記述の便宜上これらの用語を使用する。

10) 本稿では、2次教育課程期～2015改定教育課程期に発行された教科書のうち、各時期の五十音図の特徴把握に必要な教科書の上巻またはⅠ巻の五十音図を対象とするが、付録等に五十音図の別途掲載がある場合はひらがなのみを対象とする。

3.1 2次教育課程期の教科書

　光複以降、国内初となる2次教育課程の高校日本語教科書『日本語讀本（上）』、『日本語讀本（下）』は、国定教科書として1種類のみ発行され、教科書の本文が縦書き右開きで印刷されている。

五十音図（メイン表）

ば(pa)	ば(ba)	だ(da)	ざ(za)	が(ga)		ん(n)	わ(wa)	ら(ra)	や(ya)	ま(ma)	は(ha)	な(na)	た(ta)	さ(sa)	か(ka)	あ(a)
び(pi)	び(bi)	ぢ(zi)(ji)	じ(zi)(ji)	ぎ(gi)		(い)(i)	り(ri)	(い)(i)	み(mi)	ひ(hi)	に(ni)	ち(ti)(chi)	し(si)(shi)	き(ki)	い(i)	
ぶ(pu)	ぶ(bu)	づ(zu)	ず(zu)	ぐ(gu)		(う)(u)	る(ru)	ゆ(yu)	む(mu)	ふ(hu)(fu)	ぬ(nu)	つ(tu)(tsu)	す(su)	く(ku)	う(u)	
ぺ(pe)	べ(be)	で(de)	ぜ(ze)	げ(ge)		(え)(e)	れ(re)	(え)(e)	め(me)	へ(he)	ね(ne)	て(te)	せ(se)	け(ke)	え(e)	
ぼ(po)	ぼ(bo)	ど(do)	ぞ(zo)	ご(go)		を(o)	ろ(ro)	よ(yo)	も(mo)	ほ(ho)	の(no)	と(to)	そ(so)	こ(ko)	お(o)	

（ひらがな）

バ(pa)	バ(ba)	ダ(da)	ザ(za)	ガ(ga)		ン(n)	ワ(wa)	ラ(ra)	ヤ(ya)	マ(ma)	ハ(ha)	ナ(na)	タ(ta)	サ(sa)	カ(ka)	ア(a)
ビ(pi)	ビ(bi)	ヂ(zi)(ji)	ジ(zi)(ji)	ギ(gi)		(イ)(i)	リ(ri)	(イ)(i)	ミ(mi)	ヒ(hi)	ニ(ni)	チ(ti)(chi)	シ(si)(shi)	キ(ki)	イ(i)	
ブ(pu)	ブ(bu)	ヅ(zu)	ズ(zu)	グ(gu)		(ウ)(u)	ル(ru)	ユ(yu)	ム(mu)	フ(hu)(fu)	ヌ(nu)	ツ(tu)(tsu)	ス(su)	ク(ku)	ウ(u)	
ぺ(pe)	ベ(be)	デ(de)	ゼ(ze)	ゲ(ge)		(エ)(e)	レ(re)	(エ)(e)	メ(me)	ヘ(he)	ネ(ne)	テ(te)	セ(se)	ケ(ke)	エ(e)	
ポ(po)	ボ(bo)	ド(do)	ゾ(zo)	ゴ(go)		ヲ(o)	ロ(ro)	ヨ(yo)	モ(mo)	ホ(ho)	ノ(no)	ト(to)	ソ(so)	コ(ko)	オ(o)	

（カタカナ）

拗音（ひらがな）

びゃ(pya)	びゃ(bya)	ぢゃ(zya)(ja)	じゃ(zya)(ja)	ぎゃ(gya)	りゃ(rya)	みゃ(mya)	ひゃ(hya)	にゃ(nya)	ちゃ(tya)(cha)	しゃ(sya)(sha)	きゃ(kya)
びゅ(pyu)	びゅ(byu)	ぢゅ(zyu)(ju)	じゅ(zyu)(ju)	ぎゅ(gyu)	りゅ(ryu)	みゅ(myu)	ひゅ(hyu)	にゅ(nyu)	ちゅ(tyu)(chu)	しゅ(syu)(shu)	きゅ(kyu)
びょ(pyo)	びょ(byo)	ぢょ(zyo)(jo)	じょ(zyo)(jo)	ぎょ(gyo)	りょ(ryo)	みょ(myo)	ひょ(hyo)	にょ(nyo)	ちょ(tyo)(cho)	しょ(syo)(sho)	きょ(kyo)

拗音（カタカナ）

ピャ(pya)	ビャ(bya)	ヂャ(zya)(ja)	ジャ(zya)(ja)	ギャ(gya)	リャ(rya)	ミャ(mya)	ヒャ(hya)	ニャ(nya)	チャ(tya)(cha)	シャ(sya)(sha)	キャ(kya)
ピュ(pyu)	ビュ(byu)	ヂュ(zyu)(ju)	ジュ(zyu)(ju)	ギュ(gyu)	リュ(ryu)	ミュ(myu)	ヒュ(hyu)	ニュ(nyu)	チュ(tyu)(chu)	シュ(syu)(shu)	キュ(kyu)
ピョ(pyo)	ビョ(byo)	ヂョ(zyo)(jo)	ジョ(zyo)(jo)	ギョ(gyo)	リョ(ryo)	ミョ(myo)	ヒョ(hyo)	ニョ(nyo)	チョ(tyo)(cho)	ショ(syo)(sho)	キョ(kyo)

図1.　2次教育課程期の教科書［2HA］の五十音図（表見返し）

---

11) 各教科書の具体的な書誌情報は付録に提示する目録を参考にされたい。

図1に示した五十音図は上巻の表見返しに見開き2ページで掲載されており、本単元以外に発音練習や文字の書き方練習等のための予備単元は特に設けられていない。五十音図には特に表題を付与されておらず、清音、濁音、半濁音を含めたひらがな五十音図を上段へ、カタカナ五十音図を下段へ配置し、拗音は次ページに掲載している。かなの配列方向は行が縦方向、段が横方向（右から左）になっており、「清音、濁音、半濁音、拗音」等の用語は使用されていない。また、五十音図のかな下部の（　）内にローマ字表記が付され、かなによっては訓令式（上）とヘボン式（下）が併記されており、日本語の基本的な音韻体系と発音のヒントを提供する役割として導入されているものと推測される。

3.2　3次教育課程期の教科書

　3次教育課程期の教科書は、2次教育課程期と同様に、国定教科書として1種類（『高等学校日本語（上）』、『高等学校日本語（下）』）のみ発行されており、韓国日語日文学会が執筆者になっている。教科書の表見返しに図2に示す五十音図（ひらがな・カタカナの清音、濁音、半濁音、拗音）が掲載されており、教科書の裏見返しにはひらがな（清音）の筆順を番号と矢印で表示した五十音図が提示されている。

　[3HA]の五十音図は、「五十音図」という表題が付され、上段にひらがな、下段にカタカナの各々清音・濁音・半濁音・拗音が掲載されているが、「清音、濁音、半音、拗音」等の用語は使用されておらず、かなのローマ字表記も無い。かなの配列方向は、2次教育課程期の教科書と異なり行は縦方向、段の横方向が左から右に変更されている。また、五十音図の左側に清音、右側に濁音と半濁音が配置され、その下には小さい文字で清音、濁音、半濁音の拗音が提示されている。

五十音図（ごじゅうおんず）

ひらがな	あ	か	さ	た	な	は	ま	や	ら	わ	ん	が	ざ	だ	ば	ぱ
	い	き	し	ち	に	ひ	み	(い)	り	(い)		ぎ	じ	ぢ	び	ぴ
	う	く	す	つ	ぬ	ふ	む	ゆ	る	う		ぐ	ず	づ	ぶ	ぷ
	え	け	せ	て	ね	へ	め	(え)	れ	(え)		げ	ぜ	で	べ	ぺ
	お	こ	そ	と	の	ほ	も	よ	ろ	を		ご	ぞ	ど	ぼ	ぽ
		きゃ	しゃ	ちゃ	にゃ	ひゃ	みゃ		りゃ			ぎゃ	じゃ		びゃ	ぴゃ
		きゅ	しゅ	ちゅ	にゅ	ひゅ	みゅ		りゅ			ぎゅ	じゅ		びゅ	ぴゅ
		きょ	しょ	ちょ	にょ	ひょ	みょ		りょ			ぎょ	じょ		びょ	ぴょ
カタカナ	ア	カ	サ	タ	ナ	ハ	マ	ヤ	ラ	ワ	ン	ガ	ザ	ダ	バ	パ
	イ	キ	シ	チ	ニ	ヒ	ミ	(イ)	リ	(イ)		ギ	ジ	ヂ	ビ	ピ
	ウ	ク	ス	ツ	ヌ	フ	ム	ユ	ル	ウ		グ	ズ	ヅ	ブ	プ
	エ	ケ	セ	テ	ネ	ヘ	メ	(エ)	レ	(エ)		ゲ	ゼ	デ	ベ	ペ
	オ	コ	ソ	ト	ノ	ホ	モ	ヨ	ロ	ヲ		ゴ	ゾ	ド	ボ	ポ
		キャ	シャ	チャ	ニャ	ヒャ	ミャ		リャ			ギャ	ジャ		ビャ	ピャ
		キュ	シュ	チュ	ニュ	ヒュ	ミュ		リュ			ギュ	ジュ		ビュ	ピュ
		キョ	ショ	チョ	ニョ	ヒョ	ミョ		リョ			ギョ	ジョ		ビョ	ピョ

図2.　3次教育課程期の教科書［3HA］の五十音図（表見返し）

3.3 4次教育課程期の教科書

4次教育課程期に入り教科書の発行制度が国定から検・認定に変わると、教科書の発行に民間出版社の参与が始まり教科書執筆者と教科書の種類に多様性が表れ始めた。この時期は全5種類の検定教科書（『高等学校日本語（上）』、『高等学校日本語（下）』）が発行された。

まず、図3に示した［4HB］の五十音図について検討する。五十音図は教科書の表見返しに見開き2ページで掲載されており、「五十音図」という表題の下に、上段にひらがな、下段にカタカナ（清音、濁音、半濁音、拗音）が配置されている。但し、かなの種類別の名称は使用されておらず、かなの右側にはヘボン式ローマ字表記が付されている。かなの配列は行が横方向（左から右）、段が縦方向である。

次に、図4の［4HA］は、教科書表見返しに見開き2ページで五十音図が掲載されているが、上段にひらがな（清音、濁音、半濁音）、下段にカタカナが配置され、拗音は別途裏見返しに提示されている。かなの右側（ ）内にローマ字表記があるが、かなによっては上に訓令式、下にヘボン式が併記されている。教科書の裏見返しに別途掲載された拗音にも、訓令式とヘボン式ローマ字

が併記してある。かなの配列は[4HB]と同様に行が横方向(左から右)、段が縦方向である。

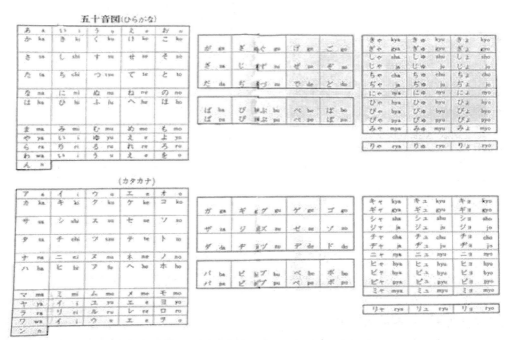

図3．4次教育課程期の教科書[4HB]の五十音図(表見返し)

五十音図	清音	清音	濁音・半濁音
ひらがな	あ(a) い(i) う(u) え(e) お(o)	ま(ma) み(mi) む(mu) め(me) も(mo)	が(ga) ぎ(gi) ぐ(gu) げ(ge) ご(go)
	か(ka) き(ki) く(ku) け(ke) こ(ko)	や(ya) い(i) ゆ(yu) え(e) よ(yo)	ざ(za) じ(zi)(ji) ず(zu) ぜ(ze) ぞ(zo)
	さ(sa) し(si)(shi) す(su) せ(se) そ(so)	ら(ra) り(ri) る(ru) れ(re) ろ(ro)	だ(da) ぢ(zi)(ji) づ(zu) で(de) ど(do)
	た(ta) ち(ti)(chi) つ(tu)(tsu) て(te) と(to)	わ(wa) い(i) う(u) え(e) を(o)	ば(pa) び(bi) ぶ(bu) べ(be) ぼ(bo)
	な(na) に(ni) ぬ(nu) ね(ne) の(no)	ん(n)	ぱ(ga) ぴ(pi) ぷ(pu) ぺ(pe) ぽ(po)
	は(ha) ひ(hi) ふ(hu)(fu) へ(he) ほ(ho)		
カタカナ	ア(a) イ(i) ウ(u) エ(e) オ(o)	マ(ma) ミ(mi) ム(mu) メ(me) モ(mo)	ガ(za) ギ(gi) グ(gu) ゲ(ge) ゴ(go)
	カ(ka) キ(ki) ク(ku) ケ(ke) コ(ko)	ヤ(ya) イ(i) ユ(yu) エ(e) ヨ(yo)	ザ(da) ジ(zi)(ji) ズ(zu) ゼ(ze) ゾ(zo)
	サ(sa) シ(si)(shi) ス(su) セ(se) ソ(so)	ラ(ra) リ(ri) ル(ru) レ(re) ロ(ro)	ダ(ba) ヂ(zi)(ji) ヅ(zu) デ(de) ド(do)
	タ(ta) チ(ti)(chi) ツ(tu)(tsu) テ(te) ト(to)	ワ(wa) イ(i) ウ(u) エ(e) ヲ(o)	パ(pa) ビ(bi) ブ(bu) ベ(be) ボ(bo)
	ナ(na) ニ(ni) ヌ(nu) ネ(ne) ノ(no)	ン(n)	パ(pa) ピ(pi) プ(pu) ペ(pe) ポ(po)
	ハ(ha) ヒ(hi) フ(hu)(fu) ヘ(he) ホ(ho)		

図4．4次教育課程期の教科書[4HA]五十音図(表見返し)12)

図5の［4HE］は「五十音図」という表題を中心に左側にひらがなの清音、右側にカタカナの清音を対照的に配置し、中央にひらがなとカタカナの濁音・半濁音を各々上下に配置している。拗音は含まれておらず、「清音、濁音、半濁音」等の用語は使用されていない。かなの配列は、行が横方向（左から右）、段が縦方向であるが、教科書の裏見返しに提示された「ひらがなの筆順」では、かなの配列がその反対（行が縦方向、段が横方向）になっている。前述の教科書（［4HA］、［4HB］）とは異なりローマ字表記は無い。

ひらがな	五十音図	カタカナ
あ い う え お	が ぎ ぐ げ ご	ア イ ウ エ オ
か き く け こ	ざ じ ず ぜ ぞ	カ キ ク ケ コ
さ し す せ そ	だ ぢ づ で ど	サ シ ス セ ソ
た ち つ て と	ば び ぶ べ ぼ	タ チ ツ テ ト
な に ぬ ね の	ぱ ぴ ぷ ぺ ぽ	ナ ニ ヌ ネ ノ
は ひ ふ へ ほ	ガ ギ グ ゲ ゴ	ハ ヒ フ ヘ ホ
ま み む め も	ザ ジ ズ ゼ ゾ	マ ミ ム メ モ
や (い) ゆ (え) よ	ダ ヂ ヅ デ ド	ヤ (イ) ユ (エ) ヨ
ら り る れ ろ	バ ビ ブ ベ ボ	ラ リ ル レ ロ
わ (い) (う) (え) を	パ ピ プ ペ ポ	ワ (イ) (ウ) (エ) ヲ
ん		ン

図5. 4次教育課程期の教科書［4HE］の五十音図（表見返し）

　図6の［4HD］は、目次の直後に置かれた予備単元『ひらがな・カタカナ』（pp.1-2）に五十音図を掲載している。ひらがなとカタカナを分離し、各々清音、濁音、半濁音、拗音、促音を提示しており、拗音は該当するかな（行）の右側に、濁音と半濁音は全体を分離し下段に配置している。「清音、濁音、半濁音、拗音」等の用語は使用されていない。五十音図にはローマ字表記が無いが、予備単元の『発音』では［　］内にヘボン式ローマ字表記と音声記号が混用された形態での発音表記がある13)。また、教科書の表見返しにはひらがなとカタカナ

---

12)　清音の右欄にある「い段」と「う段」の間隔が広いのは、見開き2ページに渡って掲載された五十音図をスキャンしたためである。

13)　し[ʃi], ひ[hi], ふ[fu], や[ja], ぐ[gu]等の表記がその例である。

（清音）の筆順が番号と矢印で表示されている。かなの配列方向は前掲の3種類の教科書と同様、行が横方向（左から右）、段が縦方向になっている。但し、前掲の教科書とは異なり五十音図に促音が含まれている。

　図7の［4HC］の五十音図は、『ひらがなとカタカナ』という表題で教科書の表見返しに掲載されており、見開きの左ページにカタカナ、右側ページにひらがなを配置している。4次教育課程期の教科書の中でも五十音図の形態が最も単純で、扱われるかなの種類も最も少なく、ローマ字表記も付されていない。かなの配列方向は前掲の教科書と同様、行が横方向（左から右）、段が縦方向である。

◇◇◇ カタカナ ◇◇◇

ア	イ	ウ	エ	オ		キャ	キュ	キョ
カ	キ	ク	ケ	コ		シャ	シュ	ショ
サ	シ	ス	セ	ソ		チャ	チュ	チョ
タ	チ	ツ	テ	ト		ニャ	ニュ	ニョ
ナ	ニ	ヌ	ネ	ノ		ヒャ	ヒュ	ヒョ
ハ	ヒ	フ	ヘ	ホ		ミャ	ミュ	ミョ
マ	ミ	ム	メ	モ				
ヤ	(イ)	ユ	(エ)	ヨ				
ラ	リ	ル	レ	ロ		リャ	リュ	リョ
ワ	(イ)	(ウ)	(エ)	ヲ				
ン		ッ						
ガ	ギ	グ	ゲ	ゴ		ギャ	ギュ	ギョ
ザ	ジ	ズ	ゼ	ゾ		シャ	シュ	ショ
ダ	ヂ	ヅ	デ	ド		チャ	ヂュ	ヂョ
バ	ビ	ブ	ベ	ボ		ビャ	ビュ	ビョ
パ	ピ	プ	ペ	ポ		ピャ	ピュ	ピョ

◇◇◇ ひらがな ◇◇◇

あ	い	う	え	お		きゃ	きゅ	きょ
か	き	く	け	こ		しゃ	しゅ	しょ
さ	し	す	せ	そ		ちゃ	ちゅ	ちょ
た	ち	つ	て	と		にゃ	にゅ	にょ
な	に	ぬ	ね	の		ひゃ	ひゅ	ひょ
は	ひ	ふ	へ	ほ		みゃ	みゅ	みょ
ま	み	む	め	も				
や	(い)	ゆ	(え)	よ				
ら	り	る	れ	ろ		りゃ	りゅ	りょ
わ	(い)	(う)	(え)	を				
ん		っ						
が	ぎ	ぐ	げ	ご		ぎゃ	ぎゅ	ぎょ
ざ	じ	ず	ぜ	ぞ		じゃ	じゅ	じょ
だ	ぢ	づ	で	ど		ぢゃ	ぢゅ	ぢょ
ば	び	ぶ	べ	ぼ		びゃ	びゅ	びょ
ぱ	ぴ	ぷ	ぺ	ぽ		ぴゃ	ぴゅ	ぴょ

図6．4次教育課程期の教科書［4HD］の五十音図（予備単元）

かたかな

ア カ ガ サ ザ タ ダ ナ ハ バ パ マ ヤ ラ ワ ン
イ キ ギ シ ジ チ ヂ ニ ヒ ビ ピ ミ （イ）リ （イ）
ウ ク グ ス ズ ツ ヅ ヌ フ ブ プ ム ユ ル （ウ）
エ ケ ゲ セ ゼ テ デ ネ ヘ ベ ペ メ （エ）レ （エ）
オ コ ゴ ソ ゾ ト ド ノ ホ ボ ポ モ ヨ ロ ヲ

ひらがな

あ か が さ ざ た だ な は ば ぱ ま や ら わ ん
い き ぎ し じ ち ぢ に ひ び ぴ み （い）り （い）
う く ぐ す ず つ づ ぬ ふ ぶ ぷ む ゆ る （う）
え け げ せ ぜ て で ね へ べ ぺ め （え）れ （え）
お こ ご そ ぞ と ど の ほ ぼ ぽ も よ ろ を

図7．4次教育課程期の教科書 [4HC] の五十音図（表見返し）

　以上、4次教育課程期に発行された教科書全5種類の五十音図について、その形態、内容および使用される用語等の面から検討した。4次教育課程期の教科書に掲載された五十音図の最も大きな特徴は、2次、3次教育課程期と異なり、全ての教科書において、かなの配列方向が行は横方向（左から右）、段は縦方向になっている点である。また、五十音図の形態と五十音図で扱われるかなの種類およびローマ字表記の有無、促音の提示の有無等が教科書によって異なることが確認された。

3.4　5次教育課程期の教科書

　5次教育課程期の教科書は、4次教育課程期と同様の題名（『高等学校　日本語 上』、『高等学校　日本語　下』）で、全8種類発行されている。そのうち7種類に五十音図が掲載されているが、この時期の教科書は五十音図の形態が [5HA] 1種類を除きかなの配列方法、ローマ字表記の有無等の面で類似している。

　5次教育課程期の教科書のうち、最も特徴的な五十音図が提示された教科書は [5HA]（図8）である。[5HA] は、教科書表見返しに五十音図が掲載されているが、かなの配列が行は縦方向（左から右）、段は横方向（左から右）になっており、五十音図で扱われたかなの種類も最も多様である。教科書の表見

返しに見開き2ページで、『五十音図』という表題を中心に、左側にひらがな、右側にカタカナが配置され、各々のかなにはその名称が日本語（ひらがなと漢字）で表記され、上から清音、撥音、濁音、半濁音、拗音、促音の順に配置されている。表見返しの五十音図にかなのローマ字表記は無いが、裏見返しに見開き2ページで掲載された『五十音図の筆順』には、ひらがなとカタカナ（清音）に番号と矢印を用いた筆順が表示されており、ひらがなの右下[　]内に音声記号の発音表記が付されている。

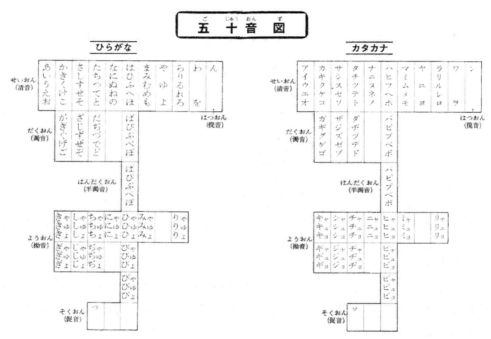

図8．5次教育課程期の教科書［5HA］の五十音図（表見返し）

　次に、図9に示した教科書［5HC］の執筆者は、4次教育課程期の教科書［4HC］と同一で、五十音図も［4HC］と同じ形態のものが[5HC]の表見返しに掲載されている。清音の直下に濁音（半濁音）を小さく表示し、清音と濁音（半濁音）の対立関係を認識できるようにしてあり、五十音図で扱われない拗音は予備単元『にほんごの　はつおん』で導入されている。ローマ字表記は無く、かなの配列方向は行が横方向（左から右）、段が縦方向である。

かたかな

ア	イ	ウ	エ	オ
カ	キ	ク	ケ	コ
ガ	ギ	グ	ゲ	ゴ
サ	シ	ス	セ	ソ
ザ	ジ	ズ	ゼ	ゾ
タ	チ	ツ	テ	ト
ダ	ヂ	ヅ	デ	ド
ナ	ニ	ヌ	ネ	ノ
ハ	ヒ	フ	ヘ	ホ
バ	ビ	ブ	ベ	ボ
パ	ピ	プ	ペ	ポ
マ	ミ	ム	メ	モ
ヤ	(イ)	ユ	(エ)	ヨ
ラ	リ	ル	レ	ロ
ワン	(イ)	(ウ)	(エ)	ヲ

ひらがな

あ	い	う	え	お
か	き	く	け	こ
が	ぎ	ぐ	げ	ご
さ	し	す	せ	そ
ざ	じ	ず	ぜ	ぞ
た	ち	つ	て	と
だ	ぢ	づ	で	ど
な	に	ぬ	ね	の
は	ひ	ふ	へ	ほ
ば	び	ぶ	べ	ぼ
ぱ	ぴ	ぷ	ぺ	ぽ
ま	み	む	め	も
や	(い)	ゆ	(え)	よ
ら	り	る	れ	ろ
わん	(い)	(う)	(え)	を

図9. 5次教育課程期の教科書 [5HC] の五十音図 (表見返し)

ひらがな

あ	い	う	え	お
か	き	く	け	こ
さ	し	す	せ	そ
た	ち	つ	て	と
な	に	ぬ	ね	の
は	ひ	ふ	へ	ほ
ま	み	む	め	も
や		ゆ		よ
ら	り	る	れ	ろ
わ		を		ん

カタカナ

ア	イ	ウ	エ	オ
カ	キ	ク	ケ	コ
サ	シ	ス	セ	ソ
タ	チ	ツ	テ	ト
ナ	ニ	ヌ	ネ	ノ
ハ	ヒ	フ	ヘ	ホ
マ	ミ	ム	メ	モ
ヤ		ユ		ヨ
ラ	リ	ル	レ	ロ
ワ		ヲ		ン

図10. 5次教育課程期の教科書 [5HG] の五十音図 (表見返し)

　図10の [5HG] は、教科書表見返しにひらがなとカタカナの清音が五十音図で掲載されており、番号と矢印を利用した筆順も提示されている。かなの配列

は行が横方向（左から右）、段が縦方向になっているが「わ・を・ん」が共に掲載されているのが特徴的である。かなのローマ字表記は無く、予備単元『発音練習』で発音練習用に使用される単語にもローマ字表記や音声記号表記は使用されていない。

　5次教育課程期の教科書に提示された五十音図の特徴は［5HA］を除き、かなの配列方向（行が横方向、段が縦方向）が共通で、五十音図で用いられたかなの種類も［5HA］を除き清音に限定されている。［5HA］は他の教科書と異なり、五十音図に清音、濁音、半濁音、拗音、促音、撥音等のかなの種類を表す名称が日本語で表示されている。また、五十音図のかなに筆順を表記した教科書が初めて登場した。5次教育課程期の教科書のうち5種類にかなの筆順が提示されているが、かなのローマ字表記を示した教科書は無い。但し、［5HE］は、予備単元『発音練習』に提示した五十音図形式のひらがな表『清音、濁音、半濁音、拗音』にヘボン式ローマ字表記が付されている。

3.5　6次教育課程期の教科書

　6次教育課程期の教科書は、題名が『高等学校　日本語Ⅰ』、『高等学校　日本語Ⅱ』に変更になり全12種類の教科書が発行された。12種類のうち11種類に五十音図が掲載されているが、そのうちの6種類の教科書に掲載された五十音図を中心に検討を行う。

　まず、図11の［6HC］は、2種類の五十音図が教科書の表見返しと予備単元『日本語の発音』に各々掲載されている。表見返しの五十音図（図11）は、ひらがなとカタカナが分離され、各々の領域に清音、濁音、半濁音、拗音の名称と共に掲載されている。かなは、行が横方向（左から右）、段が縦方向に配列されており、かなの下部（　）内にヘボン式ローマ字表記（一部訓令式も併記）が付されている。

　予備単元に掲載された五十音図（図12）は、日本語の文字体系および五十音図に対する説明14)と共にかなの各行の1文字目にローマ字表記が付され、その横に各行の子音の音素と、各母音が/　/内にアルファベットで表記されている。「ん」は/n'/と表記され他のかなとは分けられている。また、かなには番号と矢印を利用した筆順が示されている。

---

14)　「下と同様の順序で文字を配列したものを『五十音図』といい、日本語の辞書はこの順序で配列されている。よく聴いて、文字の発音と順序に慣れるようにしましょう」

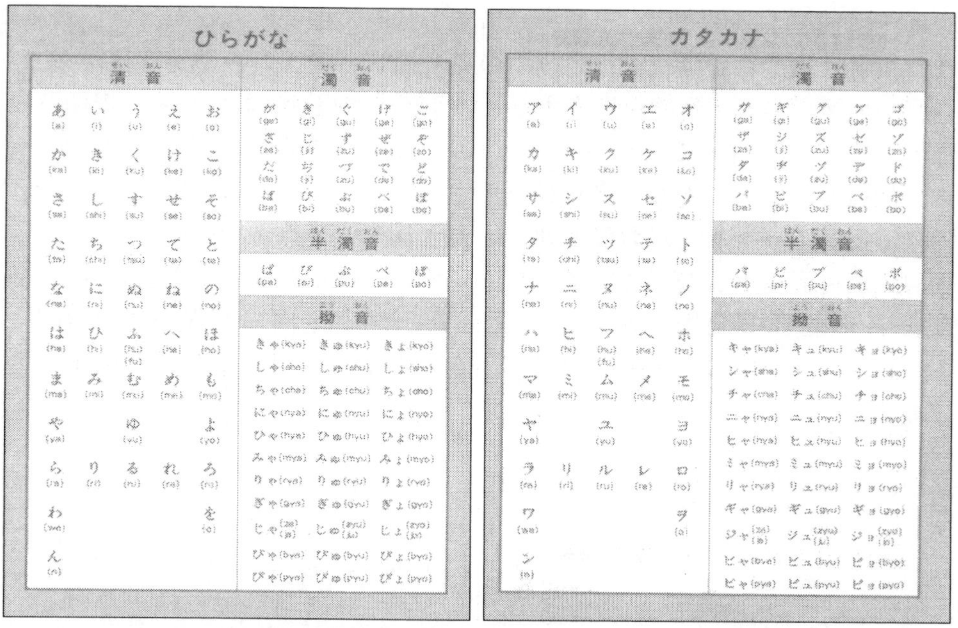

図11. 6次教育課程期の教科書 [6HC] の五十音図 (表見返し)

図12. 6次教育課程期の教科書 [6HC] の五十音図 (予備単元)

次に、図13の［6HE］は、予備単元に五十音図の掲載があるが、ひらがなの清音、濁音、半濁音、拗音の行単位での発音練習と書き方の練習課程があり、その直後に図13の五十音図を導入するという順序で提示されている。表題『ひらがな・カタカナ』の下にひらがなとカタカナの清音、濁音、半濁音、拗音が左右対称に配置してあり、かなの名称は表示されていない。撥音（ん・ン）があ段系列に、促音（っ・ッ）がお段系列に配列されている点が特徴的である。五十音図導入前の発音および書き方練習においては、ひらがなにヘボン式ローマ字表記と音声記号の混用とみられる発音表記が［　］内に記載されており、し［ʃi］，ち［tʃi］，ふ［Fu］，や［ya］，ん［N］，っ［Q］等がその例として挙げられる。

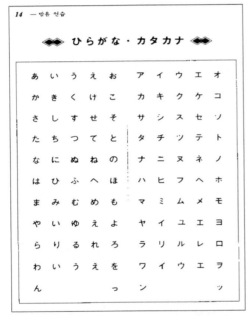

図13. 6次教育課程期の教科書［6HE］の五十音図（予備単元）

　図14の［6HK］の五十音図は、教科書の表見返しではなく予備単元『かなの発音』に掲載されている。ひらがなとカタカナは別ページに分けて提示され、かなの種類別に清音、濁音、半濁音、拗音が配置されている。かなには母音と子音の音素が表記されているが、ひとつの音素に後続する母音による変異音が存在する場合、「ち［tʃi］」、「つ［tsɯ］」のように［　］内に音声記号の表記がある。但し、「は行音」の「ひ」と「ふ」、「な行音」の「に」等にはこのような音声記号の表

164

記がない。6次教育課程期の他の教科書とは異なり、かなの配列方向の行が縦方向、段が横方向 (左から右) になっている点が特徴的である。

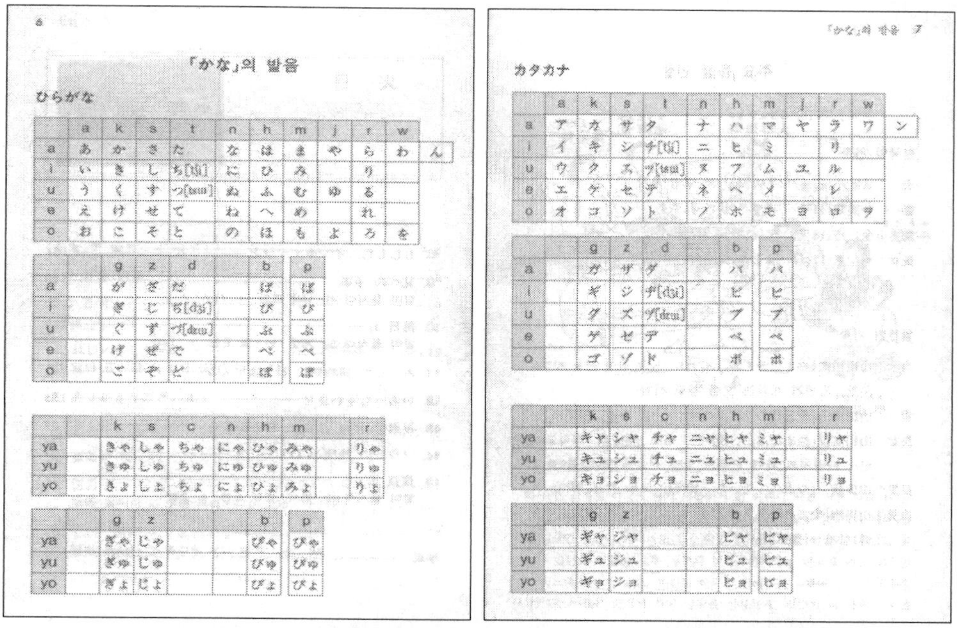

「かな」의 발음

ひらがな

	a	k	s	t	n	h	m	j	r	w	
a	あ	か	さ	た	な	は	ま	や	ら	わ	ん
i	い	き	し	ち[tʃi]	に	ひ	み		り		
u	う	く	す	つ[tsɯ]	ぬ	ふ	む	ゆ	る		
e	え	け	せ	て	ね	へ	め		れ		
o	お	こ	そ	と	の	ほ	も	よ	ろ	を	

		g	z	d		b	p
a		が	ざ	だ		ば	ぱ
i		ぎ	じ	ぢ[dʒi]		び	ぴ
u		ぐ	ず	づ[dzɯ]		ぶ	ぷ
e		げ	ぜ	で		べ	ぺ
o		ご	ぞ	ど		ぼ	ぽ

		k	s	c	n	h	m		r
ya		きゃ	しゃ	ちゃ	にゃ	ひゃ	みゃ		りゃ
yu		きゅ	しゅ	ちゅ	にゅ	ひゅ	みゅ		りゅ
yo		きょ	しょ	ちょ	にょ	ひょ	みょ		りょ

		g	z			b	p
ya		ぎゃ	じゃ			びゃ	ぴゃ
yu		ぎゅ	じゅ			びゅ	ぴゅ
yo		ぎょ	じょ			びょ	ぴょ

「かな」의 발음 7

カタカナ

	a	k	s	t	n	h	m	j	r	w	
a	ア	カ	サ	タ	ナ	ハ	マ	ヤ	ラ	ワ	ン
i	イ	キ	シ	チ[tʃi]	ニ	ヒ	ミ		リ		
u	ウ	ク	ス	ツ[tsɯ]	ヌ	フ	ム	ユ	ル		
e	エ	ケ	セ	テ	ネ	ヘ	メ		レ		
o	オ	コ	ソ	ト	ノ	ホ	モ	ヨ	ロ	ヲ	

		g	z	d		b	p
a		ガ	ザ	ダ		バ	パ
i		ギ	ジ	ヂ[dʒi]		ビ	ピ
u		グ	ズ	ヅ[dzɯ]		ブ	プ
e		ゲ	ゼ	デ		ベ	ペ
o		ゴ	ゾ	ド		ボ	ポ

		k	s	c	n	h	m		r
ya		キャ	シャ	チャ	ニャ	ヒャ	ミャ		リャ
yu		キュ	シュ	チュ	ニュ	ヒュ	ミュ		リュ
yo		キョ	ショ	チョ	ニョ	ヒョ	ミョ		リョ

		g	z			b	p
ya		ギャ	ジャ			ビャ	ピャ
yu		ギュ	ジュ			ビュ	ピュ
yo		ギョ	ジョ			ビョ	ピョ

図14.　6次教育課程期の教科書 [6HK] の五十音図 (予備単元)

次に、図15の [6HB] は、教科書の表見返しに見開き２ページで、ひらがなとカタカナの清音が左右の別ページに各々配置され、各かなには番号と矢印を利用した筆順の表示がある。「ん」は分離されず「わ・を」と共に並んで配置されているが、「を」は「う段」の列に、「ん」は「お段」の列に含まれているのが特徴的である。続く表見返しの次ページには濁音、半濁音、拗音の名称が日本語で表記されている。

次に、図16の [6HG] は、教科書の表見返しにひらがなとカタカナの清音の五十音図が掲載されており、かなの配列は行が横方向 (左から右) 、段が縦方向で、各段の母音と各行の子音がローマ字で表記されている。かなには番号と矢印を利用した筆順が表示されているが、これらは日本語の基本的な音韻体系と文字体系を同時に提示したものと思われる。また、予備単元『発音』においては、かなが行単位で配列され、各行に母音 (あ行) 、子音 (か行～ま行) 、半母音 (や行、わ、を) 、二重母音 (拗音) 等の名称が付されており、特殊拍は「『ん』の発音、『っ』の発音、『長音』」に分類されている。

ひらがな（図15）

あ	い	う	え	お
か	き	く	け	こ
さ	し	す	せ	そ
た	ち	つ	て	と
な	に	ぬ	ね	の
は	ひ	ふ	へ	ほ
ま	み	む	め	も
や		ゆ		よ
ら	り	る	れ	ろ
わ		を		ん

カタカナ（図15）

ア	イ	ウ	エ	オ
カ	キ	ク	ケ	コ
サ	シ	ス	セ	ソ
タ	チ	ツ	テ	ト
ナ	ニ	ヌ	ネ	ノ
ハ	ヒ	フ	ヘ	ホ
マ	ミ	ム	メ	モ
ヤ		ユ		ヨ
ラ	リ	ル	レ	ロ
ワ		ヲ		ン

図15．6次教育課程の教科書 [6HB] の五十音図（表見返し）

ひらがな（図16）

	a	i	u	e	o
	あ	い	う	え	お
k	か	き	く	け	こ
s	さ	し	す	せ	そ
t	た	ち	つ	て	と
n	な	に	ぬ	ね	の
h	は	ひ	ふ	へ	ほ
m	ま	み	む	め	も
y	や		ゆ		よ
r	ら	り	る	れ	ろ
w	わ				を
	ん				

カタカナ（図16）

	a	i	u	e	o
	ア	イ	ウ	エ	オ
k	カ	キ	ク	ケ	コ
s	サ	シ	ス	セ	ソ
t	タ	チ	ツ	テ	ト
n	ナ	ニ	ヌ	ネ	ノ
h	ハ	ヒ	フ	ヘ	ホ
m	マ	ミ	ム	メ	モ
y	ヤ		ユ		ヨ
r	ラ	リ	ル	レ	ロ
w	ワ				ヲ
	ン				

図16．6次教育課程期の教科書 [6HG] の五十音図（表見返し）

図17の [6HJ] は、教科書の表見返しにひらがなとカタカナの清音の五十音図が掲載され、かなには番号と矢印を利用した筆順が表記されている。予備単元『発音練習』に提示された五十音図 (図18) とはかなの配列方向が異なっている。表見返しの五十音図 (図17) は行が横方向 (左から右)、段が縦方向であるが、予備単元 (図18) では、行が縦方向 (左から右)、段が横方向に配列されている。

図17.　6次教育課程期の教科書 [6HJ] の五十音図 (表見返し)

図18.　6次教育課程期の教科書 [6HJ] の五十音図 (予備単元)

図18に示す予備単元に掲載された[6HJ]の五十音図には、音声記号表記に使用される記号[　　]を利用して、かなの下にローマ字表記と音声記号を混用した形態の表記がされている。例えば、「し」[ʃi] と「ち」[tʃi] は音声記号と見られ、特に「ん」は4種類の変異音（ [m] 、 [n] 、 [ŋ] 、 [ɴ])も表記されているが、「つ」[tsu] 、「ひ」[hi] 、「ふ」[Fu] を含む他のかな表記はヘボン式ローマ字で表示してあることが観察できる。

6次教育課程期の教科書のうち [6HL] は、表見返しに表題や濁音、半濁音、拗音等の名称の使用が無い状態でひらがな、カタカナの清音が五十音図の形態で示されており、番号を利用した筆順が付記されている。一方、予備単元の五十音図は、図19に示したように、かなに音声記号を利用した発音表記があり、後続する母音による子音の変異音についても一貫性を持って表記されている。

五十音図

ひらがな

あ a	い i	う ɯ	え e	お o
か ka	き ki	く kɯ	け ke	こ ko
さ sa	し ʃi	す sɯ	せ se	そ so
た ta	ち tʃi	つ tsɯ	て te	と to
な na	に ɲi	ぬ nɯ	ね ne	の no
は ha	ひ çi	ふ ɸɯ	へ he	ほ ho
ま ma	み mi	む mɯ	め me	も mo
や ja		ゆ jɯ		よ jo
ら ra	り ri	る rɯ	れ re	ろ ro
わ wa				を o
ん N				

カタカナ

ア a	イ i	ウ ɯ	エ e	オ o
カ ka	キ ki	ク kɯ	ケ ke	コ ko
サ sa	シ ʃi	ス sɯ	セ se	ソ so
タ ta	チ tʃi	ツ tsɯ	テ te	ト to
ナ na	ニ ɲi	ヌ nɯ	ネ ne	ノ no
ハ ha	ヒ çi	フ ɸɯ	ヘ he	ホ ho
マ ma	ミ mi	ム mɯ	メ me	モ mo
ヤ ja		ユ jɯ		ヨ jo
ラ ra	リ ri	ル rɯ	レ re	ロ ro
ワ wa				ヲ o
ン N				

図19.　6次教育課程期の教科書 [6HL] の五十音図 (予備単元)

最後に、図20の [6HH] に掲載された五十音図について検討する。この教科書は、『五十音図の筆順』と『文字と発音』という表題で、かなの配列形態が異なる2種類の五十音図が予備単元に掲載されている。

図20．　6次教育課程期の教科書［6HH］の五十音図（予備単元１）

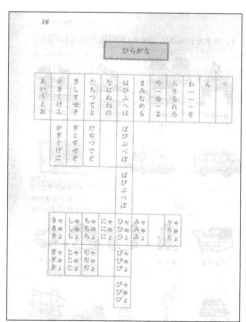

図21．　6次教育課程期の教科書［6HH］の五十音図（予備単元２）

予備単元1の五十音図（清音）は『五十音図の筆順』という表題で、かなの配列方向は、行が横方向（左から）、段は縦方向であり、各かなには番号と矢印を利用した筆順が表示されている。また、各行と段の代表音がローマ字で表記されている。一方、次の図21の五十音図では、清音、濁音、半濁音に加え拗音も扱われているが、かなは行は縦方向、段が横方向（左から右）に配列され、あ段の右端には促音が提示されている。このことから、日本語の基本的な文字体系と音韻体系を先に提示し、その後、日本語の文字体系と音韻体系を全体的に示したものと推測できる。

　ここまで分析した6次教育課程期の教科書12種類の特徴をまとめる。第一に、五十音図が提示された教科書は全11種類で、かなの配列方向の観点からは［6HH］を除く残り10種類の教科書は全て行が横方向（左から右）、段が縦方向に配列されているが、［6HH］は同一の教科書内で『五十音図の筆順』項目（6~7頁）と『文字と発音』項目（16~17頁）の2か所に五十音図が掲載されており、各々かなの配列方向が異なっている。第二に、6種類の教科書は五十音図のかなに番号と矢印を利用した筆順が表示されていた。

3.6　7次教育課程期の教科書

　7次教育課程期の教科書は、6次教育課程期と同一の題名で『高等学校　日本語Ⅰ』が12種類、『高等学校　日本語Ⅱ』が6種類発行された。以下、5種類の教科書における五十音図を提示し、その特徴を検討する。

　まず、図22に示した［7HA］は、表見返しに見開き2ページに『ひらがな』と『カタカナ』という表題で、清音、濁音、半濁音、拗音が掲載されており、かなの種類別にその名称が日本語で表記されている。また、全てのかなにはヘボン式ローマ字表記が付されている[15]。

　予備単元『発音と文字』では、かなが、母音（あ行音）と子音（清音、濁音、半濁音、拗音）に分類され、音声記号を用いて発音表記がされている。但し、発音に関する説明もあるが、「五十音図の子音で声帯振動が無いものは無清音である」（清音）、「『し』は[ʃ]で発音する。[ʃ]は英語の[ʃip]の口の形をする」（「し」の発音）、「韓国語の가', '자', '다', '바'より声帯の振動がかなり大きい」（濁音）など、音声学的な正確性が欠如した記述が目立つ。

---

15) カタカナ五十音図の下段に「かなの下、または、横にあるアルファベットは日本語のローマ字表記である」と注釈が付されている。

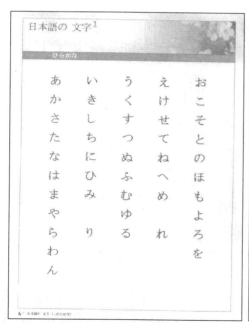

図22. 7次教育課程期の教科書 [7HA] の五十音図 (表見返し)

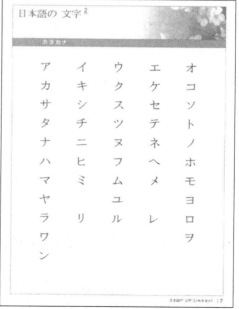

図23. 7次教育課程期の教科書 [7HB] の五十音図 (予備単元)

次の図23[7HB]は、予備単元『日本の文字』に五十音図（清音）が掲載されている。続く次の予備単元『日本の発音』では、日本語のかなが母音（あ行音）、半母音（や行音）、子音（清音、濁音、半濁音）、拗音、撥音（ん）、促音（っ）、長音に分類され、各かなには番号と矢印を利用した筆順表記と音声記号を用した発音表記がされている。

　図24の［7HF］は、教科書の表見返しに見開き２ページでひらがなとカタカナの五十音図（清音）が掲載されている。かなには番号と矢印を利用した筆順が表示されており、かなの下側に訓令式ローマ字表記が付されている。また、予備単元『文字と発音』では、特殊拍を除くかなが母音（あ行音）と子音（清音、濁音、半濁音、拗音）に分類され、各かなには音声記号を利用した発音表記があるが、特に、ざ行音とじゃ行音には、出現環境による調音法を考慮した破擦音と摩擦音が共に表記されている。

図24.　7次教育課程期の教科書[7HF]の五十音図（予備単元）

　図25の［7HD］は、予備単元『日本語を勉強する前に』において、日本語の表記に関する簡単な説明と共にひらがなとカタカナ（清音）の五十音図が掲載されている。前掲の教科書とは異なり、行が縦方向、段が横方向（左から右）に配列され、かなの下に音声記号を利用した発音表記があるが、「ん」の発音は語

末に実現する変異音 [N]（口蓋垂鼻音）として表記されている。続く予備単元『日本語の発音』では、日本語のひらがなとカタカナが清音、濁音、半濁音、促音、拗音、長音に分類されており、発音表記と筆順の表示はされていない。

3. 오십 음도

「ひらがな」

段＼行	あ	か	さ	た	な	は	ま	や	ら	わ	
あ	あ [a]	か [ka]	さ [sa]	た [ta]	な [na]	は [ha]	ま [ma]	や [ja]	ら [ra]	わ [wa]	ん [N]
い	い [i]	き [ki]	し [ɕi]	ち [tɕi]	に [ɲi]	ひ [çi]	み [mi]		り [ri]		
う	う [ɯ]	く [kɯ]	す [sɯ]	つ [tsɯ]	ぬ [nɯ]	ふ [ɸɯ]	む [mɯ]	ゆ [jɯ]	る [rɯ]		
え	え [e]	け [ke]	せ [se]	て [te]	ね [ne]	へ [he]	め [me]		れ [re]		
お	お [o]	こ [ko]	そ [so]	と [to]	の [no]	ほ [ho]	も [mo]	よ [jo]	ろ [ro]	を [o]	

「カタカナ」

段＼行	ア	カ	サ	タ	ナ	ハ	マ	ヤ	ラ	ワ	
ア	ア [a]	カ [ka]	サ [sa]	タ [ta]	ナ [na]	ハ [ha]	マ [ma]	ヤ [ja]	ラ [ra]	ワ [wa]	ン [N]
イ	イ [i]	キ [ki]	シ [ɕi]	チ [tɕi]	ニ [ɲi]	ヒ [çi]	ミ [mi]		リ [ri]		
ウ	ウ [ɯ]	ク [kɯ]	ス [sɯ]	ツ [tsɯ]	ヌ [nɯ]	フ [ɸɯ]	ム [mɯ]	ユ [jɯ]	ル [rɯ]		
エ	エ [e]	ケ [ke]	セ [se]	テ [te]	ネ [ne]	ヘ [he]	メ [me]		レ [re]		
オ	オ [o]	コ [ko]	ソ [so]	ト [to]	ノ [no]	ホ [ho]	モ [mo]	ヨ [jo]	ロ [ro]	ヲ [o]	

図25．7次教育課程期の教科書 [7HD] の五十音図（予備単元）

このほか、7次教育課程期の教科書のうち、最も単純な形態の五十音図が掲載されている教科書は [7HH]（図26）である。予備単元『文字と発音』に掲載された五十音図は、[7HD] と同様に行が縦方向、段が横（左から右）方向に配列されており、ローマ字表記、筆順等の表示はされていない。

最後に、図27の [7HI] は、予備単元『日本語のかなの入力方法』において、典型的な五十音図ではないが、ひらがなの清音、濁音、半濁音、拗音が提示されている。かなの右側上段にコンピュータ入力に対応するローマ字の表記、その下段にハングル字母でかなのローマ字入力あるいはハングル入力の対応関係が提示されており、「ん」に関しては、複数のアルファベット（N,NN）とハングル字母（ㄴ，ㅁ，ㅇ）が併記されている。当時のコンピュータ利用状況からコン

ピュータを用いた日本語入力の必要性を考慮したものと判断される。

図26. 7次教育課程期の教科書 [7HH] の五十音図 (予備単元)

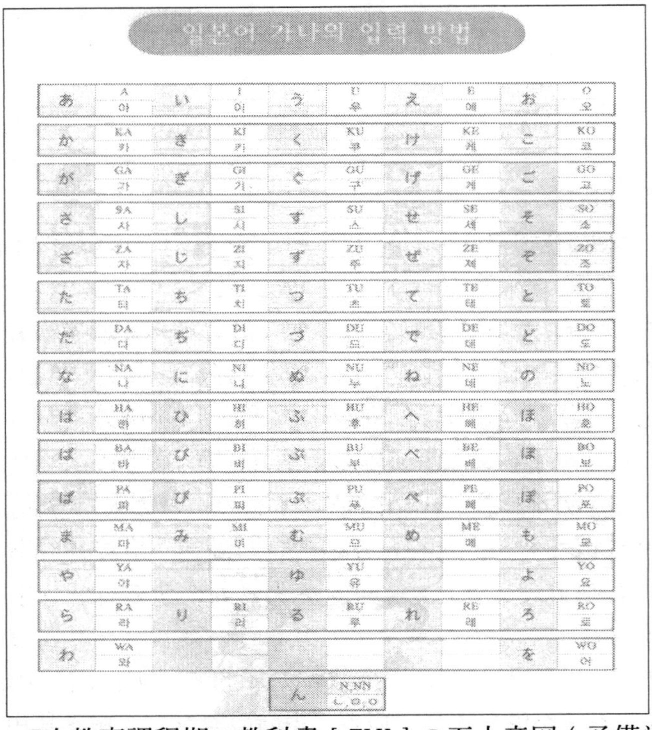

図27. 7次教育課程期の教科書 [7HI] の五十音図 (予備単元)

この7次教育課程期には、中学においても日本語教育が開始され、教科書は国定教科書で1種類発行された。図28に示すように表見返しに見開き2ページに『ひらがなの書き方』という表題でひらがな（清音）の五十音図が掲載されており、かなには番号と矢印を利用した筆順が表示されている。また、裏見返しには『かな文字のローマ字入力方法』という表題でひらがな（清音）とそれに対応するキーボードのアルファベットキーを模した絵での五十音図が示されている。この教科書の最大の特徴は、図29にも例示したように、目次の単元名『日本語』、1～3課の『重要表現』、『役割練習』で用いられた文章にコンピュータのローマ字入力に対応する表記がされている点である。

　以上、7次教育課程期の教科書に掲載された五十音図について考察したが、共通点のほか、教科書執筆者（出版社）による相違も多数の示唆があった。『高等学校　日本語Ⅰ』12種類の五十音図は、図、または、表形式の五十音図に清音、濁音、半濁音、拗音が全て含まれているもの（5種類）と五十音図には拗音が除外され予備単元の発音練習等で導入されるものに分類される。また、かなの名称（清音、濁音、半濁音、拗音等）が表記された教科書、かなの筆順が表記された教科書、ローマ字表記が導入された教科書、発音記号が表記された教科書、かなとコンピュータ入力の対応関係が提示された教科書等に分類される。

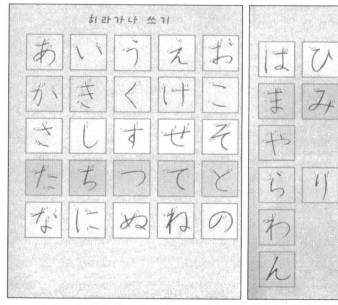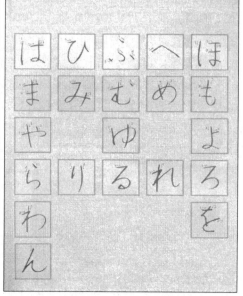

図28.　7次教育課程期の教科書 [7MA] の五十音図（表見返し）

図29.　[7MA] のローマ字入力表記の事例 (1課)

3.7　2007改定教育課程期の教科書

　2次教育課程期から7次教育課程期までは次数を表す数字が冒頭に付与され、各教育課程期の呼称として使用されて来たが、それ以降は教育課程が改定された年度を付して「2007改定教育課程」という形式での呼称の使用が始まった。2007改定教育課程期に発行された高校の日本語教科書は急激にその種類が減少し、『高等学校　日本語Ⅰ』は6種類、『高等学校　日本語Ⅱ』は2種類発行された。以下に教科書別の特徴を検討する[16]。

　まず、図30の [2007HF] は、教科書の表見返しの見開き2ページに、ひらがなとカタカナの清音の五十音図（『50音図』）が掲載されており、清音の横には濁音、半濁音、拗音が提示され、かなの名称がハングルで表記されている。かなにローマ字表記や筆順は示されていないが、予備単元『文字と発音』においては、ひらがなとカタカナに[　　]内にIPA[17]を利用した発音表記があり、特に清音には番号と矢印での筆順を示し、書き方練習の欄が設けられている。

---

16) 7次教育課程期に始まった中学の日本語教育は、これ以降も継続して実施されており、2007改定教育課程期以降に発行された中学校日本語教科書は同時期の高校教科書と同一執筆者で、五十音図も大きな相違が見受けられないことから、以下、中学校教科書の五十音図に関する記述は省略する。
17) IPA：International Phonetic Alphabet/国際音声記号

図30. 2007改定教育課程期の教科書 [2007HF] の五十音図 (表見返し)

　次に、図31の [2007HA] は、予備単元『ひらがな・かたかな』の11ページにひらがなの清音が、22ページにカタカナの清音が掲載されており、ひらがなとカタカナを完全に分け、異なる時期に学習するよう設定されている[18]。各々の五十音図には、かなの右下にローマ字表記 (ヘボン式と訓令式) が付されているが、五十音図の下段に「ローマ字表記は日本語をコンピュータ入力する際の方法を示したものである」と記載があることから、ローマ字表記の役割に対する執筆者の意図が推測できる。また、ひらがなの五十音図では、他のかなと分離される形で「ん」が表示されているが、その右下に「『ん』は清音ではないが表記の参考になるため提示した」と副次的な説明がされている[19]。また、五十音図の上段には「よく聞いて、後からついて読んでみましょう」という指示文と共にヘッドホンの絵の内側に音声のトラック番号が表示されている。

　続く図32の [2007HE] は、教科書の最初の単元『1　ひらがなとカタカナ』で文字と発音を学習するようになっており、ひらがなとカタカナの清音がローマ字表記 (訓令式とヘボン式) と共に見開き2ページで掲載されているが、下部

---

18) [2007HA]には「五十音図」という用語は使用されておらず、ハングルでかなの種類 (清音、濁音と半濁音、拗音、促音、撥音、長音) を分類して表記してある。
19) 「ん」は清音ではないという説明は、2007改定教育課程期の教科書において初めて記述された。

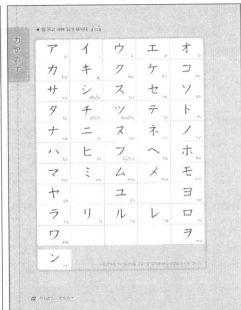

図31. 2007改定教育課程期の教科書 [2007HA] の五十音図（予備単元）

図32. 2007改定教育課程期の教科書 [2007HE] の五十音図（本単元）

に「ローマ字表記は、コンピュータで入力する際の方法を表したものです」との付言がある。また、かなは書き方の順序ごとに4種類の異なる色で筆順が表記されており、下部に形が類似し区別が難しい文字を聞いて書き分ける練習が設けられている。

　最後に、図33の［2007HD］は、［2007HE］と同様、教科書の本単元『1　かなとあいさつ』に五十音図が掲載されている。その小見出し『文字と発音』の下に、左右に分けてひらがなとカタカナ清音の五十音図が置かれ、その下に濁音と半濁音が表示されている。

図33.　2007改定教育課程期の教科書［2007HD］の五十音図（1課）

　各かなにはローマ字表記（ヘボン式）が付されており、同一ページ下段の［tip］には「50音図において『ん』を除外した残りの発音を『清音』といいます」という注釈がある。また、この教科書の裏見返しには、見開き2ページでひらがなとカタカナの清音の五十音図が提示されており、各かなにはヘボン式ローマ

字表記と番号と矢印を利用した筆順の表記がある。

　この時期に発行された教科書「高等学校　日本語Ⅰ」6種類のうち、五十音図が掲載された教科書は5種類で、扱われたかなの種類と範囲によって大きく2タイプに分類ができる。清音、濁音、半濁音、拗音が全て提示された教科書3種類と清音のみ提示された2種類である[20]。また、五十音図は見返し部分ではなく教科書の予備単元、本単元内に掲載されたものが多い。五十音図が掲載された5種の教科書のうちローマ字表記が付されたものは3種類で、そのうちヘボン式と訓令式が併記されたものが2種類、ヘボン式のみ表記されたものは1種類である。また、この時期の教科書は全て五十音図のかなの配列方向が行は横方向（左から右）、段は縦方向になっている。但し、教科書の導入部に五十音図が提示されていない教科書 [2007HB] は巻末の付録（pp.184-185）にコンピュータキーボードのキーを模った絵を五十音図形式に配置し、かなのローマ字入力の方法を示しているが、同一時期の他の教科書と異なり、かなの配列方向は行が横方向（左から右）、段が縦方向になっている[21]。

3.8　2009改定教育課程期の教科書

　2009改定教育課程期には、『高等学校　日本語Ⅰ』が7種類、『高等学校　日本語Ⅱ』が3種類発行された。Ⅰ巻の7種の教科書のうち五十音図が提示されているのは6種類で、かなの配列は全て行が横方向（左から右）、段が縦方向になっている。また、全ての教科書の五十音図にはひらがなとカタカナの清音みが掲載されており、それ以外は、予備単元的な役割を持つ発音練習等の学習項目で扱われている。即ち、以前の教育課程期の教科書に比べ五十音図の形態が単純化され、五十音図で用いられるかなの種類も減少する等、教科書間の差異が極めて小さくなっている。

　まず、図34の [2009HE] は、予備単元『日本探求』の下位項目『五十音図』に、清音のみ「行・段」の用語と共に五十音図が掲載されている[22]。その構成や配置、「横に5文字ずつ10行に配列された日本の文字表を五十音図と言います」という付加説明があることからも、本格的な学習活動のためというのではなく、単

---

20) 五十音図には清音のみ掲載した教科書も、それ以降の発音練習等の学習項目で濁音、半濁音、拗音等を導入している。
21) 予備単元『文字と発音』に、ひらがなとカタカナを分けて、行単位で提示し、かなには番号と矢印で筆順を提示すると同時に書き方の練習欄を設けている。
22) この教科書の執筆者が執筆した2007改定教育課程の教科書 [2007HC] の五十音図（図28）もこれと同様である。

に日本語の文字を紹介するに留まるのものと推測される。続く、予備単元『日本語も文字と発音』では、ひらがなの清音、濁音、半濁音、拗音に番号と矢印を使用した筆順が表示され、ヘボン式のローマ字表記（特殊拍はIPAで変異音を表記）がされており、下部にはかなの書き方練習の欄が設けられている。また、裏見返しには『五十音図』という表題で、ヘボン式ローマ字表記を付記したひらがなの五十音図と、ひらがなで発音表記をしたカタカナの五十音図（図34）が提示されているが、ひらがなのローマ字表記を［　］内に表記し、カタカナの発音を［　］内にひらがなで表記しているのが特徴的である。

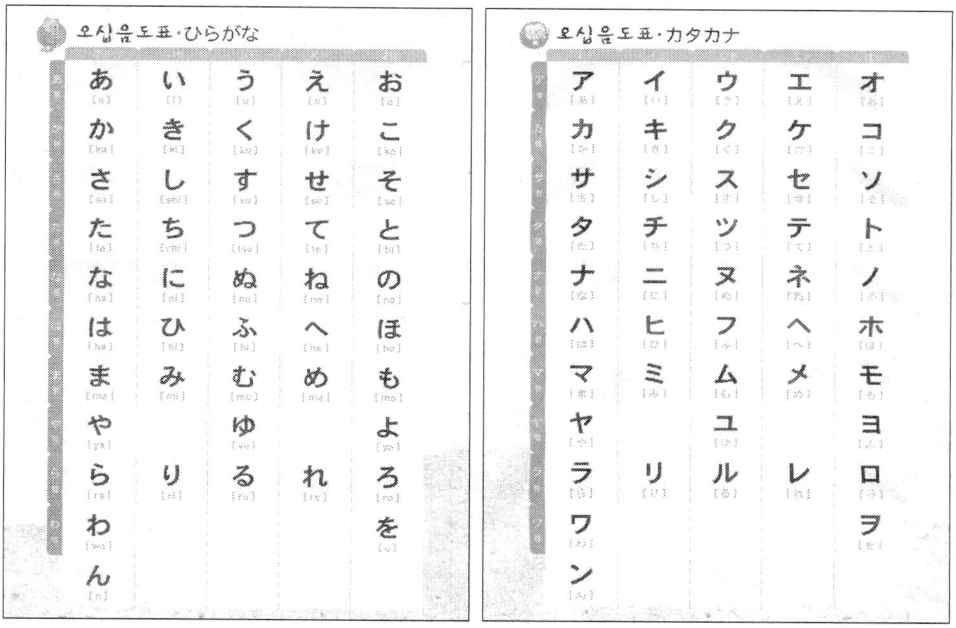

図34.　2009改定教育課程期の教科書［2009HE］の五十音図（裏見返し）

　次に、図35の［2009HA］は、本単元の第1課『かなとはつおん』に五十音図（ひらがなは14ページ、カタカナは22ページ）が掲載されているが、2009改定教育課程期の教科書のうちその形態が最も単純である。ローマ字表記と筆順等が全て省略された五十音図が「よく聞いて大きな声で読んでみましょう」という指示文と共に始まり、続く次ページでは「よく聞いて筆順の通りに書いてみましょう」という指示文と共に番号と矢印で書き順が表記された五十音図が提示されている。ここから、日本語学習の入門段階で最初に日本語の基礎的な音韻体系と発音を導入し、次の段階で文字の書き方を学ぶという筆者の意図が推測で

きる[23]。

図35.　2009改定教育課程期の教科書 [2009HA] の五十音図（１課）

　続いて図36に提示した [2009HB] の五十音図について検討する。 [2009H
B] の特徴は、上段と左側に段と行の名称が提示されている点と、かなの右下に
ヘボン式ローマ字表記が付されており「ふ」には訓令式とヘボン式表記が併記さ
れている点である。かなのローマ字表記は、日本語の発音のヒントを提供する
というものではなく、コンピュータ等の日本語入力の方法を提示するのに大き
な目的があると思われるが、五十音図の右上に示された付加説明からもその意
図が確認できる[24]。また、五十音図の下部に「日本語のかなを発音体系に基づき
5段10行に配列したもので、辞書を引く場合も上記五十音図の順序による」とい
う説明が付記されている。

---

23)　この教科書は筆者が代表執筆者として参与したが、共同執筆者である高等学校日本語教師との論議
　　と討論を重ね、五十音図からローマ字表記と筆順表記等を排除し、音声資料を利用した正確な発音
　　学習が実現できるよう努力した。高等学校日本語教育の現場の必要性等を考慮し「清音」、「段」、
　　「行」の用語や「『ん』は清音ではありません」という付加説明をしたものである。
24)　図では解読困難なものと判断されるためここに注記しておく。「日本語をコンピュータで入力する
　　ときは、五十音図のローマ字表記通りに入力します。但し、「し」を入力するときは、「si」または
　　「shi」で、「ん」を入力するときは「n」または「nn」でします。」

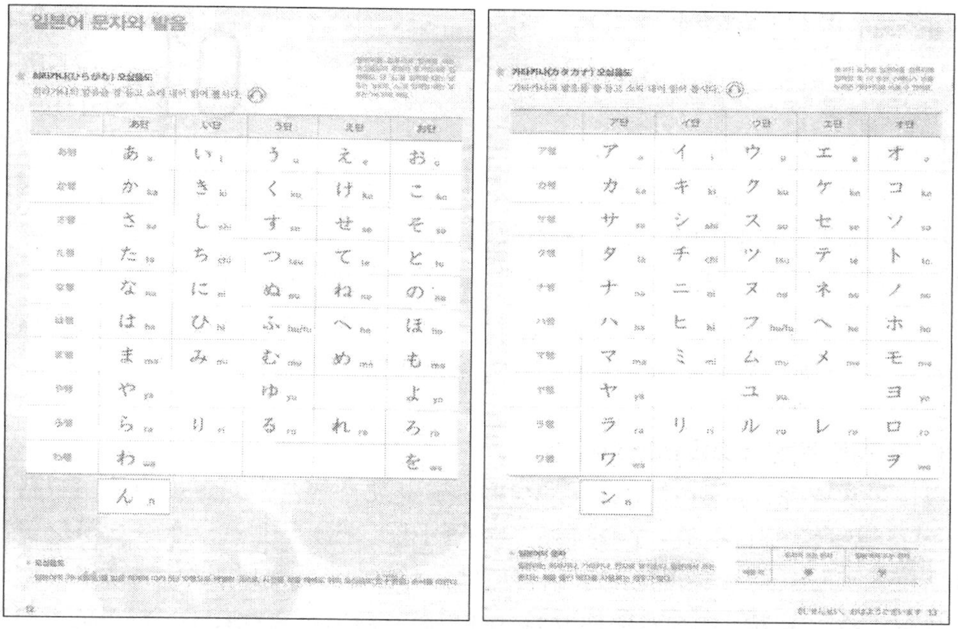

図36.　2009改定教育課程期の教科書 [2009HB] の五十音図（１課）

図37.　2009改定教育課程期の教科書 [2009HG] の五十音図（予備単元）

最後に、図37 [2009HG] の五十音図は、かなの右下に、音声記号表記に使われる [　] 内にヘボン式と訓令式を混用したローマ字表記がされており、「し[si]」、「ふ[hu]」は訓令式、それ以外のかなはヘボン式のローマ字表記、「ん[ɴ]」はIPAを利用した発音表記がその例である。また、付録には、日本語のローマ字入力の方法（ p.205 ）と日本語のかなとハングル対照表（ p.206 ）25)が収録されている。

　2009改定教育課程期に発行された教科書の五十音図は、全てひらがなとカタカナの清音のみ提示され、かなの配列も全て行が横方向（ 左から右 ）、段が縦方向になっており教科書間の差異は非常に小さい。但し、ローマ字表記採択の有無とその表記方法において教科書による相違が表れた。

3.9　2015改定教育課程期の教科書

　現行の教育課程2015改定教育課程期により発行された高校の日本語教科書は、『高等学校　日本語Ⅰ』が8種類、『高等学校　日本語Ⅱ』が2種類である。『高等学校　日本語Ⅰ』の8種類の教科書には全て五十音図が掲載されており、どの教科書においても、かなの配列方向は行が横方向（ 左から右 ）、段が縦方向と共通しており、かなへのローマ字表記または音声記号表記が採用されている。五十音図のかなに番号と矢印で筆順を表記した教科書は2種類である。以下、4種類の教科書に掲載された五十音図を中心にその特徴を検討する。

　まず、図38の [2015HA] では、「五十音図」という用語は使用されず『ひらがな』、『カタカナ』という表題で清音が五十音図形式で提示されている。表の上段と左側には各々段と行の名称が表記されており、かなにはヘボン式ローマ字表記が付されている。また、「『ん』は清音ではありません」との付加説明と、下部の「TIP」にひらがなの由来等に関する説明26)がある。また、かなの書き方や筆順は表示されていないが、カタカナの下部「Tip」には、形態が類似し混同しやすい文字である「シ」と「ツ」、「ン」と「ソ」に番号と矢印を利用した筆順の例示がある。また、五十音図の左上に「清音を聞いて、後から上手に読んでみましょう」という指示文と共に音声資料のトラック番号が提示されている。

---

25)　「日本語のかなとハングル対照表」は韓国の国立国語院で定めた外来語表記法で、日本語をハングルで表記する原則として示した規定である。1986年に制定・告示（ 文教部告示第85-11号 ）され、若干の改定（ 2014年文化体育観光部告示第2014-43号 ）を経て現在まで使用されている。具体的な内容は国立国語院ホームページの「語文規範」内の「外来語表記法」を参考にされたい。（ https://www.korean.go.kr/ ）
26)　「ひらがなは漢字の崩し字から作られた文字で、日本語を表記する最も基本的な文字です」

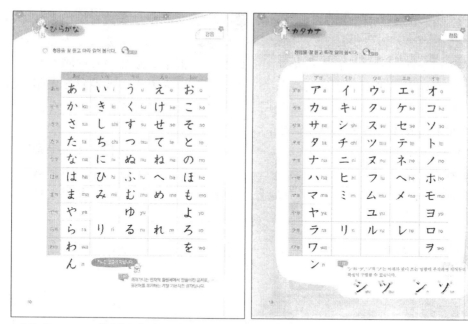

図38. 2015改定教育課程期の教科書 [2015HA] の五十音図 (予備単元)

図39. 2015改定教育課程期の教科書 [2015HC] の五十音図 (1課)

次に、図39 [2015HC] の五十音図は、ヘボン式ローマ字表記が採用されているが、音声記号を表す記号 [　] 内にローマ字を表記をしていることから、ローマ字表記はかなの発音情報を提供する目的として提示したものと推測される。また、ひらがなに筆順の表記はされていないが、カタカナには番号と矢印、および、書く順序ごとに異なる色を利用した筆順表記がされている。また、五十音図の左上に矢印で段と行の方向を示している。

　図40の [2015HE] には、コンピュータキーボードのキーを模った五十音図が提示されている。かなにはキーボードのアルファベットではなくヘボン式ローマ字表記を付している。また、各段と行の名称が上段と左側に表記されてお

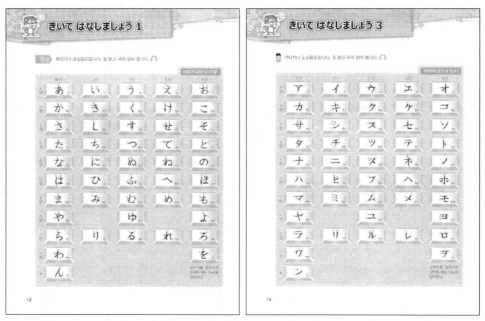

図40. 2015改定教育課程期の教科書 [2015HE] の五十音図（1課）

り、「を」（ローマ字表記は「o」）のすぐ下に「日本語をコンピュータで入力するときは [wo] と入力する」という説明が添えられている。

　ひらがな「ん」の左側には符号（★）が表示されているが、「ん」は清音に含まないという主旨を示したものと思われる。また、かなには番号と矢印を利用した筆順が表示されており、他の教科書と同様、五十音図の上部に音声資料を用いた発音学習についての指示27)が示されている点から、かなに付記するローマ字表記の具体的な用途を示したものと推測できる。

図41の［2015HG］は、予備単元の性質を持ついわゆる「0課」の設定があり、『0．よーいドン！』の小項目『日本語の文字と発音』内に五十音図が掲載されている。五十音図の上段と左側には各段、各行の名称が記されており、かなにはヘボン式のローマ字表記が付されている。また、五十音図の下部に「五十音図とは？横5文字、縦10行に配列した日本語の文字表をいう」と説明が添付されている。

図41．　2015改定教育課程期の教科書［2015HG］の五十音図（予備単元）

　この教科書では、音声資料を利用した発音学習に関する指示文は無いが、五十音図の左上に音声資料のトラック番号が表示されている。また、五十音図の右上には、日本語の文字の種類に関する説明（「日本語の文字はひらがなとカタカナ、漢字で構成されている」）が提示されている。
　2015改定教育課程期の日本語教科書に掲載された五十音図は、かなの配列方向、ローマ字表記等の面において全体的に非常に類似しており、全教科書が音声資料を用いた発音学習ツールを提供している。但し、各教科書の五十音図のかなに付されたローマ字表記の具体的な機能と役割は教科書により相違がある

---

27)「ひらがな五十音図です。よく聞いて後から読んでみましょう」

と推測され、ローマ字表記は発音のヒントを提供するものとして利用した教科書と、コンピュータの日本語入力方法の機能を強調した教科書、また、発音のヒントとコンピュータ入力の両側面を複合的に考慮した教科書が観察された。

4. 五十音図の役割と機能および問題点

　これまで、韓国内の高校において外国語としての日本語教育が開始された2次教育課程期（1963～1974）から2015改定教育課程期（2015～2022）までの約50余年の間に発行された高校日本語教科書を対象として、教科書に掲載された五十音図の形態とその内容および教育課程による変化様相について検討した。

　日本語学習入門期の教科書で扱う五十音図の最も基本的な役割は、学習者に日本語の基本的な音韻体系と文字体系を示す点にあるといえる。但し、提示される五十音図の形態と収録内容等により、その本来の役割の遂行可能性は大きく変わって来る。

　以下では、外国語としての日本語学習入門期の教科書において、日本語の発音と文字を導入する段階で五十音図を提示する必要性、その形態と内容および問題点等について筆者の見解を明らかにすることで、今後の改善方向を本格的に論議するための討論に紙面を割きたい。

4.1　五十音図の内容

　外国語としての日本語学習入門段階において、発音および文字教育のための五十音図の必要性と、その内容について論議する必要があり、その重要な論点は次の通りである。

　第一に、五十音図で扱われるかなの種類である。これまで分析した高等学校日本語教科書の五十音図は、その「五十音図」という名称に実態が一致しておらず、清音、濁音、半濁音、拗音等の全てを含むもの、清音のみで構成され扱うかなの数が50に満たないもの、撥音、促音の取扱いの有無等、多様な形態の五十音図が存在する。

　第二に、かなの種類に関する用語の有効性である。清音、濁音、半濁音、拗音、撥音、促音等の用語が使用されているが、五十音図内に日本語あるいは韓国語で提示しているもの、五十音図では使用していないが予備単元等の発音練習や書き方練習の課程で使用した教科書がある。しかし、これらの名称は各々の子音の音声学的特徴を正確に表しておらず、かなの発音より種類（形態）を

識別するのに必要とする役割を果たすものといえる[28]。

　第三に、かなの読み書きに関する記述である。教科書により五十音図のかなに筆順を表示したもの、ローマ字表記 (ヘボン式、訓令式) を付したもの、コンピュータ入力の対応を表示したもの、かなの母音 (段) と子音 (行) を音素記号で表記したもの等がある。

　第四に、五十音図で実際に扱われるかなの種類と数は、「五十音図」という名称と合致しておらず、名称と実態の不調和 (現象) を説明した教科書は管見の限り無いが、中高生を含む一般的な学習目標を持つ学習者にとって、その入門期に理由や内容、変化様相について具体的な説明をする必要は無いものと判断されるが、これについては議論の余地があり、今後さらに検討する必要があるものと思われる。

4.2　五十音図のかなの配列方向

　五十音図のかなの配列に関連し、共通した母音で構成されるかなの名称である「段」、および、共通した子音で構成されるかなの名称である「行」の必要性とその合目的性について検討が必要である。五十音図に掲載された行と段の配列が伝統的な五十音図とは異っているが用語はそのまま使用されている。過去には用言の活用を学習する段階で用言の語尾変化規則を説明する際に「段」の概念と用語が使用された時期があったが、現在の日本語教育においてもこれらの用語を使用する必要があるのか等も含めその適切性についての論議も必要である。

4.3　かなのローマ字表記と音声記号表記等の有効性

　五十音図のかなに付されるローマ字 (ヘボン式、訓令式) と音声記号およびコンピュータキーボードのアルファベットの有効性ついて充分な論議が必要である。

　禹完在・閔光準 (2015) は、日本語のかなをローマ字と音声記号で表記した文字カードを高校生に提示し、発話を録音した音声を日本語母語話者に聴かせ、カタカナで転写した結果を報告している。結果的に、かなのローマ字と音声記号表記を見て発音した学習者の比率 (ローマ字90％、音声記号35％) は平均67％と低く[29]、そのうち正答率 (ローマ字と音声記号が表すかなと高校生の

---

28) 第7次教育課程期の教科書の中には、清音を「五十音図の子音で声帯の振動が無い無声音である」という不正確に説明したもの ([7HA]) もある。

発音を日本人母語話者が評価した結果が一致した比率）は平均31％（ローマ字39％、音声記号23％）と非常に低く表れた。これらの結果から、教師の適切な指導が伴わなければ、教科書の導入部に提示されている五十音図のかなに併記したローマ字表記と音声記号表記等は、学習者の日本語発音習得に効果的であるとは言い難く、むしろ否定的な影響を及ぼすこともあると思われる。

　一方、ローマ字は、現代日本語の表記において一般的な略語、単位等、略称、外来語のみならず外国人を対象に駅名、地名、看板等の表記にも使用されており、日本語学習者もその規則を学習し運用する必要がある。コンピュータと携帯電話等を利用する情報検索とテキスト入力のためには、各種電子媒体のキーボードのアルファベットキーと日本語のかなとの対応関係を学習し、利用する必要がある。但し、このような目的を効果的に達成させるためには、適切な導入時期とより具体的かつ効率的な方法についての論議が先行する必要がある。

4.4　外来語音の学習に必要なカタカナ導入の必要性

　これまでの分析結果によると、五十音図あるいは予備単元等の文字・発音の導入課程で、基本的な日本語の音韻体系にない外来語音のカタカナ表記のための「ティ、デュ、ファ」等[30]を体系的に導入した教科書は存在しない。日本語学習の初期にも学習者は多様な媒体を通しカタカナで表記される外来語に接し、その単語を実際に使用する機会が多いものと判断されるが、その導入時期と方法等についての具体的な論議が必要である。

5. おわりに

　本稿では2次教育課程期（1963～1974）から現行の教育課程である2015改定教育課程期（2015～2022）に至る約50余年の間に発行された高校日本語教科書で扱われた五十音図を対象に、その提示形態と内容および教育課程期による変化様相を体系的に記述した。また、その結果を踏まえ、外国語としての日本語教育という立場から教科書に提示された五十音図の問題点を指摘し、その具体的な改善方案に関する論議の必要性を提議した。

---

29) 提示したローマ字と音声記号表記を見て発音ができなかった比率は平均33％を意味する。
30)「外来語表記に使用するかなと符合の表」の第1表の右上と第2表に提示されたカタカナを意味する。
　　https://www.bunka.go.jp/kokugo_nihongo/sisaku/joho/joho/kijun/naikaku/gairai/honbun01.html

これまでにも日本語を母語としない学習者を対象にした日本語音声教育を目標に五十音図に関連した多様な研究と、教育現場における実践方法を具体的に模索するための努力がなされて来た。例えば、鹿島（1995）の「ブランク表（清音）」、泉谷（2012）の「ローマ字『五十音図』」、副島（2021）の「新体系の五十音図」、松崎・河野（1989）の「拡大五十音図」と「超拡大五十音図」等が挙げられる。しかし、これらは全て日本語母語話者教師の観点から提案されたもので、韓国語母語話者教師の観点から韓国人学習者を対象とした研究は管見の限り見当たらないが、これらに関する体系的な研究が必要である。そのためには、中学・高校の日本語教科書執筆に絶対的な影響を及ぼすといえる教育課程の内容に対する綿密な分析が先行されなければならない。

　本稿で言及した現行の教育課程である2015改定教育課程の原文はもちろん、2024年より適用開始の2022改定教育課程の原文には、「内容体系」と「成就基準」項目の言語4機能のうち、音声に関する記述と解説に「清・濁音、長・短音、拗音、促音、撥音、拍、イントネーション」といった日本の国語学的用語や表現が使用されており、このような用語や表現は教科書執筆においても大きな影響を及ぼすものと思われる。教育課程の原文中、特に音声教育に関連した内容の記述を日本の国語学的観点からではなく、一般音声学的観点から修正する必要があると判断される。

　最近の日本語学習および教育環境は、紙媒体の教科書と教師の肉声のみで行われた時代とは異なり、学習者はもちろん教師にとっても多様な学習形態および教育資料ツールが活用できる環境が整っている。これらを効率的に活用できる方法を模索し、その結果を教科書に反映させる必要がある。韓国語母語話者教師の観点から日本語学習入門期の韓国人学習者を対象にした日本語の発音と文字を効果的に学習し、教育を提供するのに必要なカリキュラムとその具体的な実践方法等に関する体系的な研究が実現されることを期待したい。

参考文献および引用文献

禹完在・閔光準(우완재・민광준 2015), 로마자와 음성기호를 이용한 일본어 가나 발음표기의 실효성, 일본어교육 제65집, pp.31-47
チョ・ムンヒ(조문희 2011a), 일본어 교육사(上), 제이앤씨
チョ・ムンヒ(조문희 2011b), 일본어 교육사(下), 제이앤씨
ハン・ジュンソン(한중선 2013), 『고등학교 日本語讀本』에 관한 고찰, 일본어학연

구 제38집, pp.263-279

鹿島央 (1995), 初級音声教育再考, 日本語教育 86号, pp.103-115

馬渕和夫 (1993), 五十音図の話, 大修館書店

松崎寛・河野俊之 (1998), よくわかる音声(日本語教師・分野別マスターシリーズ), アルク

副島健作(2021),日本語の五十音図再考ー新たに作られつつある音節を求めてー, 国際文化研究科論集 29, pp.63-76

泉谷双藏 (2012), もう一つの五十音図, 東京医科歯科大学教養部研究紀要 第42号, pp.47-62

日本語教育学会編(2005), 新版日本語教育事典, 大修館書店

高等学校用日本語教科書目録

高校の日本語教科書は「上・下」、または「Ⅰ・Ⅱ」のように２冊の体裁となっているが、ここでは７次教育課程の中学校教科書を含め、本稿で述べた「上」と「Ⅰ」の目録のみを提示する。

2次教育課程期の教科書
[2HA] 일본어연구회편(1973), 고등학교 日本語 讀本(上), 고등교과서주식회사

3次教育課程期の教科書
[3HA] 한국일어일문학회편(1979), 고등학교 日本語(上), 국정교과서주식회사

4次教育課程期の教科書
[4HA] 김우열 외(1984), 고등학교 日本語 上, ㈜시사영어사
[4HB] 김학곤 외(1984), 고등학교 日本語 上, 한림
[4HC] 김효자(1984), 고등학교 日本語 上, 지학사
[4HD] 박희태 외(1984), 고등학교 日本語 上, 금성교과서(주)
[4HE] 이봉희 외(1984), 고등학교 日本語 上, 교학사

5次教育課程期の教科書
[5HA] 김봉택 외(1990), 고등학교 日本語 上, ㈜천재교육
[5HB] 김우열 외(1990), 고등학교 日本語 上, 박영사
[5HC] 김효자(1990), 고등학교 日本語 上, ㈜지학사
[5HD] 박희태 외(1990), 고등학교 日本語 上, 금성교과서(주)

[5HE] 손대준 외(1990), 고등학교 日本語 上, 보진재
[5HF] 오경자 외(1990), 고등학교 日本語 上, 동아출판사
[5HG] 이인영 외(1990), 고등학교 日本語 上, 금성교과서(주)
[5HH] 이현기 외(1990), 고등학교 日本語 上, 진명출판사

6次教育課程期の教科書
[6HA] 김봉택 외(1997), 고등학교 日本語 Ⅰ, ㈜천재교육
[6HB] 김채수 외(1997), 고등학교 日本語 Ⅰ, 송산출판사
[6HC] 김효자(1996), 고등학교 日本語 Ⅰ, 지학사
[6HD] 박희태 외(1996), 고등학교 日本語 Ⅰ, 금성교과서(주)
[6HE] 안병곤 외(1996), 고등학교 日本語 Ⅰ, 성안당
[6HF] 유길동 외(1996), 고등학교 日本語 Ⅰ, ㈜진명출판사
[6HG] 유용규 외(1996), 고등학교 日本語 Ⅰ, ㈜교학사
[6HH] 이봉희 외(1996), 고등학교 日本語 Ⅰ, ㈜교학사
[6HI] 이숙자 외(1996), 고등학교 日本語 Ⅰ, 민중서림
[6HJ] 이인영 외(1996), 고등학교 日本語 Ⅰ, 금성교과서(주)
[6HK] 이현기 외(1996), 고등학교 日本語 Ⅰ, ㈜진명출판사
[6HL] 장남호 외(1997), 고등학교 日本語 Ⅰ, 시사일본어사

7次教育課程期の教科書
[7HA] 김숙자 외(2002), 고등학교 日本語 Ⅰ, 대한교과서(주)
[7HB] 김효자 외(2003), 고등학교 日本語 Ⅰ, 지학사
[7HC] 안병곤 외(2003), 고등학교 日本語 Ⅰ, 성안당
[7HD] 양순혜 외(2003), 고등학교 日本語 Ⅰ, ㈜천재교육
[7HE] 유길동 외(2002), 고등학교 日本語 Ⅰ, ㈜진명출판사
[7HF] 유용규 외(2003), 고등학교 日本語 Ⅰ, ㈜교학사
[7HG] 이봉희 외(2003), 고등학교 日本語 Ⅰ, ㈜교학사
[7HH] 이숙자 외(2003), 고등학교 日本語 Ⅰ, 민중서림
[7HI] 이현기 외(2002), 고등학교 日本語 Ⅰ, ㈜진명출판사
[7HJ] 장남호 외(2003), 고등학교 日本語 Ⅰ, ㈜시사영어사
[7HK] 조남성 외(2003), 고등학교 日本語 Ⅰ, 학문사
[7HL] 한미경 외(2002), 고등학교 日本語 Ⅰ, ㈜블랙박스
[7MA] 교육부(2001), 중학교 생활 일본어 こんにちは, 대한교과서주식회사

2007改定教育課程期の教科書

[2007HA] 김숙자 외(2012), 고등학교 日本語 I, ㈜미래엔
[2007HB] 김옥임 외(2012), 고등학교 日本語 I, ㈜지학사
[2007HC] 윤강구 외(2012), 고등학교 日本語 I, ㈜다락원
[2007HD] 임영철 외(2012), 고등학교 日本語 I, ㈜천재교과서
[2007HE] 최충희 외(2012), 고등학교 日本語 I, ㈜천재교육
[2007HF] 한미경 외(2012), 고등학교 日本語 I, ㈜교학사

2009改定教育課程期の教科書
[2009HA] 민광준 외(2014), 고등학교 일본어 I, 천재교육
[2009HB] 박윤원 외(2014), 고등학교 일본어 I, 길벗
[2009HC] 안병곤 외(2014), 고등학교 일본어 I, 에듀서울
[2009HD] 오현정 외(2014), 고등학교 일본어 I, ㈜미래엔
[2009HE] 윤강구 외(2014), 고등학교 일본어 I, ㈜다락원
[2009HF] 이경수 외(2014), 고등학교 일본어 I, ㈜시사일본어사
[2009HG] 한미경 외(2014), 고등학교 일본어 I, ㈜교학사

2015改定教育課程期の教科書
[2015HA] 김동규 외(2018), 고등학교 일본어 I, 파고다북스
[2015HB] 박윤원 외(2018), 고등학교 일본어 I, 길벗
[2015HC] 박행자 외(2018), 고등학교 일본어 I, 능률
[2015HD] 배홍철 외(2018), 고등학교 일본어 I, 천재교과서
[2015HE] 안병곤 외(2018), 고등학교 일본어 I, 에듀서울
[2015HF] 오현정 외(2018), 고등학교 일본어 I, ㈜미래엔
[2015HG] 윤강구 외(2018), 고등학교 일본어 I, 다락원
[2015HH] 이경수 외(2018), 고등학교 일본어 I, 시사일본어사

日本語プロソディ指導・学習法
―その開発と教育―

中川千恵子

要旨

　発音指導および学習を念頭に置いて、日本人発話のピッチ曲線を分析した結果、「聞き手にとってわかりやすく聞きやすい発音」には、適切な句切り、「へ」の字型イントネーション、アクセントの3要素が重要であるとわかった。3要素を視覚的マークで表す「フレージング指導・学習法」、および、よりシンプルで学習・指導可能な「スラッシュ・リーディング学習・指導法」を提案した。また、「オンライン日本語アクセント辞書（OJAD）」の開発と「つたえるはつおん」の動画作成にも参加した。これらのICT教材の活用は、持続可能な学習、自律学習、だれもが学習の機会を持てるような学習環境のために有用である。

キーワード：　フレージング指導・学習法、スラッシュ・リーディング、学習・
　　　　　　　指導法、自律学習、OJAD、つたえるはつおん

1. はじめに

　本稿では、筆者が開発に携わった「フレージング指導・学習法」と「スラッシュ・リーディング学習・指導法」について述べる。「指導」と「学習」の順番が違うのは、前者より後者のほうが、より自律学習に向かっているからである。また、自律学習のためには、ICT（情報通信技術）の活用が有用であり、「オンライン日本語アクセント辞書（http://www.gavo.t.u-tokyo.ac.jp/ojad/これ以降OJAD）」の開発と「つたえるはつおん」[1]の動画作成にも参加した。本稿におけるイントネーションの定義、研究、そこから導かれた指導法とICT教材、音声教育についての筆者の考えの順に述べる。

　音声指導を行わない理由は、「時間が無いから」と「指導方法がわからないから」とする教師が多いことは今も昔も変わらないようである。一見、この2つの理由が、音声指導の実施を阻んでいるようだが、時間があって、方法がわかれ

---

1) https://www.japanese-pronunciation.com/

ば音声指導はできるのだろうか。実は、それほど単純ではない。到達目標も学習者の好みも考慮せずに、イメージだけで場当たり的に発音矯正に取り組むと、あれもこれも気になり、いろいろ試みた結果、あれもこれもできていないとマイナス評価になり、発音指導のモティベーションが下がる。人によって学習の目的も適性も好みも異なるのだから一律で考えることはできないし、同じ方法が全員に有効であるはずもない。

　教師は発音指導が必要だと思うが、学習者自身は必要でないと思っている場合もあるが、戸田(2008)が大学の発音コースのアンケート結果から明らかにしているように、音声指導を受けたことがないから指導を受けたいという学習者も多い。筆者自身、このアンケートを実施した機関で、多くの学習者たちに対して20年以上実践を行った。

　ブルーナー(2004)は、教育の理論付けや実践は、人がどのようにものを覚えるか、何をどのようなしかたで教えてゆくのがいいのかについて、教師が日頃から抱いている考え方「フォーク・ペダゴジー」によって左右されると言う。また、人はそれぞれ自分自身の考え方「フォーク・サイコロジー」を持つ。教師も学習者もそれぞれがそれぞれのフォーク・サイコロジーやフォーク・ペダゴジーによって指導法(学習法)を選択するし、研究者も同様である。筆者自身、苦手な単音の入った単語が伝わらなかったが、文にしたときに伝わったという経験が、イントネーションの指導法を考えるきっかけになった可能性がある。

　学習者も教師も研究者もみな違う。常に、「多様性diversity」に留意したい。

2. イントネーション

　イントネーションの定義は様々で、様々な研究者が様々なことを言う。共通点は、文レベルでの音調の変化ぐらいである。そこで、まず本稿におけるイントネーションの定義を明らかにしておく必要がある。

2.1 イントネーションの定義

　川上(1995)によると、アクセントもイントネーションも音の高さの変化である。その「音調」に多様性ないし自由を与えるのがイントネーションであり、制限を与えるのがアクセントであるという。さらに、イントネーションは、文の音調からアクセントの要素を取り去った残りであり、「へ」の字型であると述

べている。音調句（フレーズまたは句と略す）と句の間にある音調的切れ目、すなわち「句切り」は、音調の谷であるが、声の積極的下降を示すものではなく、上昇に先立つ部分として中音に移る。そして、「句切り」は必ずしも呼気の停止を伴わない。郡（2020）は、「イントネーション」は、単語とは無関係の高さの動きであるとしており、末尾、文内、感情や態度のイントネーションに分類している。「へ」の字型イントネーションの句が、聞き手にとっての発話理解に大きく影響するという聴取実験結果も認められている(秋山1997)。

　藤崎(1989)は、韻律の単位を3種類、すなわち、韻律語(prosodic word：一個のアクセント型を構成する発話の一部または全体）、韻律句(prosodic phrase：単数または複数の韻律語）、韻律節(prosodic clause：複数の韻律句が休止により区切られた区間を作る）に分類している。そして、音声の基本周波数パタンは2種類の成分から成っており、一つは、句成分で、発話の開始以前から準備され、いったん上昇したのちゆるやかに下降して0に漸近するもので、文の発話には複数個存在し得る成分である。そして、もう一つは個々の単語あるいは単語の連鎖に付随するアクセント成分であるという。

　ここで、本稿における日本語のイントネーションの定義をまとめる。アクセントもイントネーションも音調であるが、それぞれ別の成分と考える。イントネーションは、「音調句」の集まりであって、音調的切れ目である「句切り」で音調の谷になるので、「へ」の字を描いている。さらに、音声教育への応用と考えると、以下のように3種類に分けて考えるとわかりやすいだろう（中川2001a）。

　（1）句末(文末)イントネーション：疑問文や終助詞などの、発話意図を表す。

　（2）句頭(文頭)イントネーション：話し手の感情的なニュアンスによって、上昇が見られなかったり、上昇が早かったり遅かったりする。

　（3）句(文中)全体にかかるイントネーション：発話の意味内容に関わる句切りによる。句切りの操作はフレージングによると考えられ、語が連なり、アクセントが弱まったり強まったりしながら、「へ」の字の音調句(フレーズ)を形成する。

　（1）と（2）は、主に相手のいる会話等の、（3）は、主に不特定多数の聞き手のいるスピーチや口頭発表等のイントネーションに、より関係が深いと考えられ、練習方法は、前者と後者では異なる可能性がある。本稿で対象とする指導・学習法は、スピーチや口頭発表のためのものであるので、（3）が主とな

る。

2.2 韻律を視覚的に表す方法

　ここでは、教材について述べる。土岐・村田（1989）は、イントネーション
を6種類に分類している。田中・窪薗（1999)では、「上昇」「質問上昇」「下降」「上
昇下降」の4種類、戸田（2004)では、「上昇調」「下降調」「平調」の3種類の形に
「声の長さが長い」「声の幅が広い」という音声的特徴が加わる。多くは文末イン
トネーションについてである。また、言葉だけでは学習者にとっても教師に
とってもわかりにくい。松崎（1995）は、教科書における発音の表示をまとめ
ているが、ほとんどがアクセント表示であり、イントネーションまで踏み込ん
だものは少ない。

　音声が付けばわかりやすいかというと、耳だけで判断できない学習者もい
る。図1のような視覚的方法（松崎1995）である「プロソディグラフ」は、そう
した問題点を解決する方法といえ、音響分析を踏まえている。図1の上部は、
「音声録聞見」（今川・桐谷1989）によるピッチ曲線と波形であり、下図では、
ピッチ曲線のカーブに沿って、拍、特殊拍、母音の無声化、アクセント、イン
トネーションの高さも示されており、プロソディ全体の情報を視覚的に見るよ
うになっている。この「プロソディグラフ」を使った教科書も開発された（河野
他2004）。

　また、研究者向けだが、Navarro Tomás(1974)は、スペイン語のイントネー
ションの詳細な型を示すのに、言葉とともに図で表しているのを参考にした
（図2）[2]。視覚的方法は、学習者にとってもわかりやすいだろうと考えられ
る。

---

2) その後のスペインにおける音声研究に多大な影響を与えた。図2には、平叙文、疑問文のうち、
Yes-No疑問文にあたる（1）絶対疑問文と、目の前にいるのがわかっているのに「いたの？」と聞く
ように、答えがわかっていて質問する疑問文である（2）相対疑問文を例としてあげた。疑問文の日
本語訳は中川による。

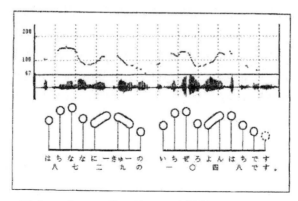

図1：プロソディグラフ（松崎1995より）

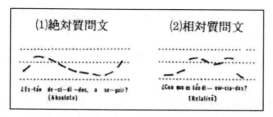

図2：Navarro Tomásのイントネーションの図
（中川1995で一部抜粋し、日本語の訳を追加）

3. 指導法開発を支える研究

　この章では、指導法開発の前に行った筆者の研究について述べる。中川
（2001a）では、以下の3つの研究目的を設定した。(1)　音声学・音韻論を基礎
とした説明可能なプロソディの指導法を構築する。(2) 学習者にとって学習可能
なシラバスを考える。(3)　教師にとって指導可能なシラバスを提示する。方法
は、学習者に音声指導を行い、発話を聴覚的、および、「音声録聞見」（今川・
桐谷1989）を使って視覚的に分析した。
　中川（2001a）、中川・中川（1993）、中川・鮎澤（1994）では、フランス
語母語話者やスペイン語母語話者の日本語発話を分析した結果、韻律の習得は
自然習得では難しいということを報告した。これは、研究結果を見なくても容
易に推察されることだが、音声指導を行った場合を調査し観察する必然性が確
認された。
　まず、問題点や目標を捉えやすくするために、小単位の拍から大単位のイン

トネーションまでの「プロソディ階層図」(図3) を提案する[3]。 この階層図では、アクセントは④から上位の階層と、イントネーションはさらに上位の階層と関係が深いことがわかる。 リズムは、繰り返しの心地よさといった心理的なものでもあるとすると、拍のリズムだけでなく重層的なものだと考えられ、アクセントの山 (核) や「へ」の字のイントネーションの繰り返しもリズムとなる可能性がある。

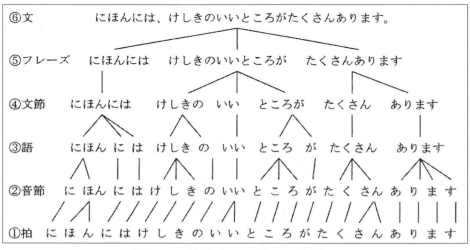

図3：日本語プロソディの階層図

　スペイン語母語話者 (以後、スペイン人と略す) 1名を対象に、3年間の縦断調査を実施した結果は、従来の語アクセントに焦点を置いた指導 (図1階層図における④語アクセント) では、時間をかけても単語アクセントも文内アクセントも生成が容易でない学習者がいることを示している (中川2003)。 1名の結果ではあるが、アクセントが苦手な学習者が少なからず存在するのは事実である。

　そこで、注目する要素を単語アクセントではなく、アクセント句 (階層③) に焦点を置いた指導を、2種類行った。 まず、日本語レベルが上級の中国語話者と韓国語話者5名を対象に4回の朗読指導を実施した結果、句切り、発話時間の短縮、ピッチ幅の増加などが観察され、リズムの評価の上昇率がイントネー

---

3) プロソディについては諸説あるが、本稿では、声の高さ、強さ、長さと関連する超分節音であり、イントネーション、アクセント、リズムなどをプロソディの主な要素ととらえる。図3は、中川(2001a) で提案したのものを改善したものである。

ションやアクセントなどより大きいという結果が得られた（中川・鮎澤・李1999）。続いて、前述（中川2003）のスペイン人1名を含む、初・中級のスペイン人10名を対象に、2回のスピーチ指導を実施した。その結果、日本語レベルにより差があり、初級学習者では、句切りの習得は進み指導効果が大きいこと、中級学習者のほうがアクセントによるピッチパタンの生成ができるが容易でないことが観察された（中川2004）。アクセントは負担が大きい学習者がいることが再確認されたとも言えるだろう。一方で、すでに3年間の学習経験のあるスペイン人の評価は、他の学習者と比べて聞き手の評価が高かった。学習経験があること、および、視点をアクセントではなく句においた方法が有効である可能性が示された。

　しかし、アクセント句単位の練習では、ピッチアクセントの生成が容易でない学習者にとっては、まだ負担が大きい。そこで、6名の中・上級の学習者に、より大きい単位の「へ」の字型イントネーション（階層②）のフレージング指導を3回行った。句切り、アクセント、「へ」の字のピッチカーブを手描きで示したテキストを使用し指導したところ、従来のアクセントに焦点を置く指導より、こうしたイントネーションに焦点を置く指導の方が、効果が顕著であったが、個人差も見られた（中川2001b）。

　学習者が制御可能なポイントは、「句切り」と「へ」の字のイントネーションであり、「ピッチパタン（アクセント）」の習得は時間を要する、あるいは、困難な学習者がいるということがわかった。学習レベルや学習者の特性により、指導法を柔軟に考える必要がある。

4. 指導法開発

　音声学や音韻論についての専門的知識が不充分でも、日本語教師や日本語学習者が理解可能であるためには、理論的背景をより単純化し、説明可能で学習可能な項目を明示的に示す必要がある。

　Taylor（1993)は、何が指導可能であり、何が学習可能であるかということが重要であって、とらえにくく、不可能なことを試みても学習者・教師双方にとってあまり有益ではないので、余剰性を排除した音韻論によるアプローチを実行すべきであると述べている。それに従い、研究成果の応用には、「指導可能」teachable「学習可能」learnableに加えて、実際に「運用可能」usableな方法であることを念頭に置いた。

4.1. フレージング指導・学習法

　まず、聞き手にとってわかりやすく聞きやすく読んだ日本人発話のピッチ曲線を分析し、学習に必要な項目は何かを抽出した（図4）。

にほんにきてから／　　もう／　にねんいじょう　たちました／／

図4：中川・中村・許（2009)p.106より[4]

　分析し検討した結果、聞き手にとってわかりやすく聞きやすいイントネーションの必須要素は3点である可能性が示された。図4によると、意味のまとまりで①「句切り」(「/」で示した）が入ること、句切りと句切りの間の句（フレーズ）は②「へ」の字型イントネーションであること、句の形であるピッチパタンは、③アクセントの有無、および、位置によって形が決まる。

　そこで、「フレージング学習法」として、図5のように、①句切り「/」②「へ」の字のカーブ③アクセント「⌐」の3種類の視覚的マークを手で描いて、耳でモデル録音を聞くやりかたを提示した教科書を開発した（中川・中村・許2009：以後T1）。句切り「/」と句切り「/」の間の句（以後、教育では「フレーズ」と呼ぶ）の長さは7拍前後（約1秒）とし、長くても14,5拍までとした。また、学習者の負担を軽減するために、1フレーズ内では第1アクセントのみ記入し、後ろのアクセントは義務としないことにした。特に「へ」の字の末尾である「です」や「ます」などは、はっきりしたアクセント核を強調しないほうが自然と聞こえる。アクセントは、アクセント辞典で調べ、規則性のある動詞活用形アクセント等は、規則を学習し応用できるような訓練すればよいと考えた。

---

4) ピッチ曲線はSpeech　analyzer(https://software.sil.org/speech-analyzer/)で抽出したものである。

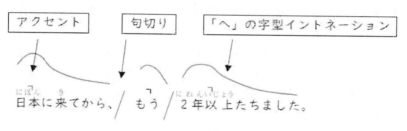

アクセント　　　句切り　　　「へ」の字型イントネーション

にほん　　き　　　　　　　　　　にねんいじょう
日本に来てから、／もう／2年以上たちました。

図5：ピッチ曲線を手描きで示した図（T1）

　1フレーズ内で第1アクセントのみとした理由を述べる。図4を見ると、「にほ ⌐んに」の後に続く「き ⌐てから」や「にねんい ⌐じょう」の後の「たちま ⌐した」などの後ろのアクセントが抑えられ、次第に下降するダウンステップが見られる。上野(1997：264)は、「『うまいそばや』というとき、『そ』から『ば』で少し上昇する人としない人がいる。下降に先立ち、下げやすくするための準備としてピッチを少し上げておく生理的な傾向の現れと解する。あってもなくても意味の伝達には影響はない。『句音調』は『意味に関わるレベル』である。しかし、どのぐらいになったら『意味に関わるか』については、調査が望まれる。教育面でも『意味的に大事なところ、はっきり伝えたいところでだけ句を切って上げ、あとは核でさげるだけ』と教える方が簡潔でかつ効果的である。」と述べている。しかし、核で下げるというと、すべてのアクセントに注目しなければならないので、学習者にとっては負担が大きいと考えた[5]。

　1フレーズの長さを14，5拍までとした理由についても述べる。Miller（1956）の提唱するマジカルナンバー7±2を参考にしたが、科学的根拠が薄い。そこで、河野（1994、1997a、1997b）の、ビート間隔330ms以下の速いリズムとビート間隔が450ms以上の分析的(analytic)処理がなされる遅いリズムがあるという説を理論的根拠とした。330ms以内で発話する2音節は短い単位のリズムであり、特殊拍を含む2拍1フットのリズムとなる。意味がからめば聴解単位を14音節まで伸ばすことができ、それは長い単位のリズムとなるという。つまり、聞き手にとっての「わかりやすさ」と「聞きやすさ」のためには、このぐらいの長さが良いと解釈できる。

　また、アクセント核の繰り返しのリズムも影響する。窪薗(1993)は、ダウンステップというピッチ下降現象では、ピッチ下降が3つある場合、図6の②のよ

---

5) 中川・鮎澤・李(1999)における中国人学習者（朝鮮語母語）の日本語発話では、フレーズ内の第1アクセント核のみ生成され後続アクセントは生成されていなかったが、「へ」の字型イントネーションで自然に聞こえた。

うに、単純な下降パタンになる傾向があるのに対し、4つの場合は、③のように単純な下降となるべき連続が2段階に区分される傾向があるしている。③は、[高・低・中高・低]の「2＋2」に再編成されているので、聴覚的には、2つのフレーズに分かれる。つまり、話し手にとっての「言いやすさ」のためには、1フレーズにアクセント核はせいぜい3個までと解釈できる。

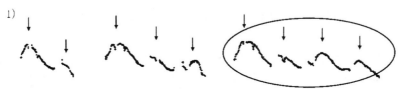

①めぐろのそば　②めぐろのそばのそばや　③めぐろのそばのそばやのおばあさん

図6：中川・中村（2009）p.4より

　句切りが呼気の停止を伴わないと言っても、学習者がポーズ無しで発話すると、図7のように、音調の谷とはならないことが多い。図7の縦線は「も ┐う」の後だが、左図の日本人はポーズを入れなくても音調の谷が見られる。しかし、右図のインドネシア人学習者の場合、微妙であり、聴覚的にも平板型で「あと2年残っている」ように聞こえる。ポーズが入ると、音調の谷が作りやすいと考えて、「、」や「/」などの句切りでは、短いポーズを入れるように指示した。

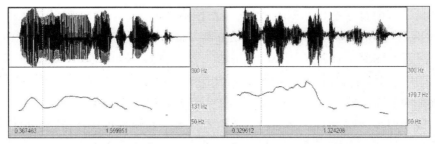

図7：日本人（左）とインドネシア人学習者（右）
「もう2年以上たちました」の読み上げPraat図[6]

4.2. オンライン日本語アクセント辞書（OJAD）
「韻律読み上げチュータスズキクン」

　学習者たち自身が、句切り「/」、イントネーション・カーブ、アクセント辞書

6) Praat（https://www.fon.hum.uva.nl/praat/）による分析

を参考にアクセント核を書き入れ、そのマークを見ながら読めるようになることを目的とした「フレージング学習法」クラスを大学の日本語コース内に設けて授業を行った。コース終了後も自律学習できることが目標であり、教科書にある動詞や形容詞の活用形や外来語アクセントの規則を学び、応用に繋げられることを意図して練習させたが、コース終了後のアンケートでは、「アクセントはあきらめる」といったコメントが少なからずみられた。アクセント規則を学んでも応用は容易でないという点が大きな問題点であった。その解決策となったのがOJAD内の「韻律読み上げチュータ'スズキクン'」（図8：これ以降「スズキクン」）であった（峯松他2013）。

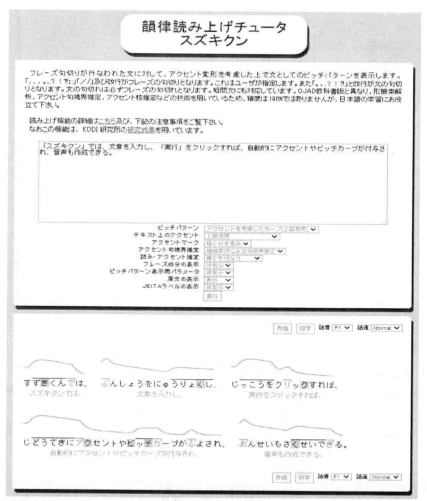

図8：「スズキクン」に文章を入力しピッチカーブを表示した例

「スズキクン」では、文章を入力すれば、自動的にアクセントやピッチカーブが付与され、音声も作成できるので、学習者は目と耳で確認しながら練習できる。ただし、ユーザーが句切りマーク「/」を入れなければ、1フレーズが長くなる。前述のように、学習者は、ポーズなしでは音調の谷を作るのが苦手なこともあり、図9のように、「/」を入れて約200msecほどのポーズが入るようにした方が良い。図9では、上3つの表示を変えてあるので、よりシンプルな曲線になっている[7]。ICTは自律学習に役立つツールと言えるだろう。

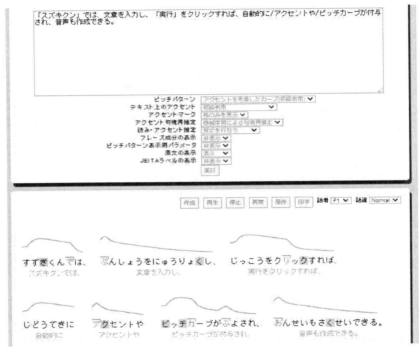

図9：「/」を入れた場合

4.3. スラッシュ・リーディング学習・指導法

　Ｔ１を作成後、中国人日本語教師に見せたところ、これを使って発音指導するのは、ノンネーティブには無理だという反応だった。アクセントがネックになっているようだった。そこで、ネーティブ、ノンネーティブを問わず、どんな教

---

7) 後述する「つたえるはつおん」では、使い方紹介動画があるが、「/」＜「、」＜「。」の順に、ポーズが長くなること、ユーザーが「、、」や「。。」等、「、」や「。」を増やすことでポーズの長さを調節できるというように、使い方を紹介する機会があればより使い勝手が良いだろう。

師でも「できる」方法で、かつ、効果的である方法を模索した。

　T１の第1課では、切れ目なくダラダラ読みした音声１と句切りを入れて「へ」の字に読むようにと指示した同じ学習者の同じ文の読み上げ音声2の2種類の音声が付けられている。音声2は、かなりわかりやすくて聞きやすく、インパクトのある音声になっている。つまり、アクセントを除いたイントネーションだけの発話でも十分聞きやすくわかりやすくなるということがわかる8)。

　そこで、「フレージング指導　学習法」からアクセントを抜いた学習法を考えた。英語教育で用いられる、長文読解に用いられている学習法で、意味のカタマリごとに区切って読んでいくやり方「スラッシュ・リーディング」を応用して取り入れることにした9)。読解では、読み手がスラッシュを入れることで読み手自身が理解しやすくなるが、この場合、話し手がスラッシュを入れることで聞き手が理解しやすくなると考えた。図10のように、句切り「/」と「へ」の字の2種類のマークを見て練習する方法は、音声学の知識がない日本語教師でも、ノンネーティブ日本語教師でも指導可能であることを目指した。取り組みやすく、自律学習に向いていると考えられるので、「スラッシュ・リーディング学習・指導法」と「学習」を前に置いた。

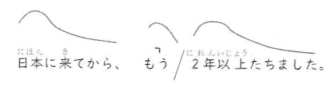

図10：スラッシュ・リーディングの例

　初級用教科書（中川・中村2010）、および、中・上級教科書（中川他2015）では、「スラッシュ・リーディング」という名前は使用しなかったが「句切り」と「へ」の字だけの練習を紹介した。自律学習を目指した初級用教科書（木下・中川2019a）では、「スラッシュ・リーディング」という名前を明記した。

---

8)　音声学を専門とする地方出身の友人が、アクセントについては自信が持てないが、イントネーションで話すと言っていたことがある。アクセント指導はせずに録音した音声2を聞くと、アクセントも改善されているような印象を抱く人も多いだろう。日本人学生たちに聞かせて、アクセントが正しいかどうか判断してもらったところ、音声2の正用率が高かったが、揺れも大きかった。

9)　英語教育では、読解スキルとしてかなり普及しているようである。筆者は専門外なので、桧山（2007）を引用するに留めるが、この方法は、かなり効果的と考えられているのか、区切りの位置について分析し、自動的にテキスト分割して区切り記号を入れる方法も多く探求されているようである（土居・隅田2004、他）。

4.4「つたえるはつおん」動画

　学習者が発音授業を受けられない場合、あるいは、授業終了後も持続するためには、「自律学習」の教材が必要である。だれもがいつでも学習の機会を持てるためには、ICTの活用が役立つだろう。「つたえるはつおん」は、そうした目的で作られた発音学習のためのサイトである。発音と言っても、わかりやすく聞きやすい発音以外に、話し手の気持ちが伝わることも重要である。そのためには、声の調子や態度などのパラ言語表現や表情や状況などがわかることが望ましく、サイト内の短い数分の動画で確認できる（木下・中川2019b）。前述の3種類の学習方法の紹介のほかに、様々な練習方法の動画作成に参加した。詳しくは、木下（この本掲載）を参照されたい。

5. 音声教育を考える

　研究成果を基に開発した指導法は、仮説であり、仮説の有効性を検証するためにはその成果を確かめる必要があると考えるかもしれない。研究としては当然のことだが、教育として考えると、それほど単純なものではない。その理由は、一言で言うと、学習者はみな同じではなく「多様」だからである。例え90%の学習者に有効であっても、10%の学習者には有効ではない。そして、その10%を無視できない。逆に、10%にしか有効でなくても、10%のためには役に立つ指導法であるともいえる。有効性が高いか低いかは問題ではない。「多様性」は無視できない。

5.1 学習者の多様性

　「スラッシュ・リーディング学習法」は、「聞き手にとってわかりやすく聞きやすい発音」が目標であって、「日本人のような発音」やアナウンサーのような発音を目指してはいない。学習者も教師の持つ「良い発音」や「発音がうまくなること」のイメージはみな異なるのだから、学習目標も学習方法も違ってよい。

　「能力」も人によって違う。いくら練習しても目標に到達しない人もいれば、なにをやってもうまくいく人もいる。「能力」がないとか、「能力」が低いといって、その人間の価値を下げるものではない。母語話者でも、うまい人もいれば下手な人もいる[10]。「できる」ことから取り組むことも重要である。

　「学習スタイル」も問題になる。中川・シェパード・木下（2008）では、学習

---

10) 'l'と'r'の判別が苦手な日本人は少なくないということを思い出してほしい。

者の持つ学習スタイルによって、視覚的な方法を好む場合は、マークを見ながら練習する方法を好むが、学習成功者に多い聴覚型学習者は、マークがうるさいと感じる場合もあった。Peacock（2001）は、教師の指導が学習者に合わないと学習意欲が下がるという。

　だから、万人に適した指導法などはない。筆者は「学習可能」「指導可能」「運用可能」を目指したが、合わない人もいるだろう。学習者も教師もそれぞれが、何が必要なことなのかを考えて、具体的で明示的な到達可能な目標を立てて、少しずつ進むことと同時に、それぞれに適した方法を選択できることが望ましい。

5.2　発音は言語活動の一部

　発音学習を趣味として行うのは別として、発音だけを学習するのでは、効果的とは言えないし、不自然である。それは、どの学習についても言えることだろう。部分的に単音や韻律の練習をしても、いざ会話や口頭発表になると、生かされないという意見を聞いたことがある。そもそも、発音は言語活動の一部であるのだから、活動の中で練習し生かしたほうが良い。Lasen-Freeman(2001)は、文法について、意味meaning、形式form、運用useの3つの面のバランスの必要性を唱えているが、発音についても同様である。簡単に言えば、会話練習や口頭発表の練習をしながら、あるいは、実際に運用場面で発音練習をする方が良い。

5.3　学習環境

　学習者は多様であり、学習目標も、学習スタイルも、能力も様々である。ひとりひとりが自分の好むやり方で好むペースでできることが望ましい。また、発音授業やコースが終わったからといってそこで終わりというわけでない。持続しなければ元の木阿弥ということも多い。「持続可能」と「自律学習」がキーワードになる。そのためには、だれもがアクセス可能なICT教材は有用であり、不可欠なものになっている。ただし、ICT教材も向き不向きがある。教師の役目も、単に知識を教えるだけでなく、自律へのサポート、適宜アドバイスを与えること等、多様である。ICTが苦手でも、学習者と共に学習できればプラスになる。

　「持続可能」から「生涯教育」へと、目の前だけでなく広く将来を見据えた教育を考える必要がある11)。

6. まとめと音声教育のこれから

　日本人の「聞き手にとってわかりやすく聞きやすい発音」スピーチ音声を観察し、日本語のイントネーションには、適切な句切り、「へ」の字のイントネーション、アクセントの3要素が不可欠と分析して、「フレージング指導・学習法」を提案した。しかし、アクセントが学習者にとっても教師にとっても困難であることが問題であった。その問題は、OJADの「スズキクン」が、自動的にアクセントとイントネーション・カーブを付与してくれることで解決に結びついた。また、「わかりやすく聞きやすい発音」を目標とすると、アクセント要素を取り除いても、「/」と「へ」の字だけで十分であると考え、「スラッシュ・リーディング学習・指導法」というシンプルな学習法を提案した。さらに、学習方法を紹介する動画作成にも参加した。

　指導法の開発は、個人だけではできない。「多様」な人間である研究者や教師や学習者たちとの「協働」から産まれる。調査研究を行った結果、効果的な学習法が産まれるかもしれないが、あくまでも仮説である。他の教師や学習者たちの反応・意見・反発などを受けて修正を加える必要がある。また、「スズキクン」のように、他分野(この場合工学系)との協力があって産まれるものもある。筆者自身、学習法やツールの開発途上では、研究と教育の間、工学との間に深い溝や葛藤があると感じた。だが、大げさかもしれないが、葛藤を越えたところに「協働」による産物があるとも実感した。指導法の開発も使用も様々な人間による産物である。人間の「多様性」は、時に障害となるが、ぶつかりあうことで新しいものが産まれ、成長する。今後さらに多くの教材や選択肢が増え、発展することを期待したい。

謝辞

　筆者は、2022年3月をもって教師生活に幕を閉じた。生涯を根無し草ともいえる非常勤講師で過ごしたが、メリットもあった。面倒な仕事はしないで、自由に実践をさせてもらうことで指導法を開発できた。学習者、教師仲間、研究者

---

11)「持続可能な開発のための2030アジェンダ(仮訳)」の以下の文言は共感できるものである。(https://www.mext.go.jp/component/a_menu/other/micro_detail/__icsFiles/afieldfile/2019/07/01/1418526_002.pdf)では、17の持続可能な開発のための目標(SDGs)を挙げており、目標4.に「すべての人々への、包摂的かつ公正な質の高い教育を提供し、生涯学習の機会を促進する」とある。4.7には、「全ての学習者が、持続可能な開発を促進するために必要な知識及び技能を習得できるようにする。」とある。

仲間の協力の賜物である。2011年に建国大学校で閔先生の肝いりで講演とワークショップを行ったことはすばらしい出会いであった。埼玉大学准教授の鮮于媚さんには、その際も、また今回の執筆の際にも、東京音声研究会でのイントネーションについての発表内容の提供を受けるなど、大変お世話になった。係わった全ての皆様方には、言葉では言い尽くせないが、心から感謝の意を伝えたい。

参考文献

秋山和平(1997)「放送社会における音声教育」『日本語音声[1]諸放言のアクセントとイントネーション』三省堂、pp.181-214.

今川博・桐谷滋(1989)「DSPを用いたピッチ、フォルマント実時間抽出とその発音訓練への応用」、『電子情報通信学会技術報告』、SP89-36、pp.17-24.

上野善道(1997)「複合名詞から見た日本語諸方言のアクセント」、『アクセント・イントネーション・リズムとポーズ』、東京：三省堂、pp.231-270.

川上蓁 (1995)『日本語アクセント論集』汲古書院.

河野俊之・串田真知子・築地伸美・松崎寛(2004)『1日10分の発音練習』 くろしお出版

木下直子・中川千恵子 (2019a)『ひとりでも学べる日本語の発音』ひつじ書房

木下直子・中川千恵子 (2019b)「気持ちを伝える音声のWdb教材「つたえるはつおん」當作靖彦監修『ICT×日本語教育』くろしお出版 pp.254-268.

窪薗晴夫(1993)「リズムから見た言語類型論」『言語』vol.22(11)、pp.62-69.

窪薗晴夫 (1995)『語形成と音韻構造』くろしお出版

河野守夫(1994)「話し言葉の認識と生成のメカニズム」、文部省重点領域研究「日本語音声」リズム班 平成4年度研究成果報告書、第1部 理論編、pp.1-101.

河野守夫(1997a)「リスニングのメカニズムについての言語心理学的研究」、ことばの科学研究会編、『ことばとコミュニケーション』、第1巻、東京：英潮社、pp.5-31.

河野守夫(1997b)「リズムの知覚と心理」、杉藤美代子監修、『アクセント・イントネーション・リズムとポーズ』、東京：三省堂、pp.91-139.

郡史郎 (2020)『日本語のイントネーション―しくみと音読・朗読への応用』 大修館書店.

田中真一・窪薗晴夫 (1999)『日本語の発音教室―理論と練習―』くろしお出版

土居誉夫・隅田英一郎 (2004)「スラッシュ・リーディングのためのテキスト分割」情報処理学会研究報告.CE,[コンピュータと教育]75 , pp.25-32

土岐哲・村田水恵 (1989)『外国人のための日本語例文・問題シリーズ12 発音・聴解』荒竹出版

戸田貴子（2004）『コミュニケーションのための日本語発音レッスン』スリーエーネットワーク

戸田貴子（2008）『日本語教育と音声』くろしお出版.

中川千恵子(1995)「疑問文イントネーションの種類について-スペイン語と日本語の対照-」、『横浜国立大学留学生センター紀要』第2号、pp.64-78.

中川千恵子（2001a）『日本語学習者のプロソディー習得とその指導法』お茶の水女子大学博士論文

中川千恵子（2001b）「「へ」の字型イントネーションに注目したプロソディー指導の試み』『日本語教育110』日本語教育学会、pp.140-149

中川千恵子（2003）「日本語音声指導法に関する一考察－2種類のプロソディー指導を比較して－」『紀要』第58号早稲田大学語学教育研究所　pp.191-212.

中川千恵子（2004）「スペイン人の日本語プロソディー習得における特徴－初級学習者と中級学習者の差異に注目して－」『言語文化と日本語教育』第27号　お茶の水女子大学日本言語文化学研究会、pp.77-89

中川千恵子・鮎澤孝子（1994）「スペイン語母語話者の日本語発話における韻律特徴」日本語教育学会春季大会予稿集、pp.55-60.

中川千恵子・鮎澤孝子・李活雄（1999）「朗読音声のプロソディー指導に関する一考察」、『二十一世紀における日本研究』、香港日本語教育研究会、pp.233-241.

中川千恵子・シェパードクリス・木下直子（2008）「発音学習における学習成功者と学習遅滞者の学習スタイルと学習ストラテジーの違い」日本語教育学会秋季大会予稿集　pp.146-151.

中川千恵子・中村則子・許舜貞（2009）『さらに進んだスピーチ・プレゼンのための日本語発音練習帳』ひつじ書房

中川千恵子・中村則子（2010）『にほんご発音アクティビティ』アスク出版

中川千恵子・木原郁子・赤木浩文・篠原亜紀（2015）『にほんご話し方トレーニング』アスク出版

中川恭明・中川千恵子（1993）「フランス人学習者の日本語に見られる母語の韻律の干渉」、「日本語音声」D1班平成4年度研究成果報告書、『日本語音声と日本語教育』、pp.123-144.

桧山晋（2007）「スラッシュ・リーディングについて」『秋田県立大学総合科学研究彙報（8）』、pp.57-62.

藤崎博也（1989）「日本語の音調の分析とモデル化」、『講座日本語と日本語教育2日本語の音声・音韻(上)』、東京：明治書院、pp.266-297.ブルーナー，J.S.(2004).『教育という文化』岩波書店.

松崎寛（1995）「日本語音声教育におけるプロソディーの表示法とその学習効果」東北大学文学部日本語学科論集　5、pp.85-96.

峯松信明・中村新芽・鈴木雅之・平野宏子・中川千恵子・中村則子・田川恭識・広瀬啓吉・橋本浩弥（2013）「日本語アクセント・イントネーションの教育・学習を

支援するオンラインインフラストラクチャの構築とその評価」電子情報通信学会論文誌.D,情報・システム96（10），pp.2496-2508，2013-10 一般社団法人電子情報通信学会

Ｊ．Ｓ．ブルーナー著，岡本夏木・池上貴美子・岡村佳子訳（2004）『教育という文化』岩波書店

Lasen-Freeman, D.(2001) Teaching Grammar. In Marianne Celce-Murcia (Ed.) Teaching English as a Second or Foreign Language, USA: Heinle and Heinle, 251-283.

Miller, G. A. (1956) The magical number seven plus or minus two. Psychological Review, 63, 81-97.

Navarro Tomás, T. (1974) Manual de entonación española. Madrid: Guadarrama, 4ed.

Peacock, M. (2001) Match or mismatch? Learning styles and teaching styles in EFL, International Journal of Applied Linguistics, 11-1, 1-20.

Taylor, D.S. (1993) Intonation and accent in English: What teachers need to know. International Review of Applied Linguistics in Language Teaching, 1-21.

Web教材「つたえるはつおん」の開発と音声学習支援

木下直子

要旨

　2015年度より音声の自律学習を支援するWeb教材「つたえるはつおん」（www.japanese-pronunciation.com）を開発してきた。このWeb教材は無料で公開されており、インターネットの環境さえあれば、いつでもだれでも利用できる。本稿では、このWeb教材について開発に至った経緯、教育理念を説明するとともに、この教育理念を実現させるための学習支援として展開している内容について１）「自律的に発音を学習する」、２）「自分に合った学習方法を探す」の2つの観点から紹介する。さらに、大学の留学生を対象とした発音クラスにおける活用例についても報告する。

キーワード：　Web教材「つたえるはつおん」、自律学習、知覚学習スタイル、
　　　　　　　音声学習支援

1. はじめに

　本稿では、2015年度より開発してきたWeb教材「つたえるはつおん」（www.japanese-pronunciation.com）の教育理念、コンテンツ[1]を紹介するとともに、現在取り組んでいる音声学習支援について報告する。

　音声は、文字と同様に思想や感情の伝達を行う手段として重要な役割を持つ（小島2016 p.81）。母語話者は、生まれたときから自分が属する言語社会で音声がどのように使われているかを学び、その音声を使用することで意思伝達を行い、相互理解をはかっている。したがって、その言語社会の音声規則に則った音声で話すことは、その地域に住む他者とのコミュニケーションの取りやすさにつながる。このことは、母語話者だけでなく、その言語を外国語として学習している人についても同様のことが言えるだろう。

　大学や日本語学校に在籍する日本語学習者の音声学習のニーズは非常に高い

---

1) この開発の多くは、早稲田大学日本語教育研究センターの以下の研究プロジェクト予算の助成を受けた。
　2014年度-2017年度「日本語音声における自律的学習支援システムの開発」研究代表者: 木下直子
　2019年度-2020年度「音声学習のためのWeb教材「つたえるはつおん」の開発」研究代表者: 木下直子

ものの（日本語教育学会1991，戸田2008）、国内外の日本語教育の現場で、実際に音声が学べる機会は多くない（戸田2009，劉2014，松崎2016など）。その理由には、文字であれば記録に残るため、時間的、空間的な制約を受けずに情報のやり取りができるが、話しことばである音声については、録音でもしない限り、一瞬で消えていくため、情報が保持されにくく、教えにくいという特性による影響もあるだろう（森ほか2014，p.3）。谷口（1991）は、アンケート調査の結果から、日本語教師は音声教育が重要だと考えているが、音声教育を特別に設ける時間がないことや、教師側に音声知識や指導法の知識がないことが、音声教育が行われていない原因だと報告している。たとえ音声知識や音声の指導法があったとしても、実際に授業で教えられないこともある。かつて著名な先生の音声講座を受講した際、その先生はある外国語の言語音について舌を巧みに動かしてわかりやすく受講生たちに教えていた。自分もその先生のように教えてみたいと思うが、容易に真似できるものではない。このようなことは多々あるだろう。以上のような現状をふまえ、複数の音声教育の専門家に、これまでの教育経験から反応がよかった学び方のコツや知見を活かした学習方法を動画にまとめてWebサイトで無料公開すれば、様々な制約により音声教育ができない教師や支援者、音声について学ぶ機会の少ない学習者に役立つのではないかと考えた。このWeb教材は、開発当初は日本語初級後半から中級レベルの学習者を想定していたが、近年、初級レベルの学習者から対訳をつけてほしいという要望が寄せられたため、HP上の一部のコンテンツについて、6か国語（日本語、韓国語、中国語、英語、ベトナム語、インドネシア語）の多言語対応を行っている。

2. Web教材「つたえるはつおん」の教育理念と学習支援

　Web教材「つたえるはつおん」の教育理念は、「自分の気持ちをきちんとつたえる」ことである。この教育理念は、「つたえるはつおん」という名称にも表れている。Web教材「つたわるはつおん」という名称も検討したが、「つたわる」にすると、偶然、ないし結果的に発音が伝わったという解釈も成り立つ。それより、「自分の発音を伝えたい」「伝えるんだ！」という学習者の伝える意思を大切にしたいと考え、「つたえるはつおん」と名付けた。すべてをひらがなにすることにより、初級学習者でも読みやすく、親しみやすさを表している。教育理念「自分の気持ちをきちんとつたえる」ことを実現させるための学習支援として、ここで

は「自律的に発音を学習する」「自分に合った学習方法を探す」の2点について説明する。

2.1 自律的に発音を学習する

　発音学習というと、母語話者がモデル音声を提供し、学習者の発音を母語話者が評価する印象を持つ人が多いが、Web教材「つたえるはつおん」は、日本語音声の自律学習を支援するサイトである。

　ここでの自律学習とは、自ら学習目標を立て（Plan）、学習方法を選択、実行し（Do）、学習目標が達成できたかどうかを自ら判断、評価すること（See）をいう（青木1998）。学習者によって音声の学習目標は異なり、何のために学ぶのか、どのように学びたいのか、どの程度時間がかけられるのか、興味、関心も多様である。デシ・フラスト（1999）の一連の研究やDörnyei（2001）の研究から、学習者が自律性を持つことにより、学習の動機づけが高まることが明らかになっている。Web教材「つたえるはつおん」は、誰もが自由にアクセスすることのできるサイトである。学習者別に学習記録を保存することはできないが、無料で提供できる範囲内で学習者の学習過程、すなわち、Plan-Do-SeeのPDSサイクルの各段階で求められる支援を整備していきたいと考えている。Web教材「つたえるはつおん」における自律学習支援のためのコンテンツは、木下・中川（2019）に詳しいが、ここでは概要を表にまとめ（表1）、順に説明する。

表1．Web教材「つたえるはつおん」における自律学習のためのコンテンツ

目的	コンテンツ名	例
【Plan】 学習目標を決める	発音クイズ 10問	ある文脈で、「いつか」と「5日」などの表現を判断し、リズム、アクセント、イントネーション、子音、有声音・無声音の識別力をはかる
	用語の説明	リズム、アクセント、イントネーション、母音・子音、有声音・無声音、気持ち、方言の音声項目について説明している
	聞き分け練習	発音クイズの出題内容について男女6名の発音を聞いて、練習することができる
	発音の ポイント解説	発音クイズの出題内容について発音のポイントがどこにあるのかを解説している
【Do】 学習方法を選択する	動画で学ぼう	リズム、アクセント、イントネーション、母音・子音、有声音・無声音、気持ち、方言の音声規則、や学習方法について動画で紹介している
【See】 発音を判断、評価する	動画で学ぼう	音声分析ソフト「Praat」で音の高さを確認する方法、音の長さを確認する方法についてそれぞれ動画で紹介している

2.1.1 学習目標を決める – Plan –

　まず、自ら学習目標を決める段階（Plan）について述べる。日本で生活して伝わらなかった経験等があると、自らの発音に対して意識的であることが多いが、実際には音声について学びたくても何から学習を始めたらよいかわからない学習者も少なくない。このような学習者のために、発音のポイント理解度をはかるクイズ、「発音クイズ10問」を作成している。これは、発音の使い分けが比較的に難しい表現（「おばさん」と「おばあさん」の長短の区別、「いつか」と「5日」のアクセントの区別など）について、ある場面のイラストがあり、その会話のやりとりを聞いて、文脈に合った適切な音声を選択するものである。10問という数は、発音のポイント理解度をはかる上で、決して十分な量とは言えないが、多くの人たちに気軽に受験してもらうこと、クイズの完了率を高め、結果を見てもらうことを優先した。

　10問は、イントネーション、アクセント、リズム、母音・子音、無声音・有声音の問題の各2問から成る。単語のみの提示ではなく、ある会話の流れに合った語を選択する形式で、音声を聞きながら10問の問題に答えると、図1のような結果が示される。正答は◎、誤答は×で表示されるが、図1では、リズムの問題が2問とも誤答であったこと、有声音・無声音の問題の1つが誤答であったことがわかる。なお、×と◎の記号をクリックすると、選択した問題が表示される。

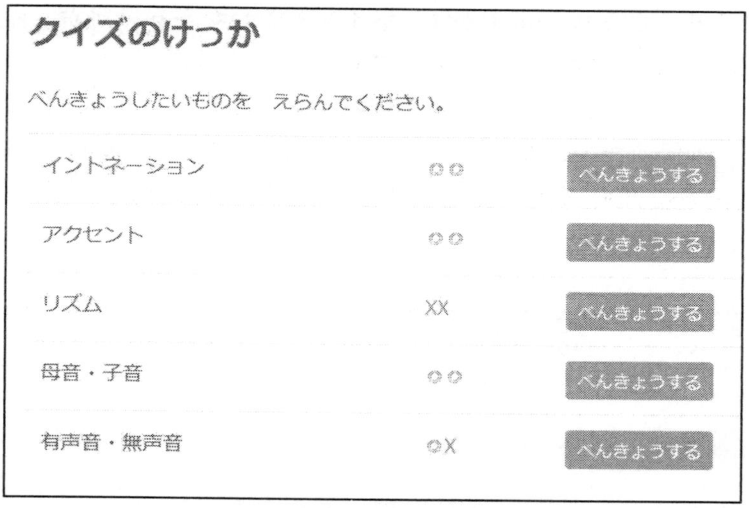

図1　クイズの結果

　また、利用者が日本語の音声について初めて学ぶ学習者であることを想定し、音声項目の用語の説明を示した。例えば、2つとも誤答であった「リズム」の右端の「べんきょうする」のボタンを押すと、「リズム」について簡単な音声項目のカテゴリーに関する以下のような説明が表示される。

　　リズムは、ある音が繰り返されることで感じます。日本語は、「母音（あいうえお）」または「母音＋子音（consonant）」がだいたい同じぐらいの長さになります。つまり、かな1字分がだいたい同じぐらいの長さになります。かな1字分の長さを「1」、かな2字分の長さを「2」と書きます。繰り返される音の長さが相対的に変わると、ことばの意味が変わることがあります。例えば、「ちず」（map:地図）と「チーズ」（cheese）は、同じ2音節（syllable）ですが、「ちず」「あな」は「1・1」なのに対して、「チーズ」「あんな」は「2・1」です。

　このような用語の説明には、上記のリズムのほか、アクセント、イントネーション、母音・子音、有声音・無声音、気持ち、方言の説明がある。
　また、上記の音声項目の説明と同じページには「聞き分け練習」のコンテンツがあり、クイズと同じ会話で男女6名が発話している音声が聞ける。多様な学習者の音声が聞ける点は、パイロット調査（木下ほか2017）でかなり評価が高

かった点である。さらに、聞き分けるポイントがわからない学習者のために、図2のような解説を設けた。青地に白抜きの三角で表示されているボタンを押すと、音声が出るように設定されているため、音声を聞きながら、発音上注意すべきポイントの確認ができる。以上のように、「発音クイズ10問」、「聞き分け練習」、「ポイントの説明」を通して、学習者自身で学習目標を考えるきっかけを作っている。

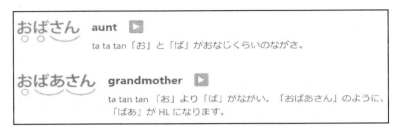

図2　解説の例

　自律学習に慣れていない学習者は、「ネイティブのように話したい」「ぺらぺらになりたい」のように大きな目標を描きがちであるが、学習目標を達成させていくためには、達成可能なスモールステップを描いていくことが肝要である。例えば、来月、授業でスピーチをしなければならない、あるいは日本語で就職の面接があるが、その際にネイティブのように話したいと考えているとしよう。その目標を実現させるためには、まず曖昧な「ネイティブ」の意味する自分のイメージを言語化していく。例えば、自分の考える「ネイティブ」のような発音とは、「アクセントが自然だ」、「話すスピードが流暢である」などである。「ネイティブ」の自分が考えるイメージが言語化されれば、漠然とした目標から具体的に実行可能な「自分の課題」の形になる。その上で、取捨選択し、本当に必要なもの、実行しやすいものから順に目標に掲げ、学習していくとよいだろう。

　このように、自らの学習目標を立てたり、計画を立てたりすることは、自律学習に慣れていれば一人でできるかもしれないが、慣れていても達成可能なスモールステップの学習目標を描くのは非常に難しい（鮮于2020）。日本語学習者が一人で学習計画を立てて、PDSサイクルを習慣化する支援は、日本語学習アドバイジングの役割の一つである（青木2013）。日本語学習アドバイジングの支援を誰もが受けられるとよいが、Web教材での支援の検討については、今後の課題にしたい。

220

2.1.2 学習方法を選択、実行する – Do –

　学習目標が描けたら、次は学習方法を選択、実行する段階（Do）に入る。いつ、何を、どのくらい学習するのかを決めておくと、実行しやすい。ポートフォリオを活用して、学習した記録をつければ、達成感も得られるだろう。その際、自分に合った学習方法で学習することも重要である。しかし、学習方法に関する知識に乏しい学習者が、一人でできることは限られてくる。書店に行って発音教材を購入する、あるいは図書館で教材を探す。そして、本に書かれている通りに練習する。しかし、自分にその学習方法が合っていない場合には、何課かを学習してみるものの、そのうち本棚に置かれたままになる…というような経験はないだろうか。

　Web教材「つたえるはつおん」で提供している、自分に合った学習方法を探すための支援については、2.2で詳しく述べたい。

2.1.3 発音を評価する – See –

　学習目標を立て、学習を遂行したら、最後の段階として、立てた学習目標が達成できたかどうかを適宜、判断、評価（See）し、目標を見直したり、新たに目標を立て直す段階に入る。

　発音を判断、評価する方法には、「自己評価」と「他者評価」がある。「自己評価」でもっとも簡単な方法は、自分の発音を録音して聞くことであろう。最近のケータイには、どれも録音機能がついているので、すぐに自分の声を録音して確認することができる。また、少し専門的であり、ハードルが高いが、学習者から反応のよいものに、音声分析ソフトを使う方法がある。何度聞いても高低の違いがわからないという学習者には、自分の発音の高さや長さが視覚的に確認できる音声ソフトは、役立つという。このことを受けて、Web教材「つたえるはつおん」では、「自分のリズムを確認しよう – 音声分析ソフトPraatを使った練習 – 」「自分のアクセントを確認しよう – 音声分析ソフトPraatを使った練習 – 」の動画で、Praatの使い方を紹介している（図3）。

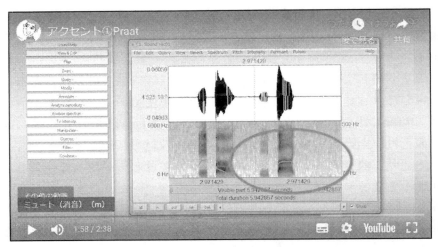

図3 「一杯」と「いっぱい」の高さの表示例（Praat）

　「他者評価」には、自分以外の人、すなわち、先生やクラスメートなどの身近な人に自分の発音を評価してもらう方法がある。母語話者の判断や評価は絶対だと信じ、言われた評価をうのみにしがちであるが、母語話者だからといって、判断、評価が正しいとは限らない。小熊（2008）では、日本語母語話者の日本語教師8名に、日本語学習者が話す会話に現れるリズムの不自然さについて評価させた。その結果、不自然さの評価に一致が見られたものは、約49％だったと報告している。母語話者の評価でも、一致していたのは半分以下ということになる。つまり、母語話者だからといって、音声の評価が正しいわけではないという認識を持つ必要があるだろう。そのうえで、学習者が自分自身の目的に合った評価方法を選択するとよい。例えば、母語話者評価を研究で用いる場合や継続的に記録するため評価基準をできるだけ一定にする必要がある場合には、同じ評価者に継続して判断してもらうこと（同じ人でも時や場合によって評価が変わるが）、音声の専門家に評価してもらうこと、物理的な方法（音声分析ソフト）を使用することなどの工夫が考えられる。研究で音声を記録する必要がなければ、そこまで厳密な評価は求められないと思うが、母語話者の評価を参考にする場合には、上述の理由から一喜一憂する必要はない。

　以上、自律的に発音を学習するためにWeb教材「つたえるはつおん」で扱っているコンテンツについて説明した。これらの音声項目やコンテンツ、その示し方については、事前に行ったパイロット調査の結果（木下ほか2017）をできる限り反映させたものである。発音の上級学習者のために、さらに難しいクイズ

を設けてほしいという要望もあったが、その点については今後の課題となっている。

2.2 自分に合った学習方法を探す

　Web教材「つたえるはつおん」では、様々な知覚学習スタイル（Perceptual learning　styles）を持つ学習者がいることを想定し、自分に合った学習方法が探せるよう、31の学習方法を動画で紹介している（資料参照）。ここでは、情報処理の観点から自分に合った学習方法を探すことの意義を説明した上で、動画について述べたい。

　学習スタイルとは何か。近藤・小森（2012）『研究社日本語教育事典』によると、「新しい知識や技能を学ぶ際に学習者が使う方法のこと」であり、自らの学習スタイルを知ることで教授や学習の効果が高まるとしている。中でも、知覚学習スタイル（Perceptual　learning　styles）は、「情報の認知や処理の仕方、学習環境に対する好み、記憶の方法、思考の傾向など」（p.84）とし、記憶との関連が示されている。知覚学習スタイルについていまだ明らかになっていないことは多いが、Barnard（1999）のICS（Interacting　Cognitive　Subsystems）のモデルが参考になる。それは、新しい情報が取り込まれるときに、文字や記号などの視覚情報（Visual）、音声などの聴覚情報（Auditory）、身体を動かすなどの触覚情報（Haptic）のそれぞれ独立した経路を通って長期記憶に保持され、保持されたものを思い出す際にもこれらの経路を経由するというものである。木下（2004）は、この点をふまえ、知覚学習スタイルとは「新しい情報を受け入れる際に聴覚、視覚、触覚、運動等、どの知覚モードを使って受け入れるのがより効率的か、情報処理を得意とするタイプのこと」と定義づけている。

　このような知覚学習スタイルは、第二言語習得に影響を与えると考えられており（小嶋ほか2010）、実際に日本語学習者を対象に日本語のリズム習得について縦断研究を行った木下（2011）も、日本語リズム習得度に知覚学習スタイルが関与していることについて報告している。

　Kinoshita（2015）は、大学における日本語の発音授業で学期中に次の8種類の方法による発音練習を行った。①短音節、長音節の違いを記号で表し、記号を見ながらリズムを練習する方法（Marking）、②手をたたきながらリズムを練習する方法（Clapping）、③同じリズムパターンからなる既知語を集め、リズムパターンを意識して練習する方法（Grouping）、④メトロノームに合わせ

て俳句を読み上げ、発音練習する方法（Haiku）、⑤リズムビート（赤木ほか2010）に合わせて発音練習をする方法（Beat）、⑥音声分析ソフトPraatを使って音の長さや高さを見ながら練習する方法（Praat）、⑦シャドーイングを使って練習する方法（Shadowing）、⑧既存の歌を使って練習する方法（Song）の8種類である。そして、学期末に①から⑧の中でもっとも自分に合っていた学習方法について質問をしたところ、受講者のうち、25名から回答が得られた。

　表2は、25名の学習者が自分に合っていると回答した学習方法（複数回答可）をまとめたものである。これによると、①Marking　4名、②Clapping　7名、③Grouping　2名、④Haiku　2名、⑤Beat　4名、⑥Praat　8名、⑦Shadowing　8名、⑧Song　2名であった。この結果から、⑥Praatと⑦Shadowingを好む学習者が比較的に多いことと、学習者が自分に合っていると感じている学習方法は学習者によって違うということがわかる。Kinoshita（2015）の調査結果は、25名という限られた人数の回答から得られたものであるが、筆者は2022年まで同じ発音の授業を担当しており、同様の質問をしている。その回答を見ても、PraatとShadowingを好む学習者が多いこと、自分に合っている学習方法は同じではないという点で、同様の傾向が確認されている。音声を教育する、あるいは学習支援をする際には、様々な学習スタイルを持つ学習者がいることを意識するとよいだろう。

表2　発音授業の履修者が回答した自分に合っている学習方法
（複数回答可）

学習方法	人数
① Marking	4
② Clapping	7
③ Grouping	2
④ Haiku	2
⑤ Beat	4
⑥ Praat	8
⑦ Shadowing	8
⑧ Song	2

　Web教材は、様々な学習方法を並べて示すことができる。この点が市販の紙媒体の教材と違う点である。よりよい教授法を見つけては全体の量やバランス

を考えることなく、すぐに更新できる点が、Web教材の利点である。また、動画で示す場合には、学習方法の紹介に、すべてを言語化する必要がない。先述の舌を巧みに動かす動画はまだ作成していないが、紙媒体の教材ではその動きを言葉で説明する必要がある。それを正確にイメージするのも難しいだろう。しかし、動画を見れば一目瞭然である。Web教材の動画はYouTubeでも公開されているが、そのコメントを見る限り、日本語のレベルが初級であったとしても、理解できる部分があるようである。日本語の音声について教えてくれる教員が周囲にいなかったとしても、学習方法の動画を見て、自分に合った方法を探すことができるのである。

　ここでコンテンツの活用例を示す。来月に日本語のスピーチ、あるいは日本語での就職の面接を控えていて、その練習をしているとき、ある単語のアクセントが気になって、知りたいと思ったとしよう。Web教材「つたえるはつおん」には、OJAD[2]（On-line Japanese Accent Dictionary）で調べて練習する方法がある（動画「単語のアクセントを調べてみよう - OJAD単語検索 - 」）。OJADを使えば、アクセントの記号を視覚的に示した情報や男女の音声を聞き、確認できる。また、アクセントの規則、すなわちどの音が高くてどの音が低いかはわかったが、うまく発音できないという場合には、身体の動きを使って高さの感覚をつかむ方法（動画「身体で高さの感覚をつかもう」；図4）も役立つ。そして実際にできたかどうかを確認するには、図3で紹介したPraatを使う。

図4　動画「身体で高さの感覚をつかもう」の例

　来月に日本語のスピーチ、あるいは日本語での就職の面接を控えていて、もっと流暢に話したいと思ったとしよう。Web教材「つたえるはつおん」には、

---

2) https://www.gavo.t.u-tokyo.ac.jp/ojad/

「聞きやすくてわかりやすい発音をしよう－スラッシュ・リーディングを取り入れた練習－」がある。これは、意味のまとまりの前後に入れた句切りから次の句切りまで、声の高さをあげて次第にさげながら発音するという、イントネーションに注意した練習方法である。この動画では、原稿にスラッシュやイントネーションのピッチカーブを書き入れる方法であるが、OJADの韻律チュータスズキクンを使って、音声情報を視覚的に確認する方法（「自分の作文のモデル発音を聞いて練習しよう－OJAD韻律読み上げチュータスズキクンを使った練習－」）もある。視覚的な情報がない方法を好む学習者には、ひとまとまりを円を描いて練習する動画「わかりやすく話そう」もある。練習する方法がわかれば、再度動画を視聴する必要はなく、自分の文脈、言いたいことに合わせて練習できる。

　鮮于（2020）は、授業で知覚学習スタイルの調査を行い、学習者に学習方法の選択をさせたところ、身体を動かして学習する方法を好む触覚型の学習者であっても、身体を使って学習することはなかったことを報告している。他者がいる環境で自分だけ身体を動かすことに抵抗を示した可能性もあるが、これまでにも身体を動かすこと自体に抵抗を示す学習者の報告はあった（中川ほか2008）。その一方で、柳澤ほか（2013）のように、学習者と音声専門の日本語教師が1対1で向かい合い、単語のリズムを聞いて感じた感覚を自由に身体の動きで表現させ、学習者が決めた身体の動きを使って教師が指導した場合、どのような学習スタイルを持つ学習者であっても学習効果が確認されたという報告もある。学習者自身が自分の感覚に合った身体運動を決め、それを教師が指導の際に用いるという点が重要なのかもしれない。このプロセスについては、柳澤（2013）が詳しい。学習者が実際に一定期間、1対1で音声専門の日本語教師に発音指導をしてもらう機会を作るのは、容易なことではないが、Web教材でどのような提供ができるかを検討する価値は十分にあるだろう。

3. 授業におけるWeb教材「つたえるはつおん」の活用例

　最後に、大学の留学生を対象とした授業でこのWeb教材をどのように活用しているのか、その例を紹介したい。筆者は、大学で初級後半から中級レベルの日本語学習者を対象にした日本語の発音を教える科目を担当している。この科目では、以下の到達目標を掲げている[3]。

---

3) この科目は、2019年度第7回WASEDA e-Teaching Awardで大賞を受賞した。

1)日本語のリズム、アクセント、イントネーションのしくみを理解する。
2) 自らの発音の特徴を知る。
3) 伝わりやすく、わかりやすい話し方の調整ができる。
4) 自分に合った発音の学習方法を探す。

　到達目標4 ）に「自分に合った発音の学習方法を探す」とあるが、Web教材「つたえるはつおん」の動画を学習者に自由に選んで見てもらうという方法はとっていない。そのようにすると、ある学習方法について合うか合わないかを自分の経験や印象から判断してしまい、実際に経験したことのない学習方法、よくわからない学習方法は、試さないままに終わる可能性が高い。教員からフィードバックが得られる授業だからこそ、様々な学習方法を実際に体験させる機会の確保を重視している。
　表3は、2022年度春学期に開講した当該科目の授業スケジュールを示したものである。
　この科目では、主に木下・中川（2009）『ひとりでも学べる日本語の発音』を教科書として使用しており、教科書の流れに沿ったスケジュールになっている。この中で、Web教材「つたえるはつおん」の動画を授業の導入時に活用する場合と、発音の練習前に活用する場合とがある。この2例を紹介したい。
　授業の導入時に動画を用いる際には、主にディスカッションの目的で活用している。例えば、発音が伝わらない、あるいはミスコミュニケーションが生じた動画の一部を見せて、動画のある学習者はなぜ言いたいことが伝わらなかったのか、どのように話したらよかったと思うかなど、ミスコミュニケーションの原因についてグループで考え、グループごとに考えた内容を確認した後に、動画の全体を視聴するという使い方である。授業の導入時に他者と発音について話し合う時間を設けることにより、発音学習を行うねらいや意義が明確になり、実際の場面が想定できる。話し合いの中で、何が問題なのかがまったくわからないという学習者もいるが、クラスメートのやり取りから気づきを得ることがある。大学のLMS（Learning management system）にWeb教材「つたえるはつおん」の動画のリンクを貼っておけば、後から内容を確認することもできる。

表3　発音クラスの授業スケジュール

回	授業内容
第1回	オリエンテーション
第2回	スラッシュ・リーディング1
第3回	スラッシュ・リーディング2
第4回	名詞とイ形容詞のアクセント
第5回	動詞のアクセント
第6回	文末イントネーション1
第7回	文末イントネーション2
第8回	発表・ナレーション
第9回	リズム1
第10回	リズム2
第11回	音の変化
第12回	総合練習「スキット」1
第13回	総合練習「スキット」2
第14回	発表・スキット
第15回	まとめとふり返り

　練習前には、練習の流れを確認する目的で動画を使用している。例えば、シャドーイングの学習方法が自分に合っているかどうか実験する活動では、①動画を視聴して方法を確認する。②練習前にある文章を読み、その音声を録音する。③シャドーイングで発音を練習する。④練習後に、また文章を読み、その音声を録音する。⑤練習前（②）と練習後（④）の音声を聞き比べて、違いはあるか、それはどのような違いか、練習をしてみて気づいた点は何かについて記録し、記録したものを提出するという流れで行っている。

　以上、筆者が担当する授業でのWeb教材「つたえるはつおん」の活用例について紹介したが、「正しい使い方」というようなものは存在しない。年に数回使用許可を求めるメールをいただくが、様々な現場での活用例を共有できるような場づくりを検討していきたい。

4. まとめと今後の課題

　以上、2015年度より開発してきたWeb教材「つたえるはつおん」の教育理念と

学習支援、コンテンツを紹介し、筆者が担当している授業での活用例について報告した。Web教材「つたえるはつおん」は、完成しておらず、今後も細々と更新を続けるつもりである。

　自律学習ができない学習者はいないという（リトル2011）。ただ、中田（2015）の指摘にあるように、初めから自律的に学習できる学習者ばかりではない。自律学習ができるようになるまでには、だれもが他律的な過程、すなわち他者に何をどう学習したらよいかを決めてもらう過程を経る。Web教材「つたえるはつおん」のコンテンツが彼らの足場がけとなること、他方、日本語教師にとっても、この無料で公開されているWeb教材を活用することで、音声教育に対するハードルが下がり、より多くの現場で音声教育が行われるようになることを願ってやまない。

参考文献

青木直子（2013）『外国語学習アドバイジング - プロのアドバイスであなただけの学習プランをデザインする - 』Kindle eBooks.

赤木浩文・古市由美子・内田紀子（2010）『毎日練習！リズムで身につく日本語の発音』スリーエーネットワーク

エドワード・L・デシ , リチャード・フラスト（1999）『人を伸ばす力 - 内発と自律のすすめ』新曜社

小熊利江（2008）『発話リズムと日本語教育』風間書房

木下直子（2004）「日本語学習者の知覚学習スタイル - 韓国人大学生の場合 - 」『明海日本語』9, 41-50.

木下直子（2011）『日本語のリズム習得と教育』早稲田大学出版部

木下直子・田川恭識・角南北斗・山中都（2017）「自律学習を促進させるためのシステムづくり - Web教材「つたえるはつおん」の開発 - 」『早稲田日本語教育実践研究』5, 141-150.

木下直子・中村則子・山中都・佐藤貴仁（2021）「音声学習のためのWeb教材「つたえるはつおん」の開発』『早稲田日本語教育実践研究』9, 63-66.

木下直子・中川千恵子（2019）「気持ちを伝える音声のWeb教材「つたえるはつおん」」『ICT×日本語教育』254-268, ひつじ書房

木下直子・中川千恵子（2019）『ひとりでも学べる日本語の発音』ひつじ書房

小島慶一（2016）『音声ノート - ことばと文化と人間と』朝日出版社

小嶋英夫・尾関直子・廣森友人（2010）『英語教育学大系　第6巻　成長する英語学習者 - 学習者要因と自律学習 - 』大修館書店

近藤安月子・小森和子（2012）『研究社日本語教育事典』研究社

鮮于媚（2020）「Web教材を利用した自律学習を促す発音授業:Praat、OJAD、つたえるはつ

おんの使用を事例に」『埼玉大学日本語教育センター紀要』14, 25-33.

谷口聡人（1991）「音声教育の現状と問題点-アンケート調査の結果について-」『日本語音声の韻律的特徴と日本語教育-シンポジウム報告-』, 重点領域研究 「日本語音声」 D1班平成3年度報告書

戸田貴子（2008）『日本語教育と音声』くろしお出版

戸田貴子（2009）「日本語教育における学習者音声の研究と音声教育実践」『日本語教育』142, 1-3.

中川千恵子, クリス・シェパード, 木下直子（2008）「発音学習における学習　成功者と学習遅滞者の学習スタイルと学習ストラテジーの違い」『2008年度日本語教育学会秋季大会予稿集』pp. 146-151.

中田賀之（2015）『自分で学んでいける生徒を育てる-学習者オートノミーへの挑戦』ひつじ書房

日本語教育学会編（1991）『日本語教育機関におけるコース・デザイン』凡人社

松崎寛（2016）「日本語音声教育における韻律指導 - CALLシステムを用いた教材開発の動向 - 」『日本音響学会誌』72-4, 213-220.

森大毅, 前川喜久雄, 粕谷英樹（2014）『音響サイエンスシリーズ12　音声は何を伝えているか - 感情・パラ言語情報・個人性の音声科学』コロナ社

柳澤絵美, 木下直子, 中村則子（2013）「身体の動きを用いた特殊拍指導の試み - 知覚学習スタイルに注目して - 」『2013年度日本語教育学会秋季大会予稿集』pp.405-406.

柳澤絵美（2013）「学習者が捉えた特殊拍の特徴とその身体運動への応用 ： 身体の動きを用いた発音指導から見えてきたこと」『明治大学国際日本学研究』6(1), 117-129.

リトル・デイビッド（2011）「第2章　学習者オートノミーの実践　アイルランドにおける成人移民の英語学習」青木直子・中田賀之（編）『学習者オートノミー - 日本語教育と外国語教育の未来のために - 』ひつじ書房, 51-89.

劉佳琦（2014）「中国における日本語音声教育の現状と課題」『早稲田日本語教育学』16, 105-116.

Barnard, P. J. (1999). Interacting Cognitive Subsystems: Modeling working memory phenomena within a multiprocessor architecture. In A. Miyake & P. Shah (Eds.), Models of working memory: Mechanisms of active maintenance and executive control(pp.298-339). Cambridge University Press. https://doi.org/10.1017/CBO9781139174909.012

Dörnyei, Z. (2001). Teaching and researching motivation, New York: Longman.

Kinoshita, N. (2015). Learner preference and the learning of Japanese rhythm. In J. Levis, R. Mohamed, M. Qian & Z. Zhou (Eds). Proceedings of the 6th Pronunciation in Second Language Learning and Teaching, Conference (ISSN 2380-9566), Santa Barbara, CA (pp. 51-62). Ames, IA: Iowa State University.

Reid, J. (1987). The Learning Style Preferences of ESL Students. TESOL Quarterly, 20, 87-109.

資料: Web教材「つたえるはつおん」で提供している31の動画

サイトのつかいかた		

リズム		

知っている単語で拍の練習をしよう-リズムのパターンを考えながら発音する練習-	メトロノームを使ってリズムの練習をしよう-特殊拍を含む単語の発音練習-	自分のリズムを確認しよう-音声分析ソフトPraatを使った練習-

身体を動かしてリズムをつかもう	ビート音でリズムの練習をしよう	手遊びでリズムをつかもう

アクセント		

自分のアクセントを確認しよう-音声分析ソフトPraatを使った練習-	単語のアクセントを調べてみよう-OJAD単語検索-	動詞のアクセントのルールを知ろう

オノマトペのアクセントを知ろう	複合名詞のアクセントを理解しよう	身体で高さの感覚をつかもう

イントネーション		
 聞きやすくてわかりやすい 発音をしよう - スラッシュリーディング を取り入れた練習 -	 自分の作文のモデル発音を 聞いて練習しよう - OJAD韻律読み上げチュー タスズキクンを使った練習 -	 自分の気持ちを伝えよう -「そうですか」-
 自分の気持ちを伝えよう -「いいですよ」-	 自分の気持ちを伝えよう -「きれいじゃない」-	 シャドーイングで なめらかに発音しよう
 わかりやすく話そう		

母音・子音		
 「ざ・ず・ぜ・ぞ」の発音を 身につけよう	 「つ」の発音を 身につけよう	 身体の動きを使って 練習しよう -「か・が」「た・だ」の練習-
 「な行音」と「ら行音」を 区別して発音しよう		

気持ち		
 強調のしかたを 覚えよう	 丁寧な気持ちの表し方を 理解しよう	 あいづちを 練習しよう
 感動詞を つかってみよう	 いろいろなキャラを 演じてみよう	

方言		
 大阪方言で話そう	 広島方言で話そう	 宮崎方言で話そう

日本語発音ラボ (JPラボ) の開発

- 学習者目線の発音練習サイト -

柳澤絵美・邊姫京

要旨

　日本語発音ラボ (JPラボ) は、学習者が自律的に日本語の発音を学習できるように、学習者目線で開発された自習用ウェブサイトである。インターネットの環境であれば、だれでも無料で利用できる (www.jp-lab.com)。学習項目ごとに学習者が自分のペースで「説明」「練習」「課題」のステップを踏んで進められるように構成されている。教師のためには、音声指導の阻害要因になっている「時間がない」「適切な教材がない」「指導法がわからない」の問題を解消し、敬遠されがちな発音指導に気軽に取り組めるように「教師用」資料を提供している。学習者と教師の双方にとって、わかりやすく、使いやすいと感じられるサイトの構築を目指す。

キーワード：　日本語の発音練習、オンライン・ツール、学習者目線、自律学習、聞き取り重視

1. 日本語教育における音声教育及び音声指導

　近年、日本語教育における音声教育は大きく様変わりしている。アクセントやイントネーション、リズムといった韻律に特化した書籍の出版が盛んであり、インターネットの普及により、ネット経由で日本語の発音を学ぶこともできるようになってきている。無料で利用できるコンテンツもあり、学習者向けの自習ツール (河津2012、峯松2014、2015、木下他2017、2021) やオンライン講座MOOCsで受けられる発音授業もある (戸田2016)。

　学習者が自分の国や地域で日本語を学び、ネイティブと接する機会がほとんどなかった時代とは異なり、インターネットの普及や国際交流に伴う人的交流の増加は、学習者がネイティブの日本語に接する機会を日常的なものにした。このような変化によって学習者は自身の発音とネイティブの発音の違いに気づき、日本語音声への関心を高め、「通じればいい日本語」から「ネイティブのような自然な日本語」(日本語教育学会1991、戸田2001、2008、内堀2008、劉2014) へと目指す目標も変わってきている。近年の韻律に特化した書籍の出版やICTを活用した音声教育は、このような学習者のニーズに応えるために長年進め

られてきた研究成果がようやく具体的な形で実現されたものと言えよう。

　さて、音声指導に使えるリソースが増えた分、教育現場で以前より音声指導が盛んになり、体系的な音声教育が行われるようになったかというと、残念ながら現状は今も昔もさほど変わっていない。日本語音声に関して学習者が教師に期待するのは、自身の発音が標準的な発音と比較してどのように異なっているかの具体的な説明であるが（松崎2009、楊2011）、この期待に応えられる教師はそう多くない。海外のノンネイティブ日本語教師を対象にしたアンケート調査等で、音声指導に積極的ではない理由として常に上位にランクされるのは「時間がない」「適切な教材がない」「指導法がわからない」であるが（磯村2000、小河原・河野2002、阿部他2016）、ネイティブ教師においても状況は同じである（谷口1991、大久保2008、田川他2015）。時間の制約は現場の教師であればだれもが実感することである。カリキュラムに音声関連科目が組み込まれているごく一部の教育機関を除けば、音声指導は総合クラスの中でやりくりすることになるが、そのような時間的余裕はない。しかし、仮に時間が確保されても教材と指導法の問題が残る。教材に関しては冒頭で述べたように以前より使えるリソースが増えたのは事実であるが、文法を指導するときに文法知識が必要なのと同様に、音声指導を体系的に行おうとすれば最低限の音声学の知識が必要になる。音声の専門家は分かりやすい教材と指導法を用意したつもりでも現場の教師には「専門用語が多い」「内容が多い」「内容が理解できない」等の理由で敬遠される（田川他2013、2015）。

　どんなにいい教材と指導法があっても現場の教師がそれを十分に理解し、納得しなければ、教室に持ち込まれることはない。仮に持ち込まれたとしても教師自身が理解していない内容を提示するだけでは音声指導はうまく行かない。音声学の知識を前提にせず、教師の時間的、精神的負担を軽減しながら、既存の授業時間を大きく妨害することなく、学習者の音声上の問題点を改善する手立てはないだろうか。

2. JPラボの開発

　日本語発音ラボ（JPラボ）は、音声指導の阻害要因になっている「時間がない」「適切な教材がない」「指導法がわからない」の問題を解消するために開発された発音練習用オンライン・ツールである。インターネットの環境であれば、だれでも無料で利用できる（www.jp-lab.com）。教師の時間的、精神的負担を軽

減するために、学習者に自律学習を促し、一人で日本語の発音が学べるように考案された自習用ツールで、学習者が自分のペースで「説明」「練習」「課題」のステップを踏んで進められるように構成されている。

　学習者が使いやすいようにサイトの「説明」は学習者目線で書かれている。学習者目線とは、平易な日本語を用いるだけでなく、ノンネイティブの観点から日本語音声を捉えることである。例えば、特殊拍の項目では、普通拍との違いを明確にするために特殊拍の有無をクイズ形式で紹介しており、イラストの中の教師の説明は音声学的知見に基づいているが、その全てを理解する必要はないため、発音の良し悪しに直結する点に絞って説明している。学習者は自身の発音がネイティブにどう聞こえるかを気にするため、「ネイティブはここを聞いている」という点を明示的に示すようにした。また、学習者自身の発音が標準的な発音と比較してどう違うかを自ら判断できるように多数のモデル音声を掲載した。

　「練習」は聞き取り練習と発音練習の2種類がある。聞き取り練習で発音の違いに気づき、その違いを意識しながら発音練習に取り組めるように設計されている。サイトの内容は教師が説明することを前提にしていないが、教師が教室で取り上げる場合を想定し、説明に必要な教師用スライドを項目別に用意し、ダウンロードして使えるようにした。学習成果を確認するための「課題」は、教師の裁量でテストに変えることもできる。

　現場の教師から音声教育の際に「何を」「どこまで」指導すればよいかわからないという声が聞かれることがある（田川他2015）。このうち学習の到達目標である「どこまで」は学習者本人が決めるべき事柄であり（間違った発音で誤解されない程度の発音を目指す人はそれ相応の練習、ネイティブと同レベルの発音を身につけたいと思う人はそれ相応の練習をする）、教師が考慮すべきは「何を」指導するかであるが、サイトのメニュー（学習項目）は指導の範囲を決める際に参考になる。

　現在公開されている学習項目は、「特殊拍」「清濁」「母音の無声化」「アクセント」「複合語アクセント」「プロミネンス」「への字型イントネーション」の7項目である。これらは、学習者の母語にかかわらずほとんどの学習者の発音において問題になる項目であり、特殊拍と清濁の2項目は日本語の「正確さ」、残りの5項目は日本語の「自然さ」にかかわる。「正確さ」は、間違えると日本語として正しくないものになるので十分な練習が必要であるが、「自然さ」は、標準的な発音からは外れるが、日本語として間違いとまでは言えないため、学習者が学習目

標をどこに置くかで省略することもできる。「正確さ」に関しては「ツの子音」「ラ行の子音」「ザ行の子音」など特定の母語の学習者に観察される項目もあるが、これらはサイトに含まれていない。

　日本語の発音に特化した無料のサイトは既にいくつか開発されているが、それぞれ得意とする分野が異なる。例えば、「つたえるはつおん」（ www.japanese-pronunciation.com/ ）は動画が充実しており、「OJAD」（ www.gavo.t.u-tokyo.ac.jp/ojad/ ）はアクセント辞書の機能に加え、朗読の練習に大変有用な、入力した文章のピッチカーブを描いてくれる機能を備えている。JPラボは、音声指導の際に押さえておくべき指導項目をカバーしながらも既存のサイトと内容の重複を避け、学習者が複数のサイトを併用したときに、いずれからも学べるように配慮している。それぞれのサイトは利点と欠点があり、協力・共存することでシナジー効果を発揮できると考えている。

3. JPラボのコンテンツと使い方

3.1 サイトの構成
　2022年6月現在、JPラボで扱っている学習項目は、前述のとおり「特殊拍」「清濁」「母音の無声化」「アクセント」「複合語アクセント」「プロミネンス」「への字型イントネーション」の7項目である。JPラボのサイト上では、図1に示すように、これらの学習項目をページ上部のタブで選択できるようになっている。そして、それぞれの項目のコンテンツは、「説明」「練習」「課題」「教師用」の4つのセクションで構成されている。「説明」と「練習」は学習者の自習用、「課題」と「教師用」は教師のための授業との連携用である。次節からは、各セクションについて詳しく見ていく。

図1：7つの学習項目と各項目内のコンテンツ

3.2「説明」のセクション

「説明」のセクションは、実際にモデル音声を聞いて、日本語音声の特徴に気づいてもらえるように設計されている。例えば、「長音・促音・撥音」であれば、特殊拍を含まない語と含む語（例：おばさんvsおばあさん、おとvsおっと、さまvsさんま）を、「清音・濁音」であれば、濁点を含まない語と含む語（例：きんvsぎん　、たいがくvsだいがく）のミニマルペアをイラストと共に提示し、両者の違いは何かを問うクイズから始まる（ミニマルペアは、できるだけ単音とアクセントを揃えているが、「おばさんvsおばあさん」はアクセントがそろっていない）。特殊拍や濁点の有無によって意味が変わるため、発音を混同してはいけないことに気づかせるのが狙いである。

さらに詳しく見るために、図2に「清音・濁音」の「説明」の冒頭部分を示す。清音と濁音がどのような音なのかについて、専門用語を用いて音声学的な説明をしても学習者にはそれが具体的にどのような発音なのかをイメージするのは難しい。特に学習者の母語に有声音と無声音の音韻的な対立がない場合には、その理解は困難であることが予想される（有声音と無声音の対立がある場合も、音そのものは言語ごとに異なる。例えば、英語の語頭の無声閉鎖音（aspirated stops）とフランス語の語頭の無声閉鎖音（unaspirated stops）は音声学的に同じ音ではない）。専門用語を用いた説明は、音声学を専門にしている教師や学生にとっては有用であっても、日常生活では出会わないような用語は、一般の学習者にとっては、理解できない難しい説明が続くだけであり、発音学習へのモチベーションを下げる恐れもある。

そこでJPラボでは、まずは実際にモデル音声を聞き、濁点がある場合とない場合の音の違いを認識できるようにした。そして、清音と濁音の違いが仮名では濁点の有無として表されることを説明し、仮名と音声がどのように関連しているかを示した。

このように、まずは、実際にモデル音声を聞いて音声に意識を向け、発音の違いに気づいてもらい、ターゲットになる発音がある程度イメージできるようになったところで、できるだけ専門用語を使わない平易な日本語を用いて、英語の発音の例なども挙げながら、清音と濁音について説明をしている。さらに、清音と濁音の違いを明確に区別して発音しなければ、語の意味が変わってしまうことを示し、日本語においては清濁の区別が非常に重要であり、発音を間違えると意思の疎通に影響が出ることを理解してもらう。

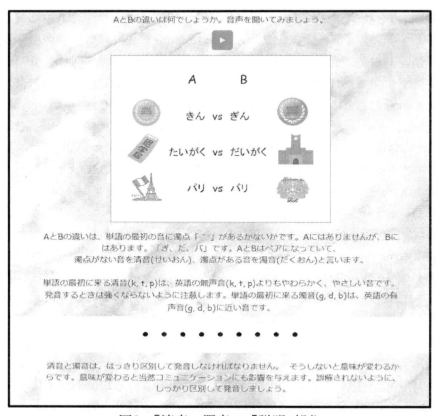

図2：「清音・濁音」の「説明」部分

3.3 「練習」のセクション

　練習には、「聞き取り練習」と「発音練習」の2種類がある。前述の「説明」セクションにおいて、音声の聞き分けを通して学習項目のポイントを意識してもらおうとしていたことからもわかるように、JPラボでは、聞き取りを重視している。「聞き取り練習」では、学習項目となる発音のポイントを聞き分ける練習を行う。例えば、「長音・促音・撥音」や「清音と濁音」であれば、音声を聞いてそれがサイト上に示されたミニマルペアの語のどちらを発音した音声かを選択するタスク、「アクセント」であれば、アクセント核の位置を聞き取るタスク、「プロミネンス」であれば、文の中で強調されている部分を確認するタスクに取り組む。

　図3に「アクセント」の「練習」の例を示す。この練習では、左側の図のように、まずは文字で示された語を見ながらモデル音声を聞いて、どこにアクセント核があるかを聞き取る（アクセント核については「説明」セクションで説明済）。

その後、正しいアクセント核の位置を示した図を見ながら、再度モデル音声を聞き、その音声の真似をすることで、聞いた音声と自分の発音をリンクさせ、学習項目となる発音への理解を深めるとともに、適切な発音ができるように促している。なお、JPラボは、自習用ツールであるため、教師からのフィードバックがなくても練習問題の解答が分かるように、サイト上に解答を掲載し、学習者が自分で正答を確認しながら練習できるようにしている。

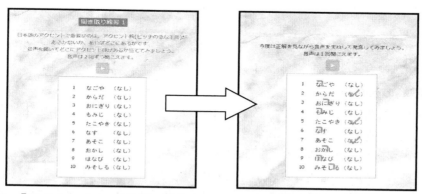

図3：「アクセント」の「練習」部分（アクセント核の位置の聞き取り練習）

次に、「発音練習」では、短文と会話の練習が用意されている。学習者は、単語レベルではターゲットとなる発音が問題なく調音できても、文レベルや会話レベルになると、正しく発音するのが困難になることがある。日常生活においては、単語のみでコミュニケーションを図ることは少なく、文や会話においても適切な発音ができなければ、意思の疎通に支障を来したり、聞き手にストレスやあまり良くない印象を与えたりする恐れがある。JPラボでは、ある程度の長さがある発話においても適切な発音ができるように、複数の短文と会話のモデル音声を提示し、学習者がそれを聞き、真似して発音する形で発音練習ができるようにした。

図4に「清音・濁音」の文レベルと会話レベルの発音練習の一例を示す。学習者が清音と濁音の違いを明確に意識できるように、清濁の違いによるミニマルペアが一文や会話の中に組み込まれている。なお、発音練習のための例文には、駄洒落も含まれている。ある表現が駄洒落であるか否か、その駄洒落が何を意味するかを理解するためにはそれなりの日本語力が必要であり、日本文化への理解も要求される。JPラボの第一の目的は発音の学習であるが、機械的な練習だけでなく、練習をしながら日本語と日本文化を理解してもらうことも意図し

ている。

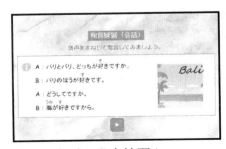

図4：「清濁」の「練習」部分（短文と会話の発音練習）

3.4「課題」のセクション

　前述のとおり、JPラボは学習者が自律的に日本語の発音を学べる自習用ツールであるが、授業と連携し、教師が介入することで、さらに学習を深めることができる。「課題」はそのために設けられたセクションである。「課題」は、原則として「練習」で用いた語・文・会話と呼応する形で設定されており、「練習」のセクションで何度もモデル音声を聞いて発音練習をしてきた語や文を、課題として再度発音する。学習者はその音声を自分のスマートホンなどに録音し、音声ファイルをメールで教師に提出する。教師は提出された音声を確認し、フィードバックをするという使い方を想定している。録音機能のある携帯電話を持っていない学習者はパソコンやICレコーダーなど、他のデジタル機器に録音して提出してもらう。学習者の所属機関に独自のLMS（Learning Management System学習管理システム）などがあれば、それを使って課題の提出やフィードバックをしたり、授業中に学習者に発音をしてもらって、教師がその場でフィードバックをしたりするなど、それぞれの教育環境や時間的制約などに合わせて活用することも可能である。

　図5に「プロミネンス」の「課題」の一例を示す。ここでは、プロミネンスがある部分が赤字（Qの「いつ」「どこ」「本当に行きますか」）とハイライト（Aの「あした」「東京」「行きます」）で示されており、そこを強調するように意識して発音するという課題である。なお、「課題」は発音練習の成果を確認するためだけでなく、授業の中で発音指導を行い、その成果を成績に含める場合には、テストという位置付けで活用することもできる。

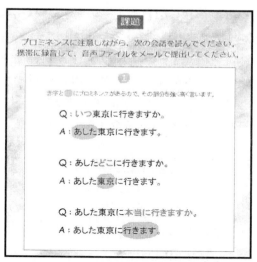

図5：「プロミネンス」の「課題」部分

　ただし、すべての項目に課題が含まれているわけではなく、朗読に用いられる「への字」型イントネーションは課題が設定されていない。「への字」の「練習」で使用した文章をそのまま課題にする方法もあるが、朗読は読む人がどのような意図をもって読むかで「への字」を構成する句の長さが変わるため、型にはまった朗読になるのを避けるために課題を設定していない。どうしても課題が必要な場合は、授業で学習者が書いた作文があれば、それをへの字型イントネーションになるように読み上げる課題を出すのが、学習者の役に立つだろう。

3.5「教師用」セクション

　JPラボを授業と連携させて活用するために、上記の「課題」に加えて、「教師用」のセクションも設けられている。このセクションには、「5分キット」と名付けられた音声入りのPowerPointが項目ごとに用意されている。PowerPointには、教師が各学習項目について授業内で説明するための要点のまとめと、短い聞き取り練習や発音練習などが含まれており、自由にダウンロードして使用できるようになっている。

　図6に「母音の無声化」の「教師用」セクションに収められているPowerPointスライドの一例を示す。このスライドでは、母音の無声化がどのような音環境において起こるのかという無声化のルールについて紹介している。母音の無声化

は、日本語の「自然さ」にかかわる項目であるため、通常、母音の無声化の有無は意思の疎通においては問題にならない。したがって、教師や学習者がこの学習項目について特に時間を割いて説明したり、練習したりする必要はないと判断すればスキップすることもできる。一方で、母音の無声化について授業で扱い、無声化が生起する音環境について学習者に理解してほしいと思う場合には、図6のスライドを活用することができる。

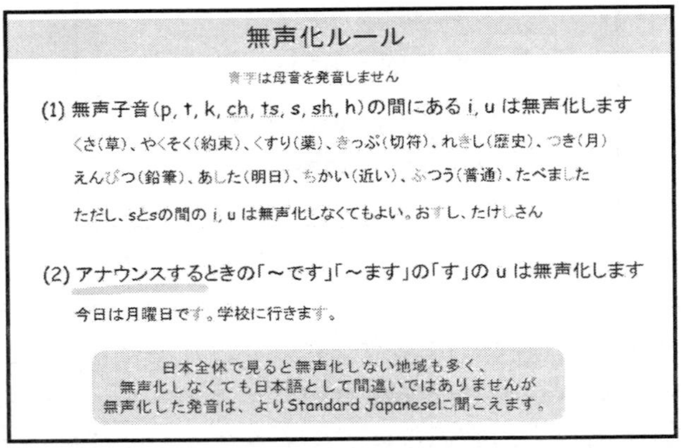

無声化ルール

青字は母音を発音しません

(1) 無声子音(p, t, k, ch, ts, s, sh, h)の間にある i, u は無声化します

〈さ(草)、やくそく(約束)、くすり(薬)、きっぷ(切符)、れきし(歴史)、つき(月)

えんぴつ(鉛筆)、あした(明日)、ちかい(近い)、ふつう(普通)、たべました

ただし、sとsの間の i, u は無声化しなくてもよい。おすし、たけしさん

(2) アナウンスするときの「〜です」「〜ます」の「す」の u は無声化します

今日は月曜日です。学校に行きます。

日本全体で見ると無声化しない地域も多く、
無声化しなくても日本語として間違いではありませんが
無声化した発音は、よりStandard Japaneseに聞こえます。

図6：「母音の無声化」の「教師用」スライド（無声化のルール）

　このように、「教師用」セクションについては、どの学習項目について、どのくらいの時間をかけて、どこまで扱うかを、音声教育の方針、時間的な制約や学習者のニーズなどにあわせて教師の裁量で調整して使用すればよい。

　本稿の冒頭で、日本語教師が音声指導に積極的ではない理由として、「時間がない」「適切な教材がない」「指導法がわからない」という点を挙げたが、「教師用」ページを活用することで、教師が授業で音声教育を行おうとした際に自分で教材を用意する手間を省くことができる。このスライドに沿って説明をすれば、当該学習項目において重要な点を押さえることができ、これによって、「適切な教材がない」「指導法がわからない」という問題は、ある程度解消されるのではないかと考えている。また、「5分キット」という名前からも分かるように、各学習項目の発音指導に必要な要素をコンパクトにまとめてあるため、授業の最初や最後の5分程度を使って説明をしたり、練習をしたりすることができる。

　教師用スライドの内容は、5分程度を想定しているが、活動の前後に発生する時間のロスを含めると、全部で10分程度を要する可能性がある。この「10分」は、総合クラスを担当する教師が、用意された教材を使って音声指導を行った

後のアンケートにおいて、音声指導に費やした時間として最も回答が多かった時間であり（渡部他2012）、「10分以内」であれば、総合クラスの中で音声指導を取り入れられるのではないかという判断から来ている。10分を超えそうな場合は、残りの部分はJPラボのサイトに行って練習するように促せばよいため、授業時間を削ってまで無理に音声指導を強行することは想定していない。

　教師の時間的、精神的負担を軽減し、授業時間を大きく妨害することなく、学習者の音声上の問題点を改善していくことが、JPラボが目指すところである。上述の阻害要因のせいで授業に発音指導を取り入れられずにいる教師には、この「教師用」ページは有用な資料になるだろう。

3.6 その他の機能

　JPラボには、「コメント欄」のページが設けられており、ユーザーからの声を集められるようになっている。コメント欄を介して、サイトで扱う学習項目や練習・課題の内容、提供する情報の量やサイトの使い勝手などについてコメントや要望を集め、サイトの改善に役立てたいと考えている。コメントを送信する際には、本名ではなくニックネームでも構わない旨がサイト上に記載されており、メールアドレスの入力も任意であるため、個人情報が開示されることを心配せずに、素直な感想を投稿することができる。学習者や教育現場の教師の声は、サイトの改善・改良に大変有用であるため、この「コメント欄」機能は、より充実したサイトの提供に向けて大きな役割を果たすだろうと期待している。

4. 今後の展望

　JPラボは、公開されてから日が浅く、内容の充実のために今後さまざまな改善や改良が求められる。まず、サイトで扱う学習項目の追加が挙げられる。現在は、多くの学習者に共通して見られる問題点として7項目を扱っているが、日本語の「正確さ」にかかわる項目は、サイトにある「特殊拍」「清濁」の他にも、特定の言語の母語話者に見られる問題点として指摘の多い「ツの子音」「ラ行の子音」「ザ行の子音」などがある。これらの項目については、追って公開する予定である。

　次に、サイトの多言語化が挙げられる。JPラボは自習用に作成されたツールであり、その配慮の一つとして、できるだけ専門用語を使わず、その学習項目

のエッセンスとなる重要な部分について、平易な日本語を使って説明するようにした。しかしながら、学習者の日本語レベルによっては、その説明が十分には理解できないケースも想定される。そこで、コンテンツを学習者の母語や理解しやすい言語に翻訳し、多言語化することで、より多くの学習者に気軽に使ってもらえるサイトにしたいと考えている。現在は、日本語版と韓国語版が公開されているが、今後は、英語、中国語、ベトナム語などへの翻訳を行い、準備が整い次第、公開していく予定である。

　　JPラボは、学習者が自律的に日本語の発音を学習できるように、学習者目線で開発されたオンライン・ツールである。また、日本語教師にとっては、日本語音声指導の阻害要因となっている「時間がない」「適切な教材がない」「指導法がわからない」という問題を解消し、教師の時間的、精神的負担をできるだけ軽くすることで、敬遠されがちな発音指導に取り組む後押しができるようになることを目指している。今後も開発を続け、より多くの学習者や日本語教師に日本語音声の学習や指導に取り組んでもらえる一助となるよう努めていきたい。

謝辞

本研究は、JSPS科研費22K00648の助成を受けました。

参考文献

阿部新・磯村一弘・中川千恵子・林良子・松田真希子（2016）「欧州における日本語音声教育事情ー教師を対象としたアンケートの結果からー」『ヨーロッパ日本語教育』21, pp. 436-437

磯村一弘（2000）「海外のノンネイティブ教師から見た日本語音声教育ー語アクセントの教育を中心にー」第2回日本語音声教育方法研究会（国立国語研究所）
http://www.isomura.org/myself/resume/2000.html（2022年6月6日最終参照）

大久保雅子（2008）「日本語教師の発音指導に対する意識と問題点ーアンケート調査結果よりー」『日本語教育方法研究会誌』15(2), pp.28-29

内堀明（2008）「アクセント指導の一提案ー自律的学習を促すためのモニター力の養成法ー」WEB版『日本語教育実践研究フォーラム報告』
http://www.nkg.or.jp/pdf/jissenhokoku/2008uchibori.pdf
（2022年6月6日最終参照）

小河原義朗・河野俊之（2002）「教師の音声教育観と指導の実際」『日本語教育方法

研究会誌』9(1), pp. 2-3

河津基 (2012)「Web版の日本語アクセント聞き取り練習プログラム　NALA-J」『秋田大学国際交流センター紀要』1, 65-71

木下直子・田川恭識・角南北斗・山中都 (2017)「自律学習を促進させるためのシステムづくり : Web教材「つたえる　はつおん」の開発」『早稲田日本語教育実践研』5, pp. 141-150

木下直子・中村則子・山中都・佐藤貴仁 (2021)「音声学習のためのWeb教材「つたえるはつおん」の開発」『早稲田日本語教育実践研』9, pp. 63-66

田川恭識・神山由紀子・渡部みなほ・小西玲子 (2013)「『みんなの日本語Ⅰ・Ⅱ』をベースとした音声指導書の開発－日々の授業で誰にでもできる音声指導を目指して－」『日本語教育方法研究会誌』20(1), pp. 76-77

田川恭識・渡部みなほ・野口芙美・小西玲子・神山由紀子 (2015)「総合日本語クラスで日常的に音声指導を行うための教材開発に向けて－初級日本語クラスにおける実践とその問題点－」『早稲田日本語教育実践研究』3, pp. 9-24

谷口聡人 (1991)「音声教育の現状と問題点－アンケート調査の結果について－」『シンポジウム日本語音声教育－韻律の研究と教育をめぐって』凡人社, pp. 20-25

戸田貴子 (2001)「発音指導がアクセントの知覚に与える影響」『早稲田大学日本語研究教育センター』14, pp. 67-88

戸田貴子 (2008)「日本語学習者の音声に関する問題点」『日本語教育と音声』くろしお出版, pp. 23-41

戸田貴子 (2016)「MOOCs (Massive Open Online Courses) による日本語発音講座－発音の意識化を促す工夫と試み－」『早稲田日本語教育学』21, pp. 87-91

日本語教育学会 (1991)『日本語教育機関におけるコースデザイン』凡人社

峯松信明 (2014) オンライン日本語アクセント辞書OJADの開発と利用『国語研プロジェクトレビュー』4(3), pp. 174-182

峯松信明 (2015)「日本語音声・テキストコーパス情報処理に基づくオンライン韻律教育インフラ構築」『音声研究』19(1), pp. 18-31

劉佳琦 (2014)「中国における日本語音声教育の現状と課題－復旦大学日本語学科の取組みから－」『早稲田日本語教育学』14-16, pp,105-116

松崎寛 (2009)「日本語教育における教師と学習者の内省－韻律指導の実践をもとに－」『日本語教育』142, pp. 25-35

楊帆 (2011)「教師の訂正方法と授業参加者の意識－中国の大学における日本語授業の場合」『山形大学紀要 (教育科学)』15(2), pp. 225-241

渡部みなほ・神山由紀子・田川恭識 (2012)「『みんなの日本語I・Ⅱ』をベースとした音声教材の開発－総合駅クラスにおける音声指導の試み－」『日本語教育方法研究会誌』19(2), pp. 20-21

調音・聴覚に視覚・触覚も加えて音声教育を考える

荒井隆行

要旨

　我々は以前から、音声教育に音声生成の物理模型 (声道模型) を応用することを試みている。声道模型は手で触りながら調音を目や耳で確認できるため、マルチモーダルな学びが実現可能である。また、そもそも私たちの音声コミュニケーションでは、音響信号だけが相互に受け渡しされるのではなく、視覚情報や場合によっては触覚情報も貢献している。そこで、本稿では我々が以前から取り組む声道模型を改めて紹介し、その音声教育応用、そして日本語促音を対象にした音声知覚の実験で視覚が大きく寄与していることを改めて示す。そして、NHK　Eテレの子ども向け英語番組「えいごであそぼ　with　Orton」での取り組みも紹介しつつ、音声教育の在り方を再考する。

キーワード: 音声教育、マルチモーダル、声道模型、日本語促音

1. はじめに

　音声コミュニケーションでは、話し手が発声・調音することで作られる音声が音波として聞き手に伝わり、聞き手側で受け取られた音声は聴覚器官によって処理され、最終的に話し手のメッセージが聞き手によって解釈される。その様子は、「ことばの鎖 (Speech　Chain)」として表現される (Denes　&　Pinson, 1993)。一方、実際に対面における音声コミュニケーションでは、視覚や触覚、体性感覚など、マルチモーダルな「ことばの鎖」が展開される (Gick,　et　al., 2013)。音声教育においても、マルチモーダルな取り組みについてその効果が報告されている (例えば、Hirata, et al., 2014)。また音声の生成を模擬する声道模型を用いて、音声教育を実践する試みも報告されている (例えば　Arai, 2015)。そこで本稿では、まず声道模型に関してレビューすると共に声道模型を用いた音声教育の可能性を論じ、日本語促音を対象にした音声知覚における視覚の役割についても言及する。そして、NHK Eテレの子ども向け英語番組「えいごであそぼ with Orton」での取り組みも紹介する。

2. 声道模型

　人間の声道を模擬した「声道模型 (vocal-tract model)」は、以前より存在していた。例えば千葉・梶山は、X線などを用いて測定した声道形状によって日本語5母音の質が決まることを、声道模型を作り音源を喉頭側から入力することでArtificial Vowelsとして論じている (Chiba & Kajiyama, 1941-42)。その後、Arai (2001) では千葉・梶山による声道模型を復元し、教育応用への展開が始まった。図1に、その復元模型をベースにしたVTM-N20、さらにそれらをシンプルにしたVTM-T20を示す (共に3Dプリンタ出力による)。

　これらの声道模型は、音声生成に関わる教育応用を主たる目的として発展してきた (Arai, 2007, 2012, 2016)。そして、肺のモデル、音源としての人工喉頭応用やリード式機構の開発、スライド式3音響管モデル、屈曲式の声道模型、解剖模型風の声道模型、声道形状のPCによる制御を可能にした梅田・寺西式の模型など、様々な試みへとつながり、それらの模型を用いて、様々な講演や授業、アウトリーチ活動を行ってきている。

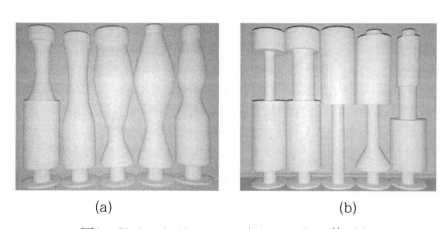

(a)　　　　　　　　　　　　　(b)

図1：Chiba & Kajiyama (1941-42) に基づく
(a) VTM-N20、ならびにそれらをさらにシンプルにした (b) VTM-T20。それぞれ、左から日本語の母音 /i/, /e/, /a/, /o/, /u/ に対応。写真の下が喉頭側、上が口唇側。これらは共に3Dプリンタ出力したもので、それぞれの3Dプリント用STLファイルは次のURLからダウンロード可能：https://splab.net/APD/V100/

　ところで、2012年10月に建国大学を訪問した際、閔光準先生の授業においてやはり声道模型を中心とした日本語の母音生成の基礎的な話をさせていただい

たことがあった。その際、関先生からは次のようなお言葉を後日メールにていただいた：

　　学生たちは大変興味深く、面白かったと評価しております。

　　図とことばで説明するよりも理解しやすいという評判でした。

この言葉にはまさに声道模型を用いた教育効果が表れており、図や場合によっては式を用いる従来からの説明を大きく助けるものとなっている。そして、声道模型によるデモンストレーションこそが直感に訴え、理論の理解を助け、知識の定着にも貢献するものとなっているのである。

3. 声道模型による音声教育の可能性

ところで、声道模型は音声生成の基礎理論を説明するだけものではない。例えば、発話ロボットのような工学応用から、構音障害に対する言語治療などを含む臨床応用にもつながっている。また、第2言語学習者への音声教育にも貢献する可能性を秘めている。本節では、そのような例を2つほど紹介する。

3.1 第2言語の母音習得への声道模型の応用

Arai（2015）では、日本語母語話者に対して英語の母音/ε/を訓練するために、声道模型を応用している。用いた声道模型はVTM-BRモデル（Arai,2014）で、もともとは英語のbunched /r/ を生成する模型として開発された。この模型では、口腔の断面積が厚さ10 mmのプレートの上下によって手で変えることができる。そのため、例えば日本語の母音 /e/ と対比させながら、英語の母音/ε/の質を耳で確認しつつ、手を使って模型の舌の高さの微調整できる。声道模型を用いターゲットとなる母音 /ε/ を手で微調整しながら模倣し、さらにそれを自分の舌で実現するような訓練を行うといった母音の発音練習をした場合と、コントロールとしてそのような声道模型を用いた訓練をせずにターゲットの母音を耳で聞くのみで直接自分の音声器官で真似するという発音練習を比べた。その結果、声道模型を用いたほうが特に第2フォルマントについてターゲットの母音に近づくことが確認された。このような訓練方法は、聴覚の訓練に加えて、視覚でも舌の高さを確認し、さらに触覚でもその微妙な感覚を身に付けておくことが音声教育には有効であることを示唆するものである。

3.2 日本語促音におけるマルチモーダル知覚

　Arai et al. (2017) では、日本語促音の知覚に関し聴覚のみならず視覚の重要性について論じている。日本語の促音では、例えば /atta/ であれば、無声歯茎破裂音 /t/ の閉鎖区間が長く、その持続時間の長さが知覚上の最重要な手がかりとなっている。ただ、柳澤らの研究 (柳澤・荒井, 2015) では、持続時間が十分長い場合であっても、先行母音の末尾にフォルマント遷移がある場合とない場合で比較した場合、フォルマント遷移がない場合には促音としては知覚されにくくなることを報告した。つまり、最初の母音の末尾のフォルマント遷移があれば /atta/ と知覚されるものも、遷移がないと /a/ と /ta/ が分離して聞こえてしまい (以後、このような音声を/a/+/ta/と記述する)、促音には聞こえないということになる。特に、このような後者の発音は日本語学習者に見られると柳澤・荒井 (2015) は指摘している。

　そこでArai et al. (2017) は、/atta/ vs. /a/+/ta/ の音声を最初の母音/a/末尾のフォルマント遷移の有無で実現すると同時に、さらにそれらを発する際の顔の様子を録画してそれらを組み合わせた上で促音に知覚されるかどうかの実験を行った。その結果、フォルマント遷移がない音声そのものは、聴覚だけの音声知覚では/a/+/ta/に回答する傾向が強かった一方、同じフォルマント遷移無しの音声に促音生成時の顔の動画を一緒に見せると、/atta/回答率が増加した。この理由として、日本語促音に先行する母音の末尾では通常、次の子音の調音の準備が出来ているという点が考えられる。子音/t/に関する促音であれば、先行する母音末尾では/t/の調音のため、舌端が歯茎に接し閉鎖を形成し始める。その舌による調音がフォルマント遷移として音響的に表れる。その音響的キューがない場合であっても、その調音運動が視覚的に補われることによって促音に知覚されるようになった、と考えられる。

　このArai et al. (2017) における日本語促音に対する先行母音末尾のキューは、(促音と非促音を識別するためのキューではないものの) 促音を確実に伝えるために重要なものになっている。そして、そのキューは聴覚的にも視覚的にも重要であるとすれば、促音の場合は特にその調音の様子を確実に学習者に見せることは、日本語の音声教育において大事なことと言えよう。我々の研究では、そのキューが上顎と下顎からなる模型を使った視覚によっても、さらに触覚によっても補われることが分かっており (Arai et al., 2022)、さらなる研究が期待されている。

4. 幼児向け英語番組「えいごであそぼ with Orton」

　2017年からNHK　Eテレにおいて、幼児向け英語番組「えいごであそぼ　with Orton」が始まった。この番組は、NHKでも長く続いてきた「えいごであそぼ」がリニューアルされたもので、新たに英語の音に慣れ親しむことがテーマとなった。1年間を通じて英語の様々な音を取り上げ、番組では博士が発明するsuper machineがその音に関して何らかの気付きを与えてくれる。そして、子どもたちが英語の音を次第に習得していく様子を番組では伝えている。

　この番組では音そのものや調音をテーマにしていることから、パイロット番組を制作していた2016年頃から2017年以降レギュラー番組になってからもずっと実験監修という立場で番組制作に携わってきた。番組の中では、特に英語の調音については丁寧に扱っている。例えば、英語の/r/や/l/であれば舌の使い方、その他の子音であれば舌に加えて息の出し方や唇の形、英語特有の母音であれば唇や口の形、顎の開き方などである。同時に、それらをコントロールするタイミング、子音連続、あるいは強勢（ストレス）などにも焦点を当ててきた。

　図2は、実際に番組で採用された英語の/r/の音を習得するための工夫である。穴の開いた小さい玉（この場合は3つ）に糸を通し、それらを口の奥に引き入れることによって、反り舌が実現される。番組のある回のsuper machineでは、例えば英語の "car" をこの仕掛けを使って正しく発音できると、ガレージの中から車が発進する。これによって、子どもたちは五感を使って英語の音に慣れ親しむことができる。このような取り組みは、すべての言語の音についても応用され得るものである。

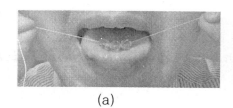 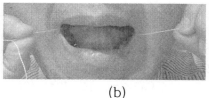

(a)　　　　　　　　　　　　　　(b)

図2：NHK Eテレ「えいごであそぼ with Orton」において採用された、
英語の/r/の音を習得するため工夫。
(a) 穴の開いた小さい玉に糸を通し、それを舌の上に乗せているところ。
(b) その玉を口の奥に引き入れる動作。これによって反り舌が実現される。

5. おわりに

　本稿では、音声教育において声道模型の応用や、視覚・触覚などを用いたいくつかのトピックについて触れ、マルチモーダルなアプローチの有効性についてみてきた。声道模型は、音声の作られる様子を目で見て、そして触って確認することが可能である。日本語促音においても、マルチモーダルな音声教育の可能性が示された。NHK Eテレの「えいごであそぼ with Orton」では、子どもたちに英語の「音」に対する気付きを、super machineを介して持ってもらう工夫を存分に取り入れている。これらはすべて、今後の日本語音声教育にも取り入れられ得るものであり、その発展に期待したい。

謝辞

　2012年10月に建国大学にて声道模型を使った私の講義を実施するのに際し、快くお引き受けいただきました閔光準先生に心より感謝申し上げます。本稿で紹介した研究の一部は、JSPS科研費　21K02889ならびに上智大学重点領域研究の助成を得た。

参考文献

Denes, P. B. and Pinson, E. N. (1993). The Speech Chain: The Physics and *Biology of Spoken Language*(2nd ed.). W. H. Freeman.

Gick, B., Wilson I., and Derrick D. (2013). Articulatory Phonetics, Wiley-Black well.

Hirata, Y., Spencer, D. K., Huang, J., and Manansala, M. (2014). Effects of hand gestures on auditory learning of second-language vowel length contrasts. *Journal of Speech, Language, and Hearing Research*, 57, 2090-2101.

Arai, T. (2015). Hands-on tool producing front vowels for phonetic education: Aiming for pronunciation training with tactile sensation. *Proc. INTERSPEECH*, 1695-1699.

Chiba, T., and Kajiyama, M. (1941-42). T*he Vowel: Its Nature and Structure*, Tokyo-Kaiseikan.

Arai, T. (2001). The replication of Chiba and Kajiyama's mechanical models of the human vocal cavity. *J. Phonetic Soc. Jpn.*, 5(2), 31-38.

Arai, T. (2007). Education system in acoustics of speech production using physical models of the human vocal tract. *Acoustical Science & Technology*, 28(3),

190-201.

Arai, T. (2012). Education in acoustics and speech science using vocal-tract models. *J. Acoust. Soc. Am.*, 131(3), Pt. 2, 2444-2454.

Arai, T. (2016). Vocal-tract models and their applications in education for intuitive understanding of speech production. *Acoustical Science & Technology*, 37(4), 148-156.

Arai, T. (2014). Retroflex and bunched English /r/ with physical models of the human vocal tract. Proc. *INTERSPEECH*, 706-710.

Arai, T., Iwagami, E., and Yanagisawa, E. (2017). Seeing closing gesture of articulators affects speech perception of geminate consonants. *J. Acoust. Soc. Am.*, 141, EL319-EL325.

Arai, T., Yamada, M., and Okusawa, M. (2022). Syllable sequence of /a/+/ta/ can be heard as /atta/ in Japanese with visual or tactile cues. Proc. *INTERSPEECH* 3083-3087.

荒井隆行, 前田絵理, 梅田規子, "梅田・寺西による声道模型を用いた音響教育," 日本音響学会秋季研究発表会講演論文集, Vol. 1, pp. 341-342, 2003.

柳澤絵美, 荒井隆行. (2015). フォルマント遷移とインテンシティの減衰が促音の知覚に与える影響. 日本音響学会誌, 71(10), 505-515.

NHKエデュケーショナル, 荒井隆行監修. (2020). えいごであそぼ with Orton えいごの音だせるかな？こうさくブック. 講談社.

音の感性を介した音声学教育の新しい試み
－ 国際共修科目の知的・文化交流とのつながりを求めて －

鮮于媚

要旨

　本稿は、国際共修科目として開講した日本語音声学入門科目の実践内容をまとめたものである。

　本授業の目的は、異なる学習者同士が、意味のある交流を通じ、新しい知識へアプローチ、学び合うことを背景とし、音声学を学ぶことである。本授業は多様な母語背景を持つ学習者が相互に働きかけ学び合うため、感性的認識を介した日本語音声学教育を試みた。具体的には、人間が共通した感性の一つである「音（オト）」から「音声」を考えていくことにした。授業では、音象徴、ヴァーチャル方言、ラップ言語学、多感覚を用いた母音の理解、アクセントの揺れ、感情表現とイントネーションなど、多様な音声表現の事例を用いた。授業では、学習者による内省強化が観察され、音声学を媒介とした活発な意見交流が見られた。

キーワード：音声学教育、国際共修科目、感性的認識、音象徴、ヴァーチャル方言

1. はじめに

　本稿は、筆者が担当した留学生と日本人学生が共に学ぶ「国際共修科目」の科目である「日本語とX-語の音声学入門」の授業の実践を報告し、新たな取り組みをまとめたものである。授業が始まった2018年度は、「音のイメージから学ぶ日本語音声」という科目であったが、より幅広い言語について触れることを目的として取り入れ、2019年度からは「日本語とX語の音声学入門」に授業名を変更した。2018年度、2019年度は対面による授業で、2020年度は完全オンライン授業、2021年度はハイブリッド型のうち、BYOD（Bring Your Own Device）型で実施した。本報告では、授業の形態に柔軟に対応しつつ、日本語や他の言語の音声の特徴を理解し、専門教育につながる足場づくりになる音声教育へのアプローチに基づいたシラバス作成と国際共修科目として教育実践を行った際の学習者の反応を中心に報告をする。

2. 授業の概要

　本授業は、二つの目標を持つ。一つ目は、留学生と日本人学生が共に学ぶ「国際共修科目」であることである。二つ目は、より幅広い学習背景を持つ学習者に対する音声学入門の科目であることである。本授業は二つの目標を念頭におき、授業を設計した。まず、国際共修については次のような定義がある。

> 言語や文化背景の異なる学習者同士が、意味ある交流（meaningful interaction）を通じて多様な考え方を共有・理解・受容し、自己を再解釈する中で新しい価値観を創造する学習体験を指す。単に同じ教室や活動場所で時間を共にするのではなく、意見交換、グループワーク、プロジェクトなどの協働作業を通じて、学習者が互いの物事へのアプローチ（考察・行動力）やコミュニケーションスタイルから学び合う。この知的交流の意義を振り返るメタ認知活動を、視野の拡大、異文化理解力の向上、批判的思考力の習得、自己効力感の増大などの自己成長につなげる正課内外活動を国際共修とする。
>
> 末松（2019，はじめにⅲから抜粋）

　上記の定義を考慮しながら、二つの学習目標を達成するために、本授業では、より普遍的な特徴からの専門知識へのアプローチが必要であると考えた。そこで、人間の感性を介した音声学のアプローチを試みることにした。具体的な授業の実践は次の通りである。

2.1 音声学教育の新たなアプローチ：音の感性で伝える音声学
　本授業は、多文化を背景とする学習者が多様な体験を通じて、新たな知識を得ることが目的であり、これらの目的を背景にした上で音声学を教える必要がある。そのため、本授業では、音の感性の不変性を介して音声学を理解する足場づくりになることを考えた。授業の主な参考教材は、『「あ」は「い」より大きい!?ー音象徴で学ぶ音声学入門ー』(2017)、『音とことばのふしぎな世界ーメイド声から英語の達人まで』(2015)、『オノマトペの謎 - ピカチュウからモフモフまで - 』(2017)、『通じない日本語 - 世代差・地域差からみる言葉の不思議 - 』(2017)、『方言萌え!? - ヴァーチャル方言を読み解く - 』(2016)　などである。本授業が国際共修科目であることを鑑み、上記の参考書からお互いに話し合えるようなテーマを取り出し、音声学入門の内容として構成した。

2.2 「音のイメージから学ぶ日本語音声」への実践

　2018年度に開講した「音のイメージから学ぶ日本語音声」の授業では、主に、音象徴を中心に日本語音声の理解を試みた。本授業は、『「あ」は「い」より大きい!?ー音象徴で学ぶ音声学入門ー』(2017)　の内容に基づき、日本語音声を理解し、協働学習をすることを目的とした。音象徴という普遍的な特徴を導入し、直感的に音声の特徴を理解することができることや言語別の差異を話し合うことができると思ったからである。また、様々な事例が紹介されているため、参加した学習者たちにもよい情報を提供できると考えた。2018年度の履修した受講者は33名で、そのうち、留学生は、13名であった。留学生のレベルは日本語能力試験、JLPTのN1を取得した学生であった。表1は、2018年度の授業のテーマおよび流れである。音のイメージを利用し、音声学の知識を学ぶことが目的であった。また、協働作業として母音のイメージおよび「声道模型」を作るなどの時間を用いた。

表１．2018年度の授業のテーマ

授業のテーマ	
1回：授業の説明	9回：声道模型を作る
2回：音象徴とは	10回：リズム感
3回：子音と母音	11回：アクセント辞典
4回：子音のイメージ	12回：イントネーション
5回：濁音のイメージ	13回：感情表現
6回：男性と女性の名前	14回：役割語
7回：メイドさんの名前	15回：発表
8回：母音のイメージ	－

2.3 「音のイメージから学ぶ日本語音声」への反省点

　2018年度の授業では、「音のイメージ」を中心に音声学教育への導入を試みた。初めての実践であり、国際共修科目および音声学入門の科目として次のような問題点があった。

　1) 言語の普遍性と個別性の曖昧さ
　　本授業で主なテーマとした「音象徴」は言語を超えた普遍的な特徴があると言われているが、その実態については明らかになっていない部分が多く、言語ごとの特徴との比較も十分だとは言えない。特に

音声学教育における「音象徴」の位置づけが定まってない状況で授業の実践を行ったため、個人差との関係性が曖昧となったままであった。多様な感覚と普遍性を持った音象徴との合理的な説明やつながりが不十分であったことから、学習者の内省やメタ認知へのアプローチまでは明示的な確認はできなかった。

2) 音象徴と韻律情報との関係の曖昧さ

本授業では、音象徴に注目していたため、音素レベルの特徴に関する時間の配分が多くなり、韻律情報に関するリズムやアクセント、イントネーションについては十分な説明ができなかった。韻律情報の理解のためにも多様なアプローチが必要であったと思われる。

3) データの分析方法の個人差

本授業の最終課題は自らデータを探し、分析、その結果をまとめる必要があった。データ分析には個人差が大きく、分析の方法が分からず、迷う学習者がいた。授業の到達目的は日本語の音声学を理解が主な目的となるため、データ分析方法は共通理解として事前に方法を共有した方がよかった思う。

2.4 段階的なアプローチ：感性的理解から客観的評価へ

2018年度の授業の実践から、下記のような改善点を考え、授業を設計した。より多様な知的交流を目指し、事前学修・事後学修を取り入れた。また、多くの事例を踏まえた上で学習者が自ら考え、話し合うことができるようにした。具体的な授業の内容の狙いは次の通りである。

1) 非言語的特性から言語的特性へ：「音（オト）」と「音（オン）」の関係から段階的に導入

音声学の専門知識がなくても日本語音声学について「感覚的」に理解し、学習者間のコミュニケーションの材料として応用することである。「感覚的」な理解を促すため、段階的な導入を試みた。まず、そ非言語の「音（オト）」がどのように「音（オン）」として知覚されるのかから始まった。また、「音」と「音声」の間にどのような関連性があるのかを自ら考え、感じるように工夫をした。「音（オト）」の感覚か

ら「音象徴」に導入を試みた。

2) 韻律情報の感覚的な理解と内省

「音のイメージ」というテーマだけではなく、韻律情報の多様性を取り扱ったテーマを取り入れた。リズムやアクセント、イントネーションのテーマとして取り入れた事例を提供した。いずれも自らの内省を中心としたコミュニケーションを試みた。

3) 事例を用いた協働作業を通じ、データ分析方法の共通化

協働作業の時間を設け、グループ活動を増やした。グループ活動で、データ分析方法を提案し、データの集め方や分析の仕方に関する共通理解を促した。

4) 事前学修・事後学修によるコミュニケーションの活性化

事前学修および事後学修を実施することで、話し合うテーマについて考える時間を確保、グループ活動がより活性化できるように試みた。

　上記の内容を中心に新たな国際共修科目としての音声学教育の実践を試みた。第3章では、組み立て直した授業内容について説明する。

3. 多様性な観点を取り入れた音声学授業の実践

　2019年度から2021年度までは、身近なテーマを用いて日本語の音声、音韻規則を理解し、日本語だけではなく、他の言語との比較を通じ、国際的かつ客観的な観点を用いた日本語音声の理解をすることを目的とし、音声学入門の授業を実施した。本稿では、主に、2021年度実践の内容を中心に報告をする。

表2：2021年度の国際共修科目としての国際共修科目のシラバスとその狙い

1回：授業の説明
2回：ヴァーチャル方言の理解 利用資料：岡山県観光PR映像、岡山PRソング「うらじゃ」
3回：ヴァーチャル方言とイメージ語との関係 事前学修：方言とイメージ語の調査
4回：キャラで考える音の特徴 (両唇破裂音の二つのキャラ「ピグペン」と「ビグベン」) 事前学修：「子音」と「音のイメージ語」の調査 グループ活動：音とのイメージ、商品名について話し合う
5回：濁音のイメージ 事前学修：ケーラーの不思議な図形と音のイメージ グループ活動：濁音とポケットモンスターの進化レベル
6回：母音のイメージ 事前学修：母音はどのような色なのか、絵文字の口の形から推測する母音について 狙い：母音をより他感覚を利用し、母音の聞こえ度の大きさの違いを理　解する 事例分析：「秋葉原のメイドさんが好きな食べ物はプリンだ!?」
7回：振り返り 事例分析：男女前と女の名前の特徴を音象徴の観点から分析
8回：新語、流行語からみた音の組み合わせの規則 事前学修：言葉を略してみる
9回：ポケットモンスターの名前の特徴を分析せよ。 グループ活動：各自テーマを設定し、データを分析し、特徴を取り出す。
10回：キラキラネームの特徴を分析せよ。 グループ活動：各自テーマを設定し、データを分析、その特徴を取り出す。
11回：日本語のアクセント 事前学修：アクセントの揺れと隠語としてのアクセントの使用について
12回：日本語のイントネーション グループ活動：「ん」を使った感情表現 (音響分析を通じ、イントネーションを可視化)
13回：ラップ言語学 事前学修：ラップの基本的な作り方を確認 事後学修：規則に基づき、ラップを作ってみる
14回：ラップバトル対戦アニメ「ヒプノシスマイク」のキャラとラップの特徴 事前学修：「ヒプノシスマイク」のラップを調査 グループ活動：ラップの分析
15回：音とテクノロジー テーマ：音を利用した社会的支援について考えよ。

3.1 方言に対する見方の多様化：ヴァーチャル方言からみた言語特徴の理解

　本授業では、「音」や「イメージ」と音声の実態の関係を段階的に導入し、自ら持っている内省を確認し、他の学習者と共有することで、新しい知識へのアプローチをすることが新たな学習への繋がりだと考える。そのためには、一般的に言われている内在された言葉の概念をより具体化する必要がある。一例とし

て、「方言」といった一般的に言われている大きな概念からより具体的な概念に
シフトし、事例の見方を決めた上での話し合いを進めて行くことである。授業
では、「ヴァーチャル方言」からの理解を試みた（田中、2016）。

表3. 方言のイメージについての事前調査

	おもしろい	かわいい	かっこいい	あたたかい	素朴	怖い	男らしい	女らしい	イメージがない
東北	3			2	6 ◎		1		
首都圏			2	1	1	2			6
近畿	8		1	1				1	
京都		◎	1	2		2		6 ◎	
大阪	10 ◎					◎	2		
広島	1	2		4		2	3		
高知	2		2						8
九州	2	5		1			4 ◎		
福岡	1	6		1	1				2
熊本		2		1	1		5		3
鹿児島	2			2		1	5	1	1
沖縄	5			4	1	1			1

（『方言萌え!?ヴァーチャル方言を読み解く』(2016) p.102 から一部抜粋、
一部編集（留学生2名、日本人学生10名による回答、複数回答可））。田中
(2016)の結果のうち、10%以上の回答があったイメージ語は◎で表記し
た。

　ヴァーチャル方言をより具体的に理解するため、事前学修として、方言のイ
メージ調査を実施した。表3は、方言とイメージ語との関係に関する調査の結果
で、留学生と日本人学生、資料の3つの結果の共通点と相違点を見つけ、グルー
プ活動として話し合う材料として提供した。

3.2 音象徴の概念を用いた子音の特性の理解
　前年度の授業実施時、音象徴に基づいた子音や母音の説明が必ずしも学習者
個人の感覚と一致しないことで学習者自身が不安に思う場合があった。そのた
め、直接的な説明よりは音象徴に関連するいくつかの調査を取り入れ、音のイ
メージという概念に段階的に導入するようにした。代表的には、図1の「ケー

ラーの不思議な図形」を用いた事前調査であった。事前調査を自ら行うことで、
「丸っこいイメージ」の共鳴音と「鋭いイメージ」の阻害音と言葉との関係を考え
るようにした。これらの音象徴は他の応用事例として、川原（2017）、川原、
桃生（2017）、川原、桃生（2018）、熊谷、川原（2019）を参照し、事例から
音象徴の理解を試みた。

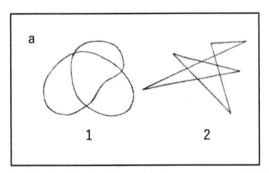

図1：ケーラーの不思議な図形を用いた事前調査の一例
（川原（2017）pp.32~33の図を参考）。どちらが/maluma/でどっちが
/takete/　なのかを選択する。参加した学生は、全員、(a)-1を/maluma/
にし、(a)-2を　/takete/と選択した。

3.3「触る・見る・聞く・味わる」感覚で理解する母音

　母音の特徴を理解するためには、より体感を重視し、導入した。母音は母音
間の聞こえの差があることや母音の共鳴は声道の形が関わることを認識する必
要がある。これらの知識は、一見すると単純に思えるが、同分類の母音であっ
たとしても聞こえ度の大きさに差があることを認識する必要がある。また、こ
れらの母音の聞こえ度の大きさの差がどのように言語表現として使われている
のかを自ら体験することで、母音に対する内省が強化されると考える。母音の
質的差と内省については、次のような内容を通じ、体験した。1)母音と色：
Wrembel and Rataj (2008), Suzuki et al., (2017), Kyaw et al., (2018) の
結果に基づき、母音を色として表現を試みた。2)母音と味：Lockwood　　and
Dingemanse (2015) の結果を参照し、母音を味に例えることで、感覚的な差の
認識を試みた（表4）。3)日本語の「絵文字」を見ながら、母音を推測する体験を
した（表5）。4)声道模型を触って体験：Arai(2016)で提案された声道模型を学
習者が直接触れることで、母音の共鳴を感じるようにした（表6）。

表4. 質問に対する回答1

「「母音を味」で表現するとどのような味だと思いますか？「あ」ー「い」を比較し、「う」ー「え」を比較してみましょう。例えば、しょっぱいと酸っぱい、からい、あまい、というような表現イメージです。」に関する回答の一部抜粋（回答者：11名）

甘いと酸っぱい　濃い味と辛い／「あ」は甘い、「い」は辛い、「あ」とは対照的なイメージがあります。「う」は口をすぼめるので酸っぱ、「え」は苦くてあまり美味しくないというイメージがあります。／「あ」→甘い、「い」→しょっぱい、「う」→苦い、「え」→すっぱい／「あ」は甘い、「い」は酸っぱい。「う」と「え」は二つとも甘い／「あ」は、口を大きく開けた辛いイメージ。「い」は味が薄い。う」は口をすぼめるほど酸っぱいイメージ。「え」は、ギェッとするような苦い味の印象。／「あ」母音は「い」母音よりも大きく口を広げるので、辛いものを食べて息を大きく吐いた時のイメージがあるため、辛い味がすると思った。「い」母音は狭い母音なので苦いイメージがある。「う」は酸っぱい梅干しやレモンを食べた後の口の形から、酸っぱいイメージがある。「え」は笑った時の口の形から甘いイメージがある。／「あ」甘い、からいー「い」しょっぱい「う」酸っぱいー「え」苦い／「あ」は「あまい」、「い」は「からい」。「う」は「酸っぱい」、「え」は「苦い」／あ「甘い」い「辛い」う「不味い」え「苦い」／「あ」は「甘い」、「い」は「辛い」がイメージされました。「う」は「酸っぱい」がイメージされました。「え」は、「しょっぱい」がイメージされました。／「あ」ー「い」は辛いとしょっぱい、「う」ー「え」はすっぱいと苦い

表5. 質問に対する回答2

「顔文字をみて、言葉を入れてみよう。」に関する回答（回答者：10名）

(*^o^*)　(*^O^*)　　(*^。^*)	やっほー(1)、ありがとう(1)、おはよう(7)、ハロー(1)
(^o^)	元気(1)、よお(1)、ハロー(1)、おは！(1)、わーい(2)、オー(2)、オッケ(1)、わぁ(1)
(-ε´-。)	なんでー(1)、ム(1)、ムスッ(2)、ムッ(1)、ぶ(4)
オ((°0°)　((°o　　((°ε　^)　((°ー^)	おやすみ(6)、おはよう(3)、おかえりー(1)

表6．声道模型の体験してからの感想の一部抜粋

・広がり具合を少し変えるだけで、違う音になることに驚いた。振動もかなりあって、実際こうなっているのかと思うと興味深かった。
・自分が思っていた以上に人が発する母音の音に近かったのでとても驚きました。模型があることで、実際に口で発しているときにどのような口の形をしているのかがはっきりと見て理解でき、とてもよかったです。
・声道模型により、わたしたちが空気の振動のし方やそれが放出される口の大きさによって音を認識していることが改めて認識できた。管楽器も理論上は声道模型と似たシステムで構成されているし、音階と母音の音の響きを比べ、それと「ドレミファソラシド」や「いろはにほへと」などとの相関を調べてみると面白いのではないかと思った。音階の音の響きを研究して「より覚えやすい新しい音階の名前」を作ることもできるかもしれない。
・重要なことは空間の大きさと振動だと理解しました。口の空間が広くて振動が大きい母音は重くて暗いイメージ、その逆は軽くて明るいイメージが生じると思います。
・人の口の構造を筒の体積を変えるだけで、表すことができる。日本語にはない母音（中国語の"e"など）も、声道模型を使用して観てみたいと考えた。
・声道模型では、「う」母音の口の形を縦に広くすると「お」母音の形になることや、「い」母音の口の形を縦に広くすると「え」母音の形になることが分かった。
・声道模型により、口の中のどの部分がどれくらい開いているか・閉じているかということによって、発音される母音が異なるということを理解しました。
・口の中の大きさを示す穴の大きさが母音それぞれによって違うことがはっきりと分かりました。「あ」や「お」は穴が大きく、「い」や「う」は穴が小さかったので、母音の大きさのイメージと重なるのではないかと思います。

　上記の様々な観点から体験、話し合うことで、母音という概念をより具体化し、母音の特徴について話し合うようにした。また、母音ごとの大きさが異なることを内省で再度、確認することができた。

3.4 略語、新語の規則性からみた日本語のリズム

　日本語のリズムを理解するため、略語や新語、隠語などの日本語から日本語の音韻的特徴およびリズムの特徴について考えるようにした。略語や新語の規則性については、窪薗（2017a,b）の内容に基づき、事前学修を実施した。また、略語の規則性と日本語のリズムの規則の共通点についても考えるようにした。表7は事前学修で実施した内容である。

表7. 略語の規則からみた日本語のリズムの事前調査の結果
（ 2020年、2021年の結果 ）

質問	学生の回答のバリエーション
モスバーガーへ行く	モスる、モスに行く、モスバ
スターバックスへ行く	スタバる、スタバ行く、スターバ
ディスリスペクトする	ディスる、ディスリス、ディスペ
告白する	こくる
エナジードリンクを飲む	エナドリ飲む、エナる
Google を検索する	ググる、グーグる
タクシーを呼ぶ	タクる、タクぶ
ドラマ「逃げるのは恥だが役に立つ」	逃げ恥
ドラマ「いつかこの恋を思い出してきっと泣いてしまう」	いつ恋、いつ思、アイオモ
ドラマ「ダメな私に恋してください」	ダメ恋、ダメ私
ドラマ「渡る世間は鬼ばかり」	渡鬼、渡る鬼
ドラマ「ロングバケーション」	ロンバケ、ロングバ
その他、略して使っていることばを教えてください	タピる、エモい、じわる、モンハン、パケ買い、キメツ、スマブラ、スケボー、ミスコンなど

　表7では、一致する場合もあれば、一致しない場合も見られる。特に、留学生の場合、略語の規則に一部ずれがあり、お互いに話し合うことで、日本人が持つ内在したリズムについて話し合うきっかけになったと感じる。

3.5 日本のお笑いのリズムネタと聞こえ度の大きさとの関係性
　リズムと音声との関係を理解するため、日本のお笑いのリズムネタを中心に、リズム感と聞こえの大きさの観点から説明を試みた。下記の例は、代表的なリズムネタの一部である。代表的には、「PPAP」のリズムは、2モーラ1単位をの規則性を従いながら、句頭には聞こえ度が大きい破裂音の「パ、ペ」を使用し、リズムの刻みをしやすくしている（ 参考資料25 ）。同様に“武勇伝”のリズムネタにおいても、「ブユ」と長母音のところを短母音にすることで、リズム感を感じやすくする狙いが感じられる。このような日頃のいわゆる、リズムネタから日本語のリズム感を確認することができる。授業では、その他のリズムネタや俳句、流行語などを用いてリズム感と聞こえ度の大きさ、特殊拍の理解を

試みた。

- 三瓶"三瓶です"「サン／ペイ／です」
- テツandトモ"なんでだろ~"「ナン／デダ／ロウ」
- オリエンタルラジオ"武勇伝"「ブユー／デン　ブユー／デン　ブユ／デン／デン／デ／デン／デン」
- ピコ太郎 (古坂大魔王)"PPAP"「ペン／パイ／ナッ／ポー／アッ／ポー／ペン」
- ひょっこりはん "ひょっこり芸"「ヒョッ／コリ／ハン」
  - 筆者による一部編集：芸名・"ネタ名"代表的なリズムネタの順に表記、リズムの区切りは"／"にした—

3.6 アクセントの段階的な理解：
音の高さの感性からアクセントの揺れの世代差まで

　日本語のアクセントを理解するため、音の高さに関する物理的な特徴を体感することから始まった。高さの感覚を体験するために、「ハーモニーパイプ」を利用し、高さの振動の速さとの関係について考えるようにした (図2)。高さの感覚は、日本語のアクセントの感覚と同じであることを示し、アクセントの意味区別について考えた。

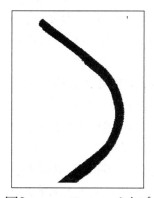

図2：ハーモニーパイプ

片方の先端を持って、グルグル回すと音が鳴る。早く回せば音が高くなり、ゆっくり回せば音が低くなる楽器の一つである。授業時間内に体験をすることで、音の高さの感性を強化した。

次に、音の高さの変化、いわゆるピッチの変化が日本語にはアクセント核として働くことを示した。これらのアクセント核について詳細には触れず、アクセントが異なることで意味の差が生じる例を出した。

下記の内容はあるレストランのＣＭで出ていた内容である。場面の設定もあり、アクセントの差による意味の差も明確であったため、アクセントが意味を区別することを理解した。授業では、アクセントの説明より自ら使っている言葉のアクセントについて再度確認してみることにした。つまり、いわゆる共通語アクセントに焦点を当てるより世代差による変化を中心にした。アクセントの揺れに関する事例として、「若者世代によるアクセントの平板化」を中心に話し合いを行った。

> 場面：上司（Ａ）と部下（Ｂ）が会社から出て、帰宅するところの会話
> A:　どうだ。い＼っぱいいくか。
> B:　い＼っぱいですか。
> A:　（心の声）しまった！パワハラか！
> B:　できたら、お腹いっぱいのほうで。
> A:　俺もそう思ってたの！（一緒にレストランへ向かう）
> 　　　－レストランCMの一部の会話（筆者による一部編集アクセントの核は"＼"で表記）－

3.7 イントネーション：「ん」で感情表現

本授業では、イントネーションを感覚的に理解するため、連続した時間変動に伴う高低差を理解することと、その変動幅に対する高低差が感情表現や表現意図とも関わることを主な学習ポイントにした。具体的には、グリーバーグ他（2011）の内容に基づき一発話（間投詞）「ん」を用いた感情表現を中心に検討した。また、グループ活動としてはカードゲーム「はぁって言うゲーム」を利用し、ゲーム形式でイントネーションと感情表現を予想するようにした。ゲームで行った音声は、自ら録音し、音響分析ソフト（Wavesurfer）を用いて時間変動幅の高低差、つまり、イントネーションの形状を確認するようにした。

3.8 日本語のラップから見た音韻論の特徴、ラップを聞く、作る

川原（2017）では、ラップ言語学をテーマとし、ラップにおける「韻」について言語学的観点から考察した。本授業では、川原（2017）を参考にし、日本語のラップ、特に、ラップバトルアニメ「ヒプノシスマイク」を事例とし、分析を

行った。特に、脚韻の合わせ方、リズムの作り方、アクセントの崩し方などを注意し、それぞれ分析を行った。その後、それぞれラップを作ってみる時間にした。ラップに潜んだリズム感、母音の捉え方、アクセントの崩しなどについて話し合う時間を持った。その後、それぞれのルールに従い、ラップを作ってみる活動をした。下記の内容は学生による作例の一部である。

- 「はじめてのおつかい　渡したのはこづかい　息子の息づかいカメラ越しに見つめたい」
  解説：「はじめてのおつかい」というテレビ番組（実際に放映されている番組で、子どもが生まれて初めておつかいに行く様子を撮影する）に息子を出演させた親の気持ちを想像して作ったラップです。おこづかいを渡し、息を弾ませながらはじめてのおつかいに行く様子を、親がカメラ越しに見つめているという場面をイメージしています。脚韻(-kai, -tai)を使いました。
- レペゼン岡山、人は皆穏やか、性格も朗らかで居心地がいい、人混みの多い新境地、日本一目指すぜ潮時まで
- チビだけど虹が好きで粋なやつです。（チビ・ニジ・イキ）

- 学生による作例 -

4. 学生の反応からみた授業の理解と事例

　本章では、履修した学生による感想や作例、レポートのテーマを紹介する。主に、授業後に実施する事後学修としてリアクションペーパーを中心に述べる。リアクションペーパーは、事前に、自分の内省を振り返るようにした。主に、学生による新しい発見に注目する。

1) 共鳴音や阻害音の理解
- 共鳴音は「丸っこい」「親しみやすい」イメージを持ち、女性的であると認識され、阻害音は「角ばった」「近寄りがたい」イメージを持ち、男性的であると認識される。1つ目の例として、「ガリガリ君」と「雪見だいふく」を挙げる。「ガリガリ君」は「頭がキーンとする」「冷たくて固い」といった夏のアイス、「雪見だいふく」は「もちもちした」「心が落ち着く」といった冬のアイスのイメージがある。実際、「ガリガリ君」は「ガ」や「く」などの阻害音が多用され、「雪見だいふく」は阻害音は多少あるが、「ゆ」「み」「い」など共鳴音が用いられ、全体的に柔らかいイメージとなっている。よって、以上に述べた共鳴音と阻害音の音のイメージと重なっている。（中略）苦味みがある

「ビターチョコレート」や「ブラックチョコレート」には阻害音が多用され、甘さが強い「ミルクチョコレート」や「ホワイトチョコレート」には共鳴音が多用されている。
- 共鳴音は「r」を含む音で、大きく温和な印象を与える。
  例：ロロロ＆ラララ (星のカービィのキャラクター、ボスキャラクターだが攻撃は「よちよち歩きながらブロックを飛ばしてくる」という可愛らしいものになっている)
- 例：サンリオのキャラクター (マイメロディ　と　バッド丸)
  　　　犬の種類 (ポメラニアン　と　ドーベルマン)
  　　　アニメ (けいおん！　と　エヴァンゲリオン)

2) 母音のイメージについて

- 車の名前で、大型車の「アルマダ」は、多く含まれた「あ」の母音により大きいイメージがよく感じられ、小型車の「ミライース」は、多く含まれる「い」と「う」の母音により、小さいイメージが よく感じられる
- うーん？という聞き返しは、あーん？という聞き返しよりも優しく穏やかな印象を与える。じーん、しーんのように「い」の音を組み合わせると他の母音よりも静かなイメージができる。笑い声の中で、アハハは大声で大らかな、ウフフは小声で穏やかなイメージがある。おーい！よーいのように「お」を使った呼びかけは、エーイ、 ウーイよりも注目を一番集めやすい。

3) 新語について

- 新語であると感じる日本語は「バズる」です。これは、ざわつくという意味の英単語「buzz」と「する」を合わせた略語で、物事がとても話題になっている様子を表しています。また、今は使っていない「新語」については「チョベリグ (チョーベリーグッドの略)」があると思います。
- 現在の新語：3密 (さんみつ)、カゴパク、おうち時間、くさ、盛れる、バブみ、ガンダ (ガンガンダッシュする)
- 新語だと感じる日本語・・・3密、ソーシャルディスタンス
  今は使っていない新語・・・お・も・て・な・し、ファミコン、ワイルドだろぉ

4) アクセントについて

- 普段何も意識して使っている言葉でも、アクセントの違いが話し合う事によって違いがわかり興味深かった。言われないと気づかない新たなる視点で楽しかった。

- アクセントの仕組みについて、声帯の振動数に応じて、アクセントは高低することを知った。今回は、声帯が緊張して振動するほど、アクセントは高くなることが実演されていた。つまり、高いアクセントであれば、音はより緊張した高いニュアンスを与えるのである。それゆえに、高いアクセントの「そもそも」では、聞く人に不快な印象を与えるのかもしれないと考えた。
- 私も、クラスメートの誰かと同じ栃木出身で、あまり普段から意識してなく、どちらでも良い生活をしていたので最初の「かき」や「はし」の使い分けは、他の人の回答を聞いて学んだ。母国語だから、なんとなく文脈や雰囲気で分かるけど、母語話者でない方が日本語を勉強するのは難しいのを実感した。また、日本人はアクセントを意識していないし、高低が主であるが、中国語は四通りあるので、使い分けが難しそうだと思った。
- 発音の平板化は個人的にあまり意識していなかった。元々他の言語と比べて平たいというイメージがある日本語だが、今後ますます平板化していくのだろうかと思った。
- 日本語には様々なアクセントが存在することが分かりました。私の出身は福島で、無アクセント地域と呼ばれるところなので、アクセントについてあまり意識して生活してきませんでした。しかし、埼玉に来て周りが結構アクセントを用いているので、自然とアクセントがつくようになりました。周りの環境の影響は大きいと思いました。

5) イントネーションについて

- グループで話してて、日本人の間でも個人差があった。しかし、それは何の感情なのかある程度理解ができるので、とても興味深いと感じた。
- イントネーションは、高めにすることを意識することがよいと考えている。理由は、イントネーションが低めであると、聞き手に印象が悪く聞こえやすいからである。例えば、え？・ん？・なんで？・どうして？といった短い聞き返しの言葉を低めで言うと、「機嫌が悪い」「態度が怖い」という印象を与える。よって、無意識に発してしまう言葉においても、イントネーションは高めにした方がよいと考える。
- 日本語と外国語（今回は中国語）で差があると思っていたが、意外と中国語でもイントネーションで感情を表現することがあるということが今日分かった。
- 「はぁ」のゲームで、人によって（または男女分けて）それぞれの感情を表現する方法があると実感しました。面白かったです。

上記の結果から、音象徴を用いることで子音や母音の特徴を自ら発見し、新しい事例の発見にも繋がったと推測される。同様に新語の場合も、リズムに合わせた略語を中心とした新語を提案していることから、授業の理解と自らの内省の結びも強化されたと思われる。アクセントについては使用アクセントと共通語のアクセントとの自己モニタリングができ、話し合いの際にも自ら地域のアクセントを事例に挙げるなど、積極的な思考があったことがうかがえる。また、イントネーションについては知識差より個人差を感じた場合が多いが、イントネーションによって感情表現が異なる共通認識があることが分かった。一方、留学生と話し合うことでの新しい発見や留学生からの目線での意見は少ない傾向が見られた。

5. 今後の課題

　今回、国際共修科目として多言語を背景とした留学生および日本人学生による知的交流の一環として音声学の理解を試みた。日本語という共通言語を利用し、「音」の感性を用いることで、「音」から「音声」への段階的なアプローチを試みた。2020年は完全オンライン型授業で実施し、2021年はハイブリッド型授業を実施であったため、技術的な限界や留学生と日本人学生との交流は限定的であったものの、お互いにテーマに沿って協働学習を進めていた。特に、2021年は多くの留学生が来日できず、予定していた対面授業からハイブリッド型授業に授業形態を変更せざるを得ない状況であったため、留学生の参加が少なかった。

　上記に授業の実践を鑑み、今後の課題については次の点が挙げられる。まず、授業の内容については、より多くの事例の確保である。特に、「音」の感性をより客観的に体験できる知覚実験を用意し、事前学修として用意することで、話し合いの活性化につながると考える。また、韻律情報への学習内容を増やすことである。2019年から2021年まで韻律情報に関わるリズム、アクセント、イントネーションについての授業時間を増やしたものの、韻律情報に関する総合的理解は不十分である感じた。さらに、アクセントをテーマとした場合、日本語の共通語のアクセントについての知識がない場合や知識があったとしても共通アクセントとアクセントの揺れに関しては理解することがむずかしく、話し合いにも参加できない場面があった。アクセントをより効果的に導入し、言語的な差異についても話し合えるような事例を提供する必要があると感

じた。次に、国際共修科目としての改善点として、留学生との交流ができるような事例やグループ活動を増やす必要がある。特に、留学生が持つ感性や見方の差などを話し合えるようにしていくことで、新しい知的発見につながると考える。

参考文献

川原繁人 (2017)「日本語ラップの韻分析再考二〇一七 - 言語分析を通じて韻を考える - 」『日本語学』第36巻11号、pp.2-12.

川原繁人、桃生朋子 (2017)「音象徴の言語学教育での有効利用に向けて -『ウルトラマン』の怪獣名と音象徴」音声研究第21巻2号、pp.43-49.

川原繁人、桃生朋子 (2018)「音象徴で言語学を教える：具体的成果の紹介を通じて」Southern Review 32, pp.38-42.

熊谷学而、川原繁人 (2019)「ポケモンの名付けにおける母音と有声阻害音の効果：- 実践と理論からのアプローチ」言語研究、155、pp.65-99.

グリーンバーグ陽子、加藤宏明、津崎実、匂坂芳典 (2011)「語彙が与える印象に基づく対話韻律生成」日本音響学会誌、67巻2号、pp.65-74.

T. Arai (2016)「Vocal-tract models and their applications in education for intuitive understanding of speech production」Acoust. Sci. & Tech. 37, 4 pp.148-156.

Lockwood, Gwilym and Mark Dingemanse (2015) "Iconicity in the lab: A review of behavioral, developmental, and neuroimaging research into sound-symbolism." Frontiers in Psychology, 6, Article 1246.

Suzuki, Kyaw, Sagisaka (2017)「Sentiment analysis on associated colors by listening synthesized speech」in Proc. Fechner Day 2017, 144-149.

A. Suzuki, W.T. Kyaw, Y. Sagisaka (2018)「Cross-modal Correlation Analysis between Vowel Sounds and Color」in Proc. iSAI-NLP 2018, https://doi.org/10.1109/iSAI-NLP.2018.8692957.

Wrembel and Rataj (2008) 「"Sounds like a rainbow" - sound-colour mappings in vowel perception」Proceedings of ISCA Tutorial and Research Workshop on Experimental Linguistics 2008 pp.28-30.

参考資料

川原繁人 (2017)『「あ」は「い」より大きい!? - 音象徴で学ぶ音声学入門 - 』ひつじ書房

川原繁人 (2015)『音とことばのふしぎな世界 – メイド声から英語の達人まで – 』岩波書店

窪薗晴夫 (2017a)『通じない日本語 – 世代差・地域差からみる言葉の不思議 – 』平凡社新書

窪薗晴夫編 (2017b)『オノマトペの謎 – ピカチュウからモフモフまで – 』岩波書店

田中ゆかり (2016)『方言萌え!? – ヴァーチャル方言を読み解く – 』岩波書店

末松和子・秋葉裕子・米沢由香子 (編) (2019)『国際共修:文化的多様性を生かした授業実践へのアプローチ』東信党

竹内京子・木村琢也 (2019)『たのしい音声学』くろしお出版

Dacci from 英語物語・リチャード川口 (2019)『発音記号キャラ辞典』KADOKAWA

ハイブリッド型の授業について:
https://www.highedu.kyoto-u.ac.jp/connect/teachingonline/hybrid.php
(最終閲覧日:2022年3月31日)

おかやま県政広報動画【公式】:
https://www.youtube.com/channel/UCEMcQPByzaXzPF-jiU3T5bw/vieos (最終閲覧日：2022年3月31日)

岡山PRソング:　https://www.youtube.com/watch?v=Kg8oxJLEKWM (最終閲覧日：2022年3月31日)

https://store.line.me/stickershop/home/general/ja
(最終閲覧日：2022年3月31日)

@ほ~むカフェ、メイドさんの名前:
https://www.cafe-athome.com/maids/
(最終閲覧日：2022年3月31日)

ポケモンから考える「音とことばのふしぎな世界」:
https://wired.jp/2017/03/02/pokemon-sound/
(最終閲覧日：2022年3月31日)

熊谷市のアクセント：
https://www.city.kumagaya.lg.jp/shicho/mail_ichiran/H30/300037.html
(最終閲覧日：2022年3月31日)

変わりゆく日本語のアクセント：
https://style.nikkei.com/article/DGXZZO30145880X00C18A5000000
(最終閲覧日：2022年3月31日)

アクセントの平板化：
https://dot.asahi.com/aera/2019062100021.html?page=1
(最終閲覧日：2022年3月31日)

これが今の日本語だ！オヤジのためのアクセント入門:
https://style.nikkei.com/article/DGXZZO05360760Y6A720C1000000

（最終閲覧日：2022年3月31日）

新NHKアクセント辞典：

　　https://www.nhk.or.jp/bunken/movie/2016/index.html

　　（最終閲覧日：2022年3月31日）

『はぁって言うゲーム』(2018) 幻冬舎

音響分析ソフトWavesurfer:

　　http://www.speech.kth.se/wavesurfer/

　　（最終閲覧日：2022年3月31日）

ラップ言語学：

　　https://note.com/keiophonetics/n/n3b35320609c9

　　（最終閲覧日：2022年3月31日）

Zeebraのラップメソッドチャンネル – YouTube

　　（最終閲覧日：2022年3月31日）

日本語の多様性：

　　https://www.youtube.com/watch?v=HSM3JSoJfDA

　　（最終閲覧日：2022年3月31日）

PPAPは言語学的にも最強だった　「口が気持ちいい言葉」の特徴は：

　　https://withnews.jp/article/f0171114007qq000000000000000W02h10101q

　　q000016254A?msclkid=e9bcf741aa2111ecb7bc3287dec40d64

　　（最終閲覧日：2022年3月31日）

민광준 교수님께서 이어주신
[일본어 음성·음성교육]을 되새기며

동경음성연구회는 1990년대부터 시작한 연구회(나카가와·기노시타 2012)로 일본어를 포함한 제언어의 음성연구 및 음성교육 동향에 대해 이해하는 장을 마련하여 관련 연구 및 교육 발전에 기여하는 것을 목적으로 활동하고 있습니다. 현재는 매월 둘째 주 토요일에 대면과 온라인으로 일본어 음성학과 음성교육에 관한 연구 발표, 관련 분야 스터디 등을 실시하고 있습니다.

2021년, 연구회 사무국에서 강연회를 검토할 때 민광준 교수님께서 2022년에 정년퇴임을 하신다는 소식을 듣게 되었습니다. 이때 교수님에 대한 감사와 존경하는 마음을 담아 이 책의 집필을 계획하게 되었습니다.

이 책의 2장과 3장을 각각 집필한 나카가와 치에코 씨와 기노시타 나오코 씨는 2011년 건국대학교에서 개최한 일본어교육세미나 '자연스러운 일본어 음성 커뮤니케이션을 위한 발음 지도 -교재 작성과 지도 방법-'에서 초청 강연을 하신 분들입니다. 세미나를 통해 유익한 체험을 할 수 있었으며, 당시의 뜨거웠던 열기가 지금도 선명하게 기억이 납니다.

4장을 집필한 변희경 씨는 2014년 건국대학교에서 개최한 일본어 음성연구회에서 '한국인 일본어 학습자의 일본어 모음의 무성화 습득'을 주제로 한 강연과 토론으로 인연을 맺게 되었으며, 야나기사와 에미 씨는 일본어 학습자의 촉음 습득에 관한 공통된 주제의 연구를 매개로 학술적 교류가 있었습니다.

5장을 집필한 아라이 다카유키 씨는 2012년에 민광준 교수님께서 일본 조치대학 이공학부 여성 연구자 지원 사업에서 글로벌 멘토로 역임해 주신 것을 계기로 인연을 맺게 되었고, 같은 해 건국대학교 일어교육과 학부생과 대학원생을 대상으로 '음향학의 기초'라는 주제의 강연을 해 주셨습니다.

저는 민광준 교수님의 제자로서 건국대학교 재학 시절부터 지금까지 교수님의 지도와 보살핌 아래 연구를 이어가고 있습니다. 특히 미래 언어 교육의 기본이 될 ICT를 활용한 일본어 교육 방법에 대해서는 지금도 큰 관심을 가지고 있습니다. 이 책의 일부는 심희진 씨와 천선영 씨가 일본어의 한국어 번역을, 우미노 하루미 씨가 한국어의 일본어 번역을 맡아 주셨습니다.

이 책은 민광준 교수님과의 교류와 인연, 그리고 존경하는 마음을 갖고 있는 분들이 뜻을 모아 지금까지의 연구 성과를 정리한 것입니다. 민광준 교수님과 공동 작업으로 이 책을 완성할 수 있게 되어 말할 수 없이 기쁘고 함께 해 주신 교수님께 감사 인사드립니다. 앞으로 이 책을 통해서 일본어 음성과 음성교육에 관한 연구가 더욱 심화, 발전하기를 기원합니다.

2023년 10월
선우미

閔光準先生が繋いでくれた
「日本語音声・音声教育」への思いによせて

　東京音声研究会は、1990年代より始まった研究会ですが（中川・木下　2012）、現在も毎月第二週目の土曜日に対面とオンラインで日本語の音声学、音声教育に関する研究発表や勉強会を行っています。そして、今現在、2023年も研究会は続いています。

　2021年、東京音声研究会の事務局で講演会について検討していたときに、閔光準先生の話になり、恩師である閔光準先生に近況を伺ったところ、2022年に退職されるとのことでした。そこで、閔先生に感謝と尊敬の意をこめて、執筆者が現在の研究をまとめることにいたしました。

　この本で2章の執筆者、中川氏と3章の執筆者、木下氏は、建国大学で2011年度日本語教育セミナー「自然な日本語音声コミュニケーションのための発音指導－教材作成と指導方法－」の招待講演を行いました。私もそのセミナーには参加しましたが、その時の会場の熱気は、今でも鮮明に覚えています。

　4章を執筆した邊姫京氏は2014年建国大学で開催された日本語音声研究会で「韓国人日本語学習者による日本語の母音の無声化の習得」をテーマにし、講演と議論を行いました。柳澤絵美氏とは、日本語学習者の促音習得に関する共通テーマで学術的交流を行いました。

　そして、荒井隆行氏とは、2012年、上智大学理工学部女性研究者支援事業のグローバルメンターとして閔先生になっていただき、それがきっかけとなり、2012年建国大学に訪問し、日本語教育学を専攻している学部生、大学院生を対象に「音響学の基礎」の講演を行いました。

　私、鮮于媚は、閔光準先生の教え子として、建国大学在学時から現在まで、先生に見守っていただきました。先生のご指導があったおかげで、現在も研究を続けることができていると思います。特に、未来の言語教育の在り方を見据えたICTを活用した日本語教育の方法については、今も留意していることの一つです。なお、本書の一部について沈希津氏、千仙永氏には日本語の韓国語訳を、海野青美氏には韓国語の日本語訳をしていただきました。

　本書は、閔光準先生と多くの交流や思い出があり、敬い、慕う人たちが集まって、現在の研究成果をまとめたものです。閔光準先生にもお手伝いいただき、共同作業でこのように形にすることができ、この上ない喜びを感じております。今後、本書を通して、さらに日本語音声、教育研究が深化、発展していくことを願ってやみません。

2023年10月
鮮于媚

집필자(執筆者)

민광준(閔光準)
건국대학교 명예교수(建国大学 名誉教授)
mingj@daum.net

나카가와 치에코(中川千恵子)
도쿄 음성연구회 고문(東京音声研究会 顧問)

기노시타 나오코(木下直子)
와세다대학 일본어교육센터 부교수(早稲田大学日本語教育センター 准教授)

야나기사와 에미(柳澤絵美)
메이지대학 국제일본학부 부교수(明治大学国際日本学部 准教授)

변희경(邊姫京)
국제교양대학 국제교양학부 부교수(国際教養大学国際教養学部 准教授)

아라이 다카유키(荒井隆行)
조치대학 이공학부 교수(上智大学理工学部 教授)

선우미(鮮于媚)
사이타마대학 인문사회과학연구과 부교수(埼玉大学人文社会科学研究科 准教授)

일본어 음성 교육 日本語音声教育

초판발행 2023년 11월 30일
지 은 이 **민광준 (閔光準)**
나카가와 치에코 (中川千恵子)
기노시타 나오코 (木下直子)
야나기사와 에미 (柳澤絵美)
변희경 (邊姬京)
아라이 다카유키 (荒井隆行)
선우미 (鮮于媚)
펴 낸 이 김복환
펴 낸 곳 도서출판 지식나무
등록번호 제301-2014-078호
주   소 서울시 중구 수표로12길 24
전   화 02-2264-2305(010-6732-6006)
팩   스 02-2267-2833
이 메 일 booksesang@hanmail.net

ISBN 979-11-87170-57-0(93730)

값 15,000원